特殊需要儿童家庭教育

刘全礼　邢同渊　毛荣建◎著

TESHU XUYAO ERTONG JIATING JIAOYU

北京师范大学出版集团
BEIJING NORMAL UNIVERSITY PUBLISHING GROUP
北京师范大学出版社

图书在版编目(CIP)数据

特殊需要儿童家庭教育 / 刘全礼等著．—北京：北京师范大学出版社，2021.5(2025.7 重印)
全国高等院校特殊教育专业精品教材
ISBN 978-7-303-26872-6

Ⅰ．①特…　Ⅱ．①刘…　Ⅲ．①儿童教育－特殊教育－高等学校－教材　Ⅳ．①G761.4

中国版本图书馆 CIP 数据核字(2021)第 050575 号

TESHU XUYAO ERTONG JIATING JIAOYU
出版发行：北京师范大学出版社 https://www.bnupg.com
北京市西城区新街口外大街 12-3 号
邮政编码：100088
印　　刷：北京虎彩文化传播有限公司
经　　销：全国新华书店
开　　本：787 mm×1092 mm　1/16
印　　张：18.25
字　　数：354 千字
版　　次：2021 年 5 月第 1 版
印　　次：2025 年 7 月第 3 次印刷
定　　价：52.00 元

策划编辑：王建虹　　责任编辑：杨磊磊　朱冉冉
美术编辑：李向昕　　装帧设计：李尘工作室
责任校对：康　悦　　责任印制：马　洁

丛书编委会

总 序

经过两个多世纪的发展，特殊教育已逐渐形成自己的学科体系，具备独特的研究范畴及研究方法。党和国家一直关心和支持特殊教育的发展。2016 年 8 月，国务院印发的《“十三五”加快残疾人小康进程规划纲要》特别指出，要“大力推行融合教育，建立随班就读支持保障体系，在残疾学生较多的学校建立特殊教育资源教室，提高普通学校接收残疾学生的能力，不断扩大融合教育规模”。2017 年 7 月，教育部等七部门联合印发了《第二期特殊教育提升计划(2017－2020 年)》，该计划是巩固一期成果、进一步提升残疾人受教育水平的必然要求，是推进教育公平、实现教育现代化的重要任务，是增进残疾人家庭福祉、加快残疾人小康进程的重要举措。2017 年 1 月，国务院对《残疾人教育条例》进行修订，修订后的条例强调保障残疾人教育机会平等、积极推进融合教育、加强对残疾人教育的支持保障，体现了对残疾人平等受教育权的尊重，体现了国家对残疾人的关爱，对残疾人公平接受教育机会、融入社会的关切。该条例的修订也是我国残疾人教育发展的新突破、新起点、新征程。

特殊教育对于残疾儿童和少年而言是促进其社会化发展、提高生活质量的必要途径。同时特殊教育解决的不仅是残疾人的个人问题，更是家庭问题和社会问题。特殊教育的发展水平是社会文明和科学进步的标志，具有重要的社会效益。现代社会的特殊教育被纳入全民教育体系，不再单纯是一种福利式、慈善型教育，而是专业化教育。发展特殊教育是推进教育公平、实现教育现代化的重要内容，是坚持以人为本理念、弘扬人道主义精神的重要举措，是保障和改善民生、构建社会主义和谐社会的重要任务。

从特殊教育的发展史来看，特殊教育走过了一条从隔离到回归主流再到融合的道路。世界上一些教育发达国家，现在已经到了融合教育的阶段。从 20 世纪 90 年代开始，越来越多的教师、学生家长、法律工作者、各级行政管理人员都在不断地表达这样的希望：创造一个融合的社会环境，所有的儿童都可以进入普通学校接受有质量的教育。这导致了发达国家的教育政策发生了巨大的改变。而我国的特殊教育发展也具有自己的特色，也存在着相应的问题。尽管近几十年来特殊教育发展迅速，但仍需要指出的是，相较于普通教育的发展，特殊教育理论研究和学科建设还较为薄弱，发展还不均衡，特殊教育经费短缺，办学条件亟待改善，办学规模远不能满足社会发展要求，特殊教育教师队伍还有待进一步加强，建立具有中国特色的特殊教育学科体系还不够完善等，因此我国特殊教育工作者还承担着艰巨的变革与发展的任务，需要一代又一代的不断努力和进取。

为了进一步完善我国的特殊教育体系，发展具有中国特色的特殊教育学科，致力于更好满足残疾儿童少年对更公平更高质量的特殊教育需求，本丛书汇集国内知名专家，从特殊教育体系、不同类型特殊儿童教育、特殊儿童的相关服务以及西方先进特殊教育研究等不同版块，来建立较为系统、完善、前沿的特殊教育教材，一方面促进特殊教育学科的发展，另一方面也为新生的特殊教育力量提供坚实的知识和实践基础。最后，期待在未来的日子里，残疾人进入普通学校学习的障碍会越来越少，我国的教育系统能够越来越自觉地给包括残疾学生在内的所有学生提供有质量的教育，期待我们的教育可以满足每一个孩子的需要。

肖　非

前　言

在“疫情”滚滚的鼠年正月、在相互牵挂的问候中、在辞旧迎新的新春曙光里，我写完了本书中我承担的内容；在这个令人伤感的庚子年、在这个叫人思念人的季节、在那么多让心牵挂的消息中，本书终于完稿了。

我完成本书的大纲和写作要求后，便邀请相关领域的专家撰写有关章节。经过两年的努力，现在这本书终于呈现给大家了。

各章作者完成初稿后，由我做了最后的统稿。尽管想保留各位作者自己的风格，但考虑到相关要求，除了统一格式外，我还对文字进行了大规模的修改，甚至重写。我努力想实现三个特点。

一是立意的创新。本书和本系列其他书籍不同，讲的是家长如何对自己的孩子进行教育，同时又是作为教材让特殊教育专业的学生读的。因此，本书的立意就变成了：特殊教育专业的学生读后、掌握后再去指导家长。鉴于本套丛书已经有若干本是谈特殊儿童的身心特点的，本书的绝大多数章节便把不必要的、重复的内容全部舍弃了，只谈家长在家里如何教育孩子。

二是在作者的筛选上试图创新。本书的作者选取标准并不仅仅是在大学里对某个内容有研究的特殊教育研究者，还包括对特殊教育有丰富经验的实践工作者。例如，自己是视力障碍者又从事视力障碍儿童学校教学工作的李庆忠先生，自己是听力障碍者又在大学从事听力障碍研究和教学的肖杨梅女士，有空间定位障碍的毛荣建博士。

三是在内容的选取上试图详略有当，讲必为家长所必需。为了实现这个目的，本书几乎概括了所有类别的特殊儿童的家庭教育。例如，关于智力超常儿童、情绪行为异常儿童、学习障碍儿童、学业不良儿童和多重障碍儿童等家长亟须了解的内容。当然，考虑到目前我国特殊教育专业和特殊教育政策的现实情况，本书还是以特殊教育学校多见的儿童为重点。

一、本书的总体结构

《特殊需要儿童家庭教育》与本系列其他书籍不同。它不是某一个门类的儿童家庭教育，而是所有特殊需要儿童家庭教育。这就决定了本书不可能详细地介绍每类特殊儿童家庭教育，或者说，在内容上必须取舍。

怎么取舍？在具体内容的取舍上，既要照顾到相关法律法规的规定，又要根据我国特殊教育的实践或者未来实践。因此，本书把视力障碍、听力障碍、智力障碍、情绪行为障碍、孤独症和学习障碍作为重点。尽管目前相关的法律未把孤独症、情绪行为障碍和学习障碍儿童作为特殊需要儿童，但这些儿童在特殊教育学校和普通学校普遍存在。特殊教育不能忘记他们，家庭教育更不能忘记他们。法律法规中涉及的言语障碍、肢体障碍以及轻微违法犯罪等儿童家庭教育，也以较小的篇幅呈现。尽管相关法规未能涉及智力超常和学业不良儿童，但他们的教育(包括家庭教育)确实是实践中普遍的和广泛存在的。因此，本书也对此进行了介绍。由此，本书分成了总论、分论两个部分。

总论，即第一章，论述了家庭教育的所有理论问题。本章先是论述了特殊需要儿童观、特殊教育观的问题；接着，在总体上论述了特殊需要儿童家庭教育的目的与内容、原则、途径与方法。特殊需要儿童家庭教育学是家庭教育学的一个分支，而家庭教育学又是教育学的一个分支。总论这么安排是根据整个学科的逻辑框架设计的。

分论，即第二章至第八章，论述了各类特殊需要儿童的家庭教育。其中，第二章到第七章，重点论述作者认是重点的六类特殊需要儿童的家庭教育，第八章则是概括地对其他六类特殊需要儿童的家庭教育进行了介绍。这么安排也不是说前七章是重点。对于大学生而言，在就业前学好任一类儿童家庭教育都是必要的。本书只是受篇幅的限制，不得不在结构和字数上做了调整而已。

二、本书的特点

本书的特点明显。

一是内容的安排上不面面俱到，详略有取舍。这主要是从儿童类别和每个类别的教育内容两个角度来讲的。从儿童类别看，本书把既符合相关法律法规的规定，又是现实必需的那些特殊需要儿童家庭教育作为重点。从教育内容看，除第一章外，其他各章均不涉及家庭教育的一般内容，而是针对各类儿童最需要的家庭教育的内容展开的。儿童不同，需要也不同。由此，各类儿童家庭教育的内容设置并不同。

二是格式统一。每章的体例和格式都是根据整套教材的统一要求设置的。

三是作者队伍特点明显。在各章节的写作人员的安排上，本书的特点极为明显。主要作者均是本领域的真正的专业人士。在作者队伍中，既有视力障碍者，又有听力障碍者，还有学习障碍者。作为障碍人士，他们对家庭教育自然有更深的体会；作为专家，他们对怎么开展家庭特殊教育自然更有发言权。

三、本书的学习

一是要听讲。这是学习本书的最重要途径之一。一些在书中不能展开的问题，可以通过老师的讲解来明确。例如，关于特殊需要儿童观和特殊教育观这些特殊教育的重大问题，书中仅仅是点到为止，要真正系统地掌握，还需要老师的讲解。当然，讲解的老师自己首先必须系统地掌握，然后才能讲给学生。

二是进一步阅读。任何一本教科书所呈现的信息，都不足以满足学习者思考或者应用的需要。往往在听或阅读书本之后，还需要进一步的学习。例如，关于正强化的内容，书中仅仅是给出了原理本身的描述，最多是提供了一个框架。何谓强化物，如何选择强化物，强化物如何使用，正强化的使用时机是什么以及正强化如何和其他原理配合使用等都需要进一步的阅读。

三是思考。思考是学习的必要步骤。学而不思则罔。无论什么著作，都仅仅反映了作者当时当地的思想水平和知识水平。时间变了、境域变了，结论也就可能不同了。思考不仅会帮助读者理解书中所讲，还可能帮助发现问题，进而解决问题。例如，本书为什么有时把残疾、障碍、盲、聋等概念混同，有时又区分？除去法律的原因外，还有什么原因？这些都是在看到相关内容时就应该思考的。

各章节作者如下：第一章，刘全礼(北京联合大学)；第二章，李庆忠(中国盲人协会)、李晶(北京盲人学校)；第三章第一节，刘全礼、肖杨梅(北京联合大学)，第二、第三、第四节肖杨梅；第四章邢同渊(潍坊学院)；第五章，毛荣建(北京联合大学)；第六章，张竞男(北京市朝阳区安华学校)；第七章，毛荣建；第八章第一节，刘慧丽(北京联合大学)，第二节，岳好(北京联合大学)，第三节，赵傲彤(北京联合大学)，第四节，葛康美(北京联合大学)，第五节，徐孟(北京联合大学)，第六节，王迪(北京联合大学)、刘全礼。

在本书即将付梓之际，感谢、怀念曾经为本书撰写书稿(最终未能使用)的已故南京特殊教育师范学院前研究员谢明先生。

刘全礼

2020 年 2 月 2 日于北京芍药居

目　录

第一章

特殊需要儿童家庭教育概述

导　读

家庭教育是重要的教育类别。特殊需要儿童家庭在特殊需要儿童的发展中具有重要的作用。发展较好的特殊需要儿童的家长们几乎都重视家庭教育。特殊需要儿童是什么样的儿童？特殊需要儿童家庭教育的目的是什么？特殊需要儿童家庭教育有哪些内容呢？

学习目标

1. 从宏观上理解特殊需要儿童作为儿童的共性与作为特殊需要儿童的特性。
2. 明确本书特殊需要儿童的内涵和外延以及特殊需要儿童的类别。
3. 掌握特殊需要儿童家庭教育的内涵与外延。
4. 掌握特殊需要儿童家庭教育的目的。
5. 掌握特殊需要儿童家庭教育的内容，包括一般内容与特殊内容。
6. 掌握特殊需要儿童家庭教育的原则并能指导家长使用。
7. 掌握特殊需要儿童家庭教育的途径与方法。

学习重点

1. 特殊需要儿童的共性与特性、特殊需要儿童的内涵和外延。
2. 特殊需要儿童家庭教育的内容。
3. 特殊需要儿童家庭教育的原则。
4. 特殊需要儿童家庭教育的途径与方法。

学习难点

1. 特殊需要儿童的特殊性及其表述。
2. 特殊需要儿童家庭教育的原则及其应用。
3. 特殊需要儿童家庭教育的途径、方法及其应用。

第一节
特殊需要儿童的内涵与外延

一、特殊需要儿童的特殊是一般与特殊统一的特殊

(一)世界就是一般与特殊的统一

自然界是物质的，物质的呈现形态是多样的，各种各样的具体物质构成了我们的世界(自然界)。世界的物质属性便是世界的一般性，各种具体的物质形态的多样性便是世界的特殊性，世界是一般与特殊的统一。

就生物而言，动物、植物、微生物都是生命体，这是它们的一般性；动物、植物、微生物又是各不相同的，各有自己的特点，这是它们的特殊性。但它们总体上是一般与特殊的统一。

就动物而言，无论是水生，还是陆生，又或是水陆双生，能“动”是其一般特性；但是，怎么“动”却构成了动物“动”的特殊性，动物自然也是一般与特殊的统一。

人是最高级的动物。人类作为最高级的动物，自己内部和其他低等动物之间，也是一般与特殊的统一。不管是白种人、黑种人还是黄种人，均具有人的本质特征，这是其一般性；但是，不同人种之间又有不同，这是其特殊性。这就是人种与人种之间的一般与特殊的统一。

值得注意的是，在同种之间，一些具有相应特点的个体构成了一个群体，这个群体与整个人群具有明显的不同。这种不同是这个群体的特殊性。但这种特殊性也是与整个人群一般性的统一，或者说，人类其实也是一般和特殊的统一。

例如，智力特别好的人和智力特别差的人会构成一个智力超常或智力落后的群体，这个群体的智力明显比一般人好或者差，这是这个群体的特殊性。但是，这个特殊性是一般性下的特殊性，即首先是人，具有人的特点，然后才是自己的特点。或者说，人群就是人的一般性和特殊性构成的群体。

认识这一点对特殊需要儿童的教育、家庭教育具有重要的意义。

（二）特殊需要儿童首先是儿童

特殊需要儿童不特殊，因为他们首先是儿童，具有儿童的本质特征，这是谈论特殊教育、家庭教育的前提，没有这个前提，其特殊性就不存在。

毛泽东在《毛泽东选集》中说道："由于特殊的事物是和普遍的事物联结的，由于每一个事物内部不但包含了矛盾的特殊性，而且包含了矛盾的普遍性，普遍性即存在于特殊性之中……"①

"由于事物范围的极其广大，发展的无限性，所以，在一定场合为普遍性的东西，而在另一一定场合则变为特殊性。反之，在一定场合为特殊性的东西，而在另一一定场合则变为普遍性。"②

确实如此，一个个儿童个体的特殊性特点就构成了整个儿童群体的一般性特点；在某种参照系下是特殊的特点，换了参照系就可能不是特殊的特点。

这一点对开展特殊需要儿童的家庭教育、特殊教育具有重要的指导意义。

（三）特殊需要儿童是有特点的儿童

毛泽东曾经论述过矛盾是普遍存在的。一个事物区别于其他事物的独特的矛盾，就是该事物的特点，这个特点在某种程度上就是该事物的本质特征。

正如矛盾是普遍存在着的一样，事物自身的特点也是普遍存在的。特殊需要儿童之所以是特殊需要儿童，就是因为他们是在儿童一般性下具有独特特点的儿童。没有了这个特点，也就失去了特殊需要儿童存在的基础。这个特点的存在，才是特殊教育的特殊性所在，是特殊教育区别于普通教育的分水岭或参照系。

毛泽东在强调事物的区别和联系上的论述，对于说明特殊需要儿童的特殊性、对于在哲学层面理解特殊需要儿童的特殊性依然具有指导意义。

当然，特殊需要儿童的本质特征是具有两种表象形态的，即从物质和意识的角度看，特殊需要儿童在物质形态上和意识形态上具有自己的特点，而且这些特点有机地统一于其特殊的物质与意识上。

（四）特殊需要儿童特点的表现形态

特殊需要儿童的特殊性体现在哪里？或者说，特殊的表现形态有哪些？从传统的身心二分法的角度，其表现形态主要有两个方面。

1. 身体特点

特殊需要儿童的身体特点表现在两个方面。

---

① 毛泽东：《毛泽东选集》第1卷，318页，北京，人民出版社，1991。

② 毛泽东：《毛泽东选集》第1卷，318页，北京，人民出版社，1991。

一是身体器官的损伤，包括四肢、躯干和大脑器官的缺失、损伤、形态异常和功能损失、缺失等，这主要是指传统的器官损伤型的特殊需要儿童。

二是身体器官的功能超常，主要指传统的身体器官的能力超常，包括体能超常、智能超常等。

2. 心理特点①

特殊需要儿童的心理特点也表现在两个方面。

一是和心理的功能落后或损伤有关的特点，包括认知过程、情感过程、意志过程和个性心理特征等的能力均落后于常态。

二是心理的功能超常，主要是认知过程等的心理过程或特征超常。

当然，在具体的儿童身上，其特点可能是具体的。这些具体的特点并不排除一个个体，同时拥有上述四种特征，即身体既有损伤，又功能超常；心理既有损伤，又有超常。

二、特殊需要儿童的内涵

从学理上来看，目前我国对特殊需要儿童的界定是不清的。有的从教育角度定义特殊需要儿童，有的从心理角度定义特殊需要儿童；一些从教育角度定义特殊需要儿童的人士，反过来又以特殊需要儿童定义特殊教育。之所以如此，是人们未能很好地厘清特殊需要儿童的内涵和外延。

(一)内涵的含义

本书所称的内涵是相对于概念而言的，并非指人的内在的涵养，而是指一个概念的内在的本质属性。或者说，本书的内涵指的是概念所反映的事物的本质属性的总和，即概念的本质属性的表达物。

(二)特殊需要儿童概念本质属性的确定标准

特殊需要儿童的特殊是其区别于一般儿童的本质特征。但这些本质特征该如何表达？或者按照什么参照系表达？

笔者在谈到事物分类标准的确定时，曾提出要按照两个标准确定。一是标准的纯粹性，是指标准确定后，每一个被分类事物只有一个分类结果；二是标准的完备性，是指标准确定后，所有的被分类事物都有一个分类结果。只要同时满足了这两个标准，

① 身心(生理心理)活动是很难区分的。例如，我们日常所讲的心理活动，实际上是身体活动的结果，但人们在传统上往往把心理活动不归为生理活动。

就能保证所有的被分类事物有且只有一个分类结果。

实际上，对特殊需要儿童的概念的本质属性的划分，也应该按照既纯粹又完备的标准寻找参照系。

从与特殊需要儿童相关的学科来看，可以从下述三个角度寻找依据。

1. 教育学依据

教育学依据是确定特殊需要儿童内涵的一个重要视角。

就儿童而言，特殊与否，最终都要和教育联系起来才有教育意义。或者说，在教育者的视野里，是从教育角度，包括教育的内容、教育的方法和手段等，来看是否是特殊的。如果从这些角度看不特殊，自然就不属于特殊需要儿童的范畴。自20世纪末以来，欧美一些人主张用“特殊教育需要儿童”这个术语，其实也是从教育角度看他们是否是特殊的。

需要注意的是，“特殊教育需要”在操作上尤其是在进入学校之前是很难判断的。在进入学校之前，特殊与否还需要其他的标准或依据。

2. 心理学依据

心理学依据是确定某些与心理有关的儿童是否特殊的一种视角。

例如，和智力、个性、性格等有关的，都可以从心理学角度确定儿童是否特殊。

然而，很多特殊需要儿童并不见得在心理上有特殊的表现，或者说，仅仅从心理学角度看儿童是否特殊的话，可能有很多特殊需要儿童进不了特殊的范畴。心理学依据仅仅是确定儿童是否特殊的一个辅助依据或者辅助参照系。

3. 身心特点依据

根据前述特殊需要儿童是一般与特殊的统一的观点(他们首先是儿童，其次才是有特点的儿童的观点)以及特殊与否主要体现在身心两个方面的观点，特殊需要儿童的最直接的特殊的内涵特征应该是身体和心理的特殊性。

需要注意的是，身心特点固然可以成为特殊需要儿童是否特殊的依据，但就教育而言，这仅仅是身心上的特殊，而无教育的特殊，也不应该成为特殊教育中的特殊。

例如，虽然某儿童鼻子的灵敏度极高或者极低，但这个高低对教育而言没有意义，这时，他就不应该属于教育中的特殊需要儿童的范畴；虽然某儿童长相特别俊美或者丑陋，在身体形态上属于有特点的，但是一般情况下美丑对教育而言没有意义，他在教育上也不算特殊。

在确定特殊需要儿童的本质属性，尤其是确定参照系时，靠一个参照系可能没法完成任务，而需要几个参照系交叉实施。

(三)特殊需要儿童的内涵

特殊需要儿童的内涵表达的是特殊需要儿童的内在的质的规定性，或者是他的本质属性。根据前述确定特殊需要儿童本质特征的三个参照系，即教育学的参照系、心理学的参照系和身心特点的参照系。所谓特殊需要儿童是指：

和教育有关的、个体与个体比较时相对稳定的身体器官或者心理异常的儿童。

也就是指传统的和教育有关的身心差异未达到一定标准的儿童。

这个一定标准会因为国家、地区或者文化不同而有所不同。在某一国家、地区或者文化中属于特殊需要儿童的个体，在另一国家、地区或文化中不一定属于特殊需要儿童。

三、特殊需要儿童的外延

(一)外延的含义

如果说内涵是指事物或概念的内在的质的规定性的话，那么外延则是指概念或事物的范围或者是指概念所概括的对象的数量。

很明显，特殊需要儿童的外延就是指特殊需要儿童有多少类，或者说只是哪些儿童是特殊需要儿童。

(二)特殊需要儿童的类别

目前我国涉及特殊需要儿童类别的领域主要是两个，一是国家的法律法规领域，二是特殊教育的学术界领域。

1. 我国法律法规中的特殊教育儿童的类别

我国的若干法律法规都涉及特殊需要儿童的类别。本书仅仅介绍《中华人民共和国宪法》和《中华人民共和国残疾人保障法》。

《中华人民共和国宪法》第四十五条第三款规定：

国家和社会帮助安排盲、聋、哑和其他有残疾的公民的劳动、生活和教育。

这里实际上是把特殊需要儿童仅仅限定在残疾人的范畴，并且具体规定了三类残疾，即盲、聋、哑。

从1982年到2018年，根本大法对特殊需要儿童的类别及其称呼没有大的变化。

根据2018年10月26日第十三届全国人民代表大会常务委员会第六次会议《关于修改〈中华人民共和国野生动物保护法〉等十五部法律的决定》，修正的《中华人民共和国残疾人保障法》第二条，对我国残疾人的规定是：

残疾人是指在心理、生理、人体结构上，某种组织、功能丧失或者不正常，全部或者部分丧失以正常方式从事某种活动能力的人。

残疾人包括视力残疾、听力残疾、言语残疾、肢体残疾、智力残疾、精神残疾、多重残疾和其他残疾的人。

由此可以明确特殊需要儿童有六类残疾，即视力残疾、听力残疾、言语残疾、肢体残疾、智力残疾、精神残疾、多重残疾和其他残疾。

毫无疑问，特殊需要儿童并非仅仅包括残疾儿童，或者说，把特殊需要儿童的类别或外延限定在残疾上，显然缩小了特殊的类别。

2. 特殊教育学术界的特殊需要儿童的类别

特殊教育学术界视野中的特殊需要儿童的类别多于国家法律的类别。根据刘全礼的分类，他们大致上包括：

(1)感官损伤儿童

这里又分为三类。

一是视力障碍儿童。这类儿童等同于国家法律中的视力残疾儿童，主要是指双眼看不见或看不清外界事物的儿童。我们国家的具体的看不见或看不清的标准是，双眼中视力好的眼睛的最佳矫正视力低于 0.3。

二是听力障碍儿童。这类儿童等同于国家法律中的听力残疾儿童，主要是指双耳听不见或听不清外界声音的儿童。我们国家规定的具体的听不见或听不清的标准是，双耳中听力损失差的耳朵听力损失 41 分贝以上。

三是肢体障碍儿童。这类儿童等同于国家法律中的肢体残疾儿童，主要是指四肢、躯干缺失、畸形、损伤达到一定标准或者中枢损伤达到一定标准的儿童。其中，中枢损伤的儿童包括了脑损伤尤其是大脑皮层损伤的儿童。

(2)智力障碍儿童

智力障碍儿童分为两类。

一是智力落后儿童。这类儿童等同于国家法律中的智力残疾儿童，主要是指智力功能水平低于常态，同时社会适应能力也低于常态的儿童。目前我国并没有法定意义上的智力落后的鉴别工具，尤其是缺少社会适应能力的鉴别工具。

二是智力超常儿童。这类儿童没有出现在国家的相关法律法规中，主要是指一般智力超常或者有特殊才能的儿童。一般智力超常儿童主要是指一般智力测验的智商值超过正两个标准差以上的儿童，特殊才能儿童则主要是指在艺术、体育、交往等方面具有超常特点的儿童。

(3)情绪行为障碍儿童

情绪行为障碍儿童目前没有被纳入国家法律中，特殊教育的实践或教育实践中也并未把这类儿童作为特殊需要儿童看待。实际上，情绪行为障碍儿童的发生率并不低。

应该说，某些类别的特殊需要儿童伴随情绪行为障碍，如智力落后儿童、孤独症儿童等都有情绪行为障碍。但本书所言的情绪行为障碍是指单纯的情绪行为障碍，主要是指情绪行为的不足、过度和有缺陷。

(4)孤独症儿童

孤独症儿童是近年来在我国特殊教育界中热门的一类儿童，但目前该类儿童没有在我国的相关法规中被单独列出，医学界把相关的鉴别归于精神病类别。

实际上，孤独症现象是一种独特的、与精神病区别明显的症状，也非药物能够干预的。目前一些机构有把该类儿童扩大化的倾向。

(5)学习障碍儿童

学习障碍儿童是一类比较多见但我国法律尚且未能关注的一类特殊需要儿童。这类儿童主要是指学习的过程异常的儿童，包括认知过程本身的异常和认知的动力过程异常两种情况。根据类型，其表现多样，如有的表现为读、写、算的异常，有的表现为学习的注意力不能集中，有的则是既有读写算的问题又有注意力的问题。

(6)言语语言障碍儿童

言语语言障碍儿童就是我国法律中规定的语言残疾儿童。

请注意，言语和语言是两个完全不同的术语，或者说，言语障碍和语言障碍是两种不同的障碍。在所有的障碍类别中，单纯的言语语言障碍较之视力障碍、听力障碍、智力障碍要轻微得多。

毫无疑问，智力障碍、听力障碍、孤独症等都可能导致言语语言障碍，但那些儿童不属于单纯的言语语言障碍儿童的范畴。单纯的言语语言障碍主要是指言语过程的障碍或使用语言的障碍。

(7)轻微违法犯罪儿童

轻微违法犯罪儿童虽在我国的法律中有所涉及，但未进入大众的视野。一部分特殊教育的从业者也未把该类儿童的教育归于特殊教育。

实际上，1999 年 6 月 28 日第九届全国人民代表大会常务委员会第十次会议通过，2012 年 10 月 26 日第十一届全国人民代表大会常务委员会第二十九次会议修正的《中华人民共和国预防未成年人犯罪法》对未成年人的不良行为以及如何教育都有规定。

该法第十四条规定：

未成年人的父母或者其他监护人和学校应当教育未成年人不得有下列不良行为：

(一)旷课、夜不归宿；

(二)携带管制刀具；

(三)打架斗殴、辱骂他人；

(四)强行向他人索要财物；

(五)偷窃、故意毁坏财物；

(六)参与赌博或者变相赌博；

(七)观看、收听色情、淫秽的音像制品、读物等；

(八)进入法律、法规规定未成年人不适宜进入的营业性歌舞厅等场所；

（九）其他严重违背社会公德的不良行为。

该法第三十四条规定：

本法所称“严重不良行为”，是指下列严重危害社会，尚不够刑事处罚的违法行为：

（一）纠集他人结伙滋事，扰乱治安；

（二）携带管制刀具，屡教不改；

（三）多次拦截殴打他人或者强行索要他人财物；

（四）传播淫秽的读物或者音像制品等；

（五）进行淫乱或者色情、卖淫活动；

（六）多次偷窃；

（七）参与赌博，屡教不改；

（八）吸食、注射毒品；

（九）其他严重危害社会的行为。

第三十五条规定：

对未成年人实施本法规定的严重不良行为的，应当及时予以制止。

对有本法规定严重不良行为的未成年人，其父母或者其他监护人和学校应当相互配合，采取措施严加管教，也可以送工读学校进行矫治和接受教育。

对未成年人送工读学校进行矫治和接受教育，应当由其父母或者其他监护人，或者原所在学校提出申请，经教育行政部门批准。

（8）精神病儿童

精神病或精神残疾是国家法规里涉及的一个残疾的类别。

因为儿童阶段应慎言精神病，所以本书不对精神病做过多介绍。

（9）多重障碍儿童

这是国家法规里提及的多重残疾的类别。

目前多重障碍儿童越来越多见，他们往往集两重以上障碍于一身。例如，集视力障碍与听力障碍为一身、集视力障碍与智力障碍为一身、集听力障碍与智力障碍为一身、集智力障碍与脑瘫为一身等。

应该说，目前我国特殊教育学术界是把12类儿童作为特殊需要儿童的，除去精神障碍和轻微违法犯罪亦达到10类。

3. 本书特殊需要儿童的类别

联系到家庭教育，本书把特殊需要儿童分为12类，包括重点的6类，即视力障碍、听力障碍、智力障碍、情绪行为障碍、孤独症、学习障碍；非重点的6类，即智力超常、轻微违法犯罪、肢体障碍、言语障碍、多重残疾和学业不良。

第二节
特殊需要儿童家庭教育的目的与内容

一、特殊需要儿童家庭教育的内涵与外延

(一)家庭教育的内涵和外延

1. 家庭教育的内涵

作为文明古国，我国有着悠久的教育历史；伴随着悠久的教育，我国也有着悠久的家庭教育的历史。尽管我国家庭教育的著作很多，甚至可以用卷帙浩繁来形容，但对家庭教育的研究尤其是实证研究却极少。因此，对家庭教育内涵与外延的研究明显不足。

从我国教育学学科的逻辑关系看，家庭教育是教育学的一个二级学科，家庭教育学的著作带有明显的教育学的特色。或者说，目前我国的家庭教育的著作往往脱胎于教育学，家庭教育的内涵带有明显的一般教育学的痕迹。

例如，赵忠心老师作为我国较早论述家庭教育相关理论的专家，在其《家庭教育学》中这样界定家庭教育学：按照传统的说法，家庭教育是指在家庭生活中，由家长，即由家庭里的长者(其中主要是父母)对其子女及其他年幼者实施的教育和影响。

这里把教育看成是一种影响。

实际上，赵忠心老师本人把这种定义看成是对家庭教育的狭义的理解，并认为广义的家庭教育应当是家庭成员之间相互实施的一种教育。

这里的广义的理解、狭义的理解和把教育看成是一种影响，均是教育学中的概念。

实际上，目前对家庭教育的定义，都把家庭教育作为教育的下位概念看待。例如，邓佐君在其《家庭教育学》中这样描述家庭教育：一般认为，家庭教育是在家庭生活中发生的，是以亲子关系为中心，以培养社会需要的人为目标的教育活动；是在人的社会化过程中，家庭(主要指父母)对个体(一般指儿童)产生的影响作用。

本书对家庭教育的理解和上述观点并无本质差异，把家庭教育看成是家长(包括监护人)有意识地通过言传身教和家庭生活实践，对子女进行的相应影响。

当然，家庭中的这种影响可能是相互的，即子女的行为可能会对家长(包括监护人)有反作用，进而使家长调整教育的对策。这属于教学相长的范畴，本书并不把它看成是家庭教育的内容。

2. 家庭教育的外延

根据前述家庭教育的内涵，我们可以发现家庭教育的外延很广。家庭中的生活自理能力教育、交往教育、言语教育、婚姻家庭教育、文化课辅导等都属于家庭教育的范畴。

参照系不同，外延具体描述的内容就会不同；论者不同，其外延也不同。例如，有人把家庭教育的外延定为家庭的健康教育、家庭的情感教育、家庭的智能教育、人生指导；有人则根据教育学的框架，把家庭教育的外延定为家庭的体育、德育、智育、美育和劳动教育等。因为后续还要论及家庭教育的内容，所以本书不再对家庭教育的外延进行过多的论述。

(二)特殊需要儿童家庭教育的内涵与外延

1. 特殊需要儿童家庭教育的内涵

从逻辑关系看，家庭教育是教育的下位概念，特殊需要儿童的家庭教育是家庭教育的下位概念。也就是说，从逻辑关系看，教育的内涵决定家庭教育的内涵，家庭教育的内涵决定特殊家庭教育的内涵。

根据本书对家庭教育内涵的界定，我们把特殊需要儿童的家庭教育看作家长(包括监护人)对特殊需要儿童实施的有意识地言传身教和通过家庭生活实践对子女进行的影响。

对于普通儿童而言，有些影响是可以通过表面的“无意识”进行的。但是，对于特殊需要儿童尤其是对于障碍儿童而言，仅仅通过无意识的影响是很难达到相应的效果的，有时多次的有意识的影响都不一定有效果。对此，我们应该有清醒的认识。

2. 特殊需要儿童家庭教育的外延

毫无疑问，特殊需要儿童家庭教育的外延在普通儿童家庭教育的外延之外还多了一层内容，即在一般外延的基础上还增加了与特殊的教育有关的内容。或者说，特殊需要儿童家庭教育的外延分为两个部分，一是普通儿童家庭教育的外延，二是特殊需要儿童家庭教育的独特外延。

例如，如果把一般家庭教育的外延定为亲职教育、子职教育、两性教育、婚姻教育、伦理教育、家庭资源与管理教育、其他家庭教育事项的话，特殊需要儿童尤其是障碍儿童的家庭教育还必须在这些之外增加如何克服和矫正特殊需要儿童的缺陷内容，即使是在这些内容上，也要增加与特殊需要儿童密切相关的内容。例如，在两性教育中，还必须针对不同类别的特殊需要儿童增加有针对性的内容。

二、特殊需要儿童家庭教育的目的

(一)家庭教育的目的

我国对家庭教育目的的研究是相对薄弱的，但无论怎么薄弱，也不管是否承认家庭教育有目的，可以肯定地说，没有没有目的的教育。家庭教育也一样，那些辩称没有目的的家庭教育本身就是目的。

具体谈到家庭教育的目的时，不同的论者对家庭教育目的的表述不同。

例如，赵忠心认为家庭教育的目的就是通过家庭教育活动和家庭教育的全过程，把受教育者培养成什么样的人。

诚然，不同的家庭想把孩子培养成什么样的人的差异肯定是存在的。有的论者把家庭教育的目的或者任务归结为要为国家和社会培养未来的人才，并把这个目的具体化为四个方面，即帮助孩子懂得社会、懂得生活；为子女创造良好的家庭环境和学习环境；教育子女正确处理个人与集体、个人与社会、个人与国家的关系；在子女入学前保证他们的身心健康地发展……在子女入学后，配合学校使其在德、智、体、美、劳等方面得到全面发展；在子女毕业后，教育他们努力工作，艰苦奋斗，积极为社会服务，为社会献身。做一名有益于他人、有益于社会的人。

实际上，不管怎么描述家庭教育的目的，也不管是农村家庭还是城市家庭，只要是负责任的家庭或者家长，就一定会有把子女培养成什么样的人的思考，这就是他们的家庭教育目的。

当然，教育、家庭教育的目的一定受社会的政治、经济的制约。或者说，不同家庭的教育目的可能是不同的，这些不同首先受制约于社会的政治、经济。

同时，家庭教育的目的也一定与儿童自身的特点相联系。也就是说，儿童的特点是决定家庭教育目的的重要因素。一个智力超常儿童的家庭，更容易把教育目的定义为，要为国家或家庭培养栋梁之材；相反，一个智力落后儿童的家庭更容易认为仅仅把孩子培养成生活能够自理的人可能就是最高目标了。

(二)特殊需要儿童家庭教育的目的

特殊需要儿童家庭教育的目的首先受制于一般儿童的家庭教育目的。这是由儿童的一般性和特殊性以及教育、家庭教育、特殊教育的逻辑关系决定的。也就是说，一般情况下，一般儿童家庭教育的目的也是特殊需要儿童家庭教育的目的，同时，在实现目的的具体的要求上，特殊需要儿童又有自己的特点。

这些体现在哪里？从非智力超常儿童来看，特殊需要儿童家庭教育目的的特殊性主要体现在儿童自身缺陷的矫正上。如果说一般儿童的家庭教育重在塑造的话，障碍儿童和轻微违法犯罪儿童的家庭教育还要同时进行缺陷改正或者塑造。特殊需要儿童家庭教育的目的具有塑造和矫正缺陷的双重目的，塑造是为了更好地矫正缺陷，矫正缺陷也是为了更好地塑造。

智力超常儿童家庭教育的目的和普通儿童的没有差别，就是为了更好地为国家培养人才。

三、特殊需要儿童家庭教育的内容

特殊需要儿童家庭教育的内容比普通儿童要广泛，或者说，特殊需要儿童家庭教育的内容是在完成普通儿童家庭教育内容的基础上，再完成矫正缺陷的内容。或者说，特殊需要儿童家庭教育分为两部分：一是一般内容；二是特殊内容。

(一)特殊需要儿童家庭教育的一般内容

正如前述谈及的，根据不同参照系，一般意义上的家庭教育的内容可以有不同的表述，如已经谈到的家庭的德、智、体、美、劳教育；家庭的健康教育、情感教育、智能教育和人生指导等。

出于操作的方便，我们可以从下述两个角度看特殊儿童家庭教育的一般内容。

1. 总体内容

(1)身体健康的维护

这是家庭教育的最基础和最重要的内容，过去却往往被忽略了。虽然普通儿童还可能通过无意的学习获得相关的知识和能力，但是大多数特殊需要儿童则需要通过专门的学习才能获得相应的态度、知识和能力。

身体健康的维护是一个内容极为广泛的内容，本书仅仅是把几个重要的或为人们忽略的内容罗列出来。

第一，卫生习惯。

这是最重要的家庭教育的内容。日常饮食卫生、起居卫生、医药卫生的知识、态度和能力都是需要教给孩子的。

当然，需要注意的是，家庭教育的卫生习惯教育还要把握好度。目前一些家长的做法太过了，容易导致儿童的过敏反应，并不利于身体健康的维护。例如，儿童外出玩了一身土，这是正常的，家长不应该过多责备儿童，更不应该杜绝儿童必要的与泥土等看上去不卫生事物的接触。

第二，身体锻炼。

身体锻炼是重要的维护身体健康的手段，也是家庭教育的重要内容。需要注意的是，锻炼身体不一定非要花费很多的钱财。去正规的收费场所锻炼能达到强身健体的目的，在家里采用合适的方式锻炼也能达到强身健体的目的。有财力的人，可以天天打高尔夫，但普通人每天在家里做引体向上、俯卧撑或者亲子体力游戏，也会达到强身健体的目的。

需要特别注意的是，体育锻炼要注意强度，既要看到当时锻炼的作用，又要着眼于未来，保护好儿童的身体器官。

第三，饮食教育。

饮食教育尤其是健康饮食教育是维护身体健康的最重要手段，但饮食教育却没有进入教育尤其是家庭教育的视野。

在经济困难时期，能吃饱饭就是王道，是谈不上对饮食的选择的。但是目前，我国绝大部分人都解决了温饱问题，而且儿童肥胖现象也日益严重。根据《中国居民营养与慢性病状况报告(2015 年)》，我国 6～17 岁儿童的超重率为 9.6%。有人推测，到 2020 年，我国 0～7 岁儿童肥胖检出率将达到 4.8%，7 岁以上学龄儿童超重或肥胖检出率将达到 22.3%。

饮食教育并非仅仅是控制肥胖，而是为了合理摄入食物，从而使儿童健康地成长。

日本的学校极为重视饮食教育。日本学校的午餐不是只着眼于当时的口味，而是着眼于营养、未来儿童的身材和身体健康。据报道，日本学校的午餐，不仅仅是午餐，还是很好的教育活动。他们要通过午餐培养学生良好的饮食观念和习惯；进行劳动教育，培养学生热爱劳动的习惯(必须劳动的习惯)；进行集体主义教育，学习饮食习惯和进行感恩教育等。他们的午餐极为简单：面包、米饭等主食，牛奶、点心等副食，外加蔬菜半个鸡蛋和有时的一点肉食。

可以这样认为，人在某种程度上就是你吃进的食物的总和。饮食是决定健康的最重要因素。因此，饮食教育应该成为家庭教育的重要内容。

(2)心理健康的维护

心理健康的维护是最重要的家庭教育内容之一。

心理健康的维护源于家长的正确的育儿观，对普通儿童而言是这样，对特殊需要儿童而言更是这样。

就育儿观而言，把儿童培养成身体健康、心理健康、智力潜能尽可能发展的人才是正确的。许多家长不顾儿童的身心特点一味地追求智力发展，这显然是不恰当的。没有智力的最大发展固然不对，但忽略健康尤其是心理健康，单纯发展智力也不对。

当然，心理健康的维护尤其是家庭对儿童心理健康的维护，是通过家长的点滴行为和细心呵护完成的。

(3)良好行为习惯的培养

良好行为习惯的培养应该是家庭教育的重要内容之一，也是家庭教育的重要任务。

这些习惯包括日常的言语行为、穿衣打扮、社交礼仪等，范围很广。比如，坐有坐样、站有站规；吃饭怎么吃、筷子怎么用都按礼仪来；上下车的姿势、上下电梯的礼仪、走路的姿势等都有良与不良的区别。

值得注意的是，目前一些家长特别不注意儿童良好行为习惯的培养，相反，还要张扬个性。殊不知，张扬个性是在遵守基本规矩的前提下张扬个性的，离开了基本规范的个性张扬在任何一种文化里都不会受欢迎。

同时，尽管特殊需要儿童可能有这样那样的不足或者缺陷，但是完全可以通过教育使之具有优良的行为习惯。

比如，即使是程度较重的智力落后儿童也可以经过教育，使之具有得体的言行。这就看家庭和学校如何培养以及培养是否得法了。

(4)生活自理能力

生活自理能力是人立世的基础，也是每一个人应该具有或者应该培养的基本能力。

应该说，生活自理能力是有多个层次的，一般的吃、喝、拉、撒、睡是生活自理能力的内容，做饭、做菜也是生活自理能力的内容，理财谋职也可以看成是高级的生活自理能力的内容。

毋庸讳言，在科技发达、分工越来越明显的今天，似乎不需要再强调儿童的生活自理能力培养了。既然饿了可以叫外卖，厕所坏了可以找物业，买东西可以在网上购买，那么还要培养儿童的做饭能力等生活自理能力干什么呢?

请注意，儿童生活自理能力的培养并非仅仅是使儿童获得生活自理的能力，就如日本的学校把午餐作为劳动教育、集体教育的手段一样，生活自理能力的培养也是儿童情感、良好行为习惯、大小动作能力，甚至智力发展的良好手段。因此，一定要重视儿童生活自理能力的培养，尤其要重视特殊需要儿童生活自理能力的培养。

(5)性教育与婚姻教育

性教育与婚姻教育，尤其是性教育应该是家庭教育的重要内容，但是，以往我国家庭教育的研究和实践，对这个内容重视不够。

这个内容的教育包括正确的性教育、恋爱婚姻观教育、恋爱婚姻的知识和实践教育、组建家庭后的家庭成员的相处教育等。其中，性教育包括性观念、性知识、性行为的教育是重要的内容。目前，我国大学生日益成为艾滋病的受害者。我国大学生群体性活跃程度较高，且普遍存在高危性行为的现状，这说明我们应该重视性教育。实际上，特殊需要儿童的性教育也是迫切的。

承认也好，不承认也罢，无论是普通儿童还是特殊需要儿童，性教育、性问题都是无法避免的。与其装聋作哑，还不如加强研究，进而坦然教育之。

(6)理财谋职教育

理财谋职教育是大多数家庭开展的家庭教育活动，但是理财谋职教育并未进入家庭教育研究者的视野。

严格而言，家庭理财教育，主要是指根据收入量入为出地支付花销的教育。这是家庭教育的重要内容。应该说，只要独立生活，就会面临理财的问题。因此，理财教育是家庭教育无法忽略的问题。

对于特殊需要儿童而言，除去少数智力落后儿童外，只要是独立生活，就更需要理财教育。

谋职教育也一样，只要需要从事职业，就应该进行谋职教育。当然，谋职教育并非仅仅在家里完成。职业态度、部分职业知识和职业能力的教育或培养是可以在家里完成的。

特殊需要儿童教育的一般内容除去上述六个方面之外，还包括一般文化科学知识的教育、关于交往的知识与能力的培养、言语语言教育、性格培养等。

2. 不同阶段的特殊需要儿童家庭教育的内容

(1)学前阶段特殊需要儿童家庭教育的内容

学前阶段特殊需要儿童家庭教育的内容为：言语教育或言语语言训练；基本的感知机能训练，包括感知觉训练、大肌肉群活动、小肌肉群活动和协调活动训练；生活自理能力训练，主要是基本的吃、喝、拉、撒、睡的训练；性格个性教育和训练，主要是良好个性和性格的基础教育；交往能力训练和专门的缺陷矫正训练等。

(2)义务教育阶段特殊需要儿童家庭教育的内容

义务教育阶段特殊需要儿童家庭教育主要是配合学校的教育，同时在家里根据儿童的特殊需要开展相应的教育或训练。这主要包括：良好的学习习惯教育，与学校的学科教育相配合的文化学科教育，课外文化教育，青春期教育，儿童的个性与性格教育，交往能力教育，行为举止教育等。

(3)高中以上阶段特殊需要儿童家庭教育的内容

这主要包括：高考志愿、大学专业选择、人生职业方向教育；性教育；恋爱、婚姻、家庭教育；谋职和就业教育等。

(二)特殊需要儿童家庭教育的特殊内容

特殊需要儿童的类别不同，需要进行的特殊教育的内容也不同。应该说，所有特殊需要儿童都应该进行上述一般内容的家庭教育。同时，要针对自身的特点开展有针对性的特殊需要儿童的教育。下面是本书强调的几类。

1. 视力障碍儿童家庭教育的特殊内容

视力障碍儿童家庭教育在前述内容之外，最需要的内容主要是三个方面。

一是视力障碍儿童的方向辨别和定向行走训练，这是视力障碍儿童最重要也是最需要的独特的教育内容。要行走、产生位移，就必须先定向。可是在视力障碍的情况下，该如何定向？如何行走？这个内容是独特的。

二是视力障碍儿童的生活自理能力训练。对于视力正常的人而言，吃饭、喝水、如厕等都不是问题，但是对于视力障碍者尤其是全盲者而言，这种能力需要专门的教育或训练。因此，最基本的从吃饭、穿衣开始的生活自理能力训练就成为视力障碍儿童家庭教育的重要内容。

三是视力障碍者的婚姻教育。绝大多数视力障碍者是完全有能力过独立的家庭生活的，但是怎么恋爱、结婚以及如何独立生活则需要家庭进行指导。

2. 听力障碍儿童家庭教育的特殊内容

听力障碍的最本质的缺陷是听觉器官或听觉系统的损伤，这种损伤往往会阻碍儿童通过自然的渠道获得母语，进而带来言语语言能力的损伤。言语语言能力的损伤，有可能导致概念获得的异常，进而导致交往能力的异常。因此，听力障碍儿童的家庭教育的特殊内容主要表现在以下方面。

一是听力障碍儿童的听能言语语言训练，也叫听力语言训练，主要是如何更好地应用听力障碍儿童的残存听力，使之能听懂外界声(含语言)，或者是在装配电子耳蜗后，如何发挥电子耳蜗的功能，使儿童获得口语和书面语。应该说，听能言语语言训练是听力障碍儿童最独特的特殊教育内容，这个内容往往是在学龄前，即口语获得的关键期内进行的。

二是听力障碍儿童的交往能力训练，主要是培养听力障碍儿童适用多种交往手段进行交往的能力，包括使用手语、口语、书面语或者手口并用的方式，培养听力障碍儿童的交往能力。

三是听力障碍儿童的性教育与婚姻教育。因为语言的缘故，听力障碍儿童青春期的问题多于其他儿童，对其进行正确的性教育显得尤为重要。同时，一部分听力障碍儿童听力障碍是遗传导致的听觉器官的损伤，对这部分听力障碍儿童，在其组建家庭时要进行必要的婚育咨询，必要时进行基因检测，把子代的出生缺陷的可能性降到最低。因此，对其进行婚姻家庭生活教育是必要的。

3. 智力落后儿童家庭教育的特殊内容

应该说，对智力落后儿童而言，所有的内容都是特殊的，本书重点关注三个方面。

一是智力教育的内容。因为智力落后，所以才更应该进行智力的培养或开发的教育。当然，智力落后儿童的智力教育是可以通过多种方式进行的，包括感知机能训练、文化学习等。不管通过什么方式进行，智力教育是智力落后儿童家庭教育的最重要内容。

二是智力落后儿童的生活自理能力教育，不管智力落后教育的目标有多高大，必须先解决最基本的吃、喝、拉、撒、睡等生活自理问题。没有生活自理能力，再谈其他就是奢望。当然，生活自理能力教育，也是开发这类儿童智力的方式。

三是智力落后儿童的性教育与婚姻教育。对于大部分轻度、中度和部分重度智力落后儿童而言，婚姻生活也不见得是奢望，尤其是在后天的获得性原因导致的智力落后的情况下。因此，开展恰当的婚姻教育是必要的。对于那些生理没有问题的智力落后儿童而言，性教育也是必需的。

4. 情绪行为障碍儿童家庭教育的特殊内容

情绪行为障碍儿童独特的家庭教育内容当然是情绪行为障碍的矫正或者改变，但是这些行为的改变是需要多方面密切配合的，同时，又必须是通过全面的教育才能矫正的障碍。因此，本书把情绪行为障碍的家庭教育内容分成了三个方面：情绪行为障碍儿童的行为教育，主要是矫正其不良的情绪行为；家校配合教育，主要是指在异常的情绪行为的矫正上如何更好地进行家校配合；情绪行为障碍儿童的全面发展教育。

5. 孤独症儿童家庭教育的特殊内容

孤独症儿童是近年来我国特殊教育领域最热的一类特殊需要儿童，也是广大孤独症家长极为关注的一类儿童。目前我国关于孤独症儿童教育的方法、主张和理念真假难辨，本书为了矫正那些过头的做法，特别把孤独症儿童的特殊家庭教育的内容分为三个方面。一是孤独症儿童基本能力的培养，这些基本能力包括基本的生活自理能力、基本的感知肌肉能力以及基本的与智力有关的知识。二是言语和交往能力。言语障碍和交往缺陷是孤独症儿童比较典型的两种外在缺陷，家庭教育在关注其基本能力的培养后，还要进行专门的言语训练和交往能力的培养。三是孤独症儿童的性教育与婚姻教育。相当比例的孤独症儿童是能够进入婚姻生活层面的，但如何面对婚姻，则需要进行指导；同时，在青春期前后，因为孤独症儿童有可能出现不当的性行为，所以家庭也要把性教育作为一项重要的内容。

6. 学习障碍儿童家庭教育的特殊内容

学习障碍实际上是一种并不少见但尚未引起家长注意的现象。由于学习障碍往往和脑功能的轻微损伤有关系，因此，家庭里的特殊教育内容就和这些损伤的矫正联系在了一起。

本书把学习障碍儿童家庭教育的特殊内容基本上划为两类：一类是基本的学习障碍的矫正，主要是基本的感官缺陷的矫正；另一类是以学习内容为矫正内容的学习障碍的矫正。

当然，学习障碍仅仅是描述儿童的学习过程的障碍，和学习结果并没有必然的联系。或者说，学习障碍不一定导致学业不良，学习障碍儿童的未来也同样可能是光明的。

第三节
特殊需要儿童家庭教育的原则

所谓家庭教育的原则是指根据家庭教育的基本规律和特点提出的在家庭教育的过程中必须遵循的基本要求。应该说，特殊需要儿童家庭教育既要遵循一般家庭教育的原则，又要遵循特殊需要儿童独特的家庭教育的原则，分述如下。

一、特殊需要儿童家庭教育的一般原则

由于学者对家庭教育规律认识的差异，学者对家庭教育原则的提法也不尽一致。

例如，邓佐君在《家庭教育学》中提出了五条原则。一是正确导向原则。家长要以正确的价值观对子女的身心施加影响，要有正确的教养态度和教育方式。二是理性施爱原则。家长对子女的爱往往是无私和无条件的，但是在爱的流露上要强调理性，把情感和理智较好地结合起来。三是启发诱导原则。要承认孩子的主体地位和主体的人格地位，注意使用引导的方法进行教育，而非命令式的。四是要求适度的原则。家庭教育需要严格要求，但严的度要把握好，不要过于苛刻，更不能提出过多过度的不合理的要求。五是教育一致性原则。家庭成员的价值观、教育要求和教育方法要一致，同时，教育的前后要一致，以便于取得教育的最佳效果。

赵忠心在《家庭教育学》中以家庭教养的态度为题谈到了家庭教育的原则。他认为这些原则是根据一般教育的规律、儿童身心发展的特点以及家庭教育的特殊性提出的。一是要理智施爱，爱而不娇。他强调要对儿童严格要求，不能一味迁就；同时，也强调要从子女的长远利益出发去施爱，要把爱子女的动机和效果统一起来。二是要量力而行，循序渐进。他强调在要求上要从孩子的实际出发，量力而行；在具体的教育对策上，要循序渐进，不操之过急。三是要全面发展，因材施教。他强调要处理好全面发展和特长发展的关系，同时，要针对孩子的特点因材施教。四是态度一致，教育统一。他强调家长对待子女的态度要一致，以免要求不一，孩子无所适从；同时，要求对所有子女要一视同仁，对子女的态度也要一以贯之。

尽管不同学者对儿童家庭教育的原则的提法不一，但是对于强调在家里要因材施教、理性施爱、态度一致、要求适度等却是一致的。

二、特殊需要儿童家庭教育的特殊原则

特殊需要儿童家庭教育除去遵循上述一般原则之外，还必须遵循自己独特的教育原则。不同类别的特殊需要儿童的教育原则可能是不同的。例如，徐胜曾经提出智力落后儿童家庭教育的原则是：儿童生理、心理发展需求原则，家庭环境生态化原则，家庭生活质量导向原则，家庭与学校合作原则和家庭支持原则。本书仅仅是从总体上，对特殊需要儿童家庭教育的原则论述如下。

(一)教育者先受教育原则

1. 本原则的含义

所谓教育者先受教育原则是指特殊需要儿童的家长要先接受教育，然后再对特殊需要儿童进行相关教育工作。

2. 本原则提出的依据

在传统上，中国的家长是在战斗中学会战斗的，或者说是从书中学会如何教育子女的。应该说，在过去子女多、信息缺乏、信息手段也不发达的时代，在战斗中学会战斗是无奈之举。对于常态儿童而言，自然生长也不是不可以的。然而，对于特殊需要儿童尤其是残障儿童而言，其发展已经偏离正常的轨道，如果事先不学习是很难达到恰当教育子女的目的的；同时，我国特殊需要儿童家长的现状也警示了家长必先学习。

(1)特殊需要儿童家长对儿童的态度不端正

许多家庭对儿童的异常症状不敏感，态度不端正。10 多年前在北京开展的一次调查发现，残障儿童家庭在儿童早期并不重视孩子的情况。张毅、陈亚秋、何文辉、刘艳虹等人以北京市 68 个特殊需要儿童家庭为研究对象，对其家庭教育的相关情况进行调查。结果发现，至少有 82.26%的家庭是在孩子 1 岁以后才发现孩子有问题的；有 60.29%的家长在孩子 3 岁以后才对孩子的病情进行确诊。这说明即使是在北京这样较为发达的地区，残障症状也未能较早引起家长的关注。更早的关于视力障碍儿童家庭的调查显示了家长更为不当的视力障碍儿童观。1997 年发表的一项研究表明，某些家长认为视力障碍儿童“无用”，生来就是“累赘”，因而对他们采取放弃的对策，把一切教育责任都推给了学校，这类家长占调查总数的 25%左右。不仅如此，被调查学校 50%的家长认为视力障碍儿童可怜，因此，对他们百依百顺、过度溺爱。2003 年的调查发现，大多数的视力障碍儿童家长有严重的“宿命论”观念，认为自己孩子的失明是“前世作孽”和“老天报应”，以致羞于让孩子见人，从而造成视力障碍儿童的过度自卑。

近年来，随着特殊教育的发展，家长的态度明显好转。然而，许多家长依然未能

树立起正确的态度。例如，一些家长过多依赖医疗，希望孩子能被治好；不恰当地相信一些有失偏颇的宣传，以为可以完全改变残疾的症状；仍旧存在抛弃和溺爱现象。实际上，医学仅仅是对某些残障儿童的某些身心要素有明显的干预效果，对大多数儿童而言，其发展主要靠教育。

(2)一些特殊需要儿童家长的文化素养较低

邱举标曾经报道，广州盲校学生家长的文化水平较低，在校学生中，父母双方文化程度均在中小学以下的约占 64.3%；也有研究显示，特殊需要儿童的家长不仅文化水平普遍较低，而且他们还没法掌握特殊需要儿童的教育方法，很难有效地开展家庭教育。尽管这个研究的样本可能有问题，但在一些农村地区的某些特殊需要儿童尤其是残障儿童的家长，确实会存在文化水平较低进而无法或者不能教育孩子的情况。总体而言，没有证据证明特殊需要儿童家长的文化程度一定较低。相反，许多家长尤其是大城市的一些特殊障碍儿童的家长文化素质很高。然而，即使是文化水平高的家长，其关于残疾、残疾儿童、特殊教育的正确知识也不见得不是缺乏的。

(3)大多数特殊需要儿童家长不懂得如何教育残障儿童

教育特殊需要儿童比教育常态儿童需要更多的知识和能力。诸多证据证明，特殊需要儿童的家长不见得有这些知识和能力。例如，邱举标曾经报道，视力障碍儿童的家长缺乏正确的家庭教育的方式和方法，只有极少数家长正视家庭教育在视力障碍儿童中的作用；只有少数家长意识到，家庭不仅能防止和减轻社会对幼小视力障碍儿童的各种压力和伤害，还能向视力障碍儿童传递社会信息及要求，教给他们恰当的社会价值观和行为规范；家长对视力障碍儿童缺陷的错误认知，则会导致家长对教育采取错误方式和方法。

3. 本原则的贯彻

要贯彻本原则，家长必须从下述三个角度入手。

(1)接受教育的重要性

不接受教育不仅不会有正确的教育理念、教育行为，还可能有错误的认识和言行。例如，以为生一个残障儿童是上辈子作孽，进而对之极为溺爱；以为智力落后儿童讲话晚，是贵人金贵开口迟等。这些都是没有正确的知识导致的错误认知和行为。

(2)学习恰当的教育内容

家长要学习的内容包括三个方面：关于特殊教育和特殊需要儿童的态度、关于特殊教育和特殊需要儿童的知识以及利用这些态度和知识教育儿童的能力。

在态度方面，最重要的是正确看待特殊需要儿童并正确地对待他们，不溺爱、不抛弃，以平常的眼光看待自己的孩子。

在知识方面，最重要的是儿童的身心特点、教育的理念和方法等知识。每类儿童的特点不一样，教育的方法也不一样。

在能力方面，最重要的是在家庭中，能针对儿童的特点或者根据已经获得的知识指导、教育孩子。例如，能指导视力障碍儿童的日常生活、培养听力障碍儿童的言语能力、矫正智力落后儿童的缺陷行为等。

(3)多途径接受教育

家长接受教育的途径可以是多元的。通过购买书籍、观看视频进行自学，是一条较为快捷的获得相关知识与态度的途径。在购买时，要经真正的专业人士指点，购买正确的书籍和视频，否则危害更大。家长可以在政府提供的免费的培训活动中学习。笔者的团队一直在致力于倡导政府提供基本的信息服务工作。

家长可以从家校合作和特殊教育学校的讲座中学习。这是一个极为重要的渠道。这种渠道还便于家校合作。

家长可以自己到大学的特殊教育专业随堂听课学习。这基本上是最正规的学习渠道。

(二)早干预原则

1. 本原则的含义

所谓早干预原则是指当发现疑似特殊需要儿童或确定是特殊需要儿童时，立即采取措施，对其采取包括医学干预、教育干预、饮食干预等在内的一系列措施，以使损伤降到最低，使特殊需要儿童尽可能获得最佳发展。

2. 本原则提出的依据

早干预原则的提出有一系列理论和实践的依据。

(1)理论依据

特殊需要儿童早干预有一系列的理论依据。例如，神经生理学的关于脑神经发育和成熟的理论，对于干预发展障碍儿童尤其是智力落后、孤独症儿童的感统训练或者智力发展具有重要的指导意义。一般而言，儿童的大脑神经系统的髓鞘要到12岁才基本发育完备，完全闭合，此前发生任何神经髓鞘未闭合的症状，如放电等都是正常范围内的事情。也正是神经系统的这种特性，才给儿童的早期干预留下了时间。再如，心理学的关于儿童的言语发展关键期的理论，对于干预特殊需要儿童的言语或者训练其言语都有重要的价值。无论是听力障碍儿童、智力落后儿童还是孤独症儿童都可能有言语障碍，而言语障碍的矫正一定要和言语发展的关键期相符合。这就要求，在儿童五六岁以前，进行全面的言语训练和教育。还如，教育学的教育受社会政治经济制约的理论、人必须在群体中才能更好地社会化的理论等，对于培养特殊需要儿童的社会行为具有指导意义。那些一定要对特殊需要儿童进行个训、那些不敢或者不想带孩子见人的行为、那些不向政府或者组织提出要求、那些提了要求但胡搅蛮缠的人，都不了解教育与社会政治经济的关系。

当然，本书说的早干预的理论基础并非仅仅是列举的这三个例子，也并非仅仅是生理学、心理学和教育学的理论。生物发展关键期、各种学习的理论等，也是重要的理论依据。

(2)实践依据

国内外特殊教育的大量实践已经证明，对特殊需要儿童尤其是残障儿童的干预越早，效果越好。例如，即使是全聋的感音性听力障碍儿童，在发现感音性聋之后，佩戴合适的助听器或者装配电子耳蜗，经过艰苦的早期的听力言语训练，儿童照样可以获得很好的口语，进而使书面语、思维等没有障碍。再如，在脑瘫儿童发生脑瘫后，立即采取全面的感知机能训练，配合言语语言教育，许多儿童的身体症状会有效改变，言语语言障碍会降到最小，大脑的受损部位的神经通道会有有效的代偿，建立起新的神经环路。还如，对于大部分智力落后儿童而言，一旦确认症状，就立即进行全面的早期教育与训练，其症状会大大改善，他们的生活自理能力、动作能力、交往能力、言语语言能力会获得较好的发展，为进一步的学校教育奠定良好的基础。

当然，在实践中，已经证明的三级预防(干预)具有重要的作用。

一是初级预防(干预)。对于残障儿童而言，就是尽量预防障碍出现。这是指在症状还没出现时就采取措施，包括对疑似对象进行干预。例如，宣传优生优育，尽量使出生的儿童正常；出生后的孩子如果疑似有障碍，就进行积极干预等。

二是二级预防(干预)，就是对于已经有症状的儿童进行积极的诊断、治疗和教育干预。这些措施采取得越早、越及时，儿童的损伤才会越小，他们的发展才会不受影响。例如，发现儿童是感音性的听力损伤后，可以尽早装配电子耳蜗，并开展言语和听能训练，这样儿童的口语才能顺利获得。

三是三级预防(干预)，就是对残障儿童而言，残疾或者障碍已经发生了，要采取积极措施，包括医疗干预、食物干预和教育干预，以把损伤降低到最小的程度。例如，哪怕儿童在七八岁时才被确诊是智力落后儿童，也要对其积极教育，以使他们的发展达到最佳状态。

3. 本原则的贯彻

(1)思想上要重视

从准备生孩子起，家长就要有明确的优生优育意识，必要时要向专家进行生育咨询；怀孕后，要按照正确的孕期指导，定期进行孕期检查；生产时，要根据专业人士的指导生产；产后要做筛查，一旦疑似有问题或者确认有问题，就立即进入干预状态。

(2)早期检查和诊断

早期检查和诊断是早干预的重要一步。当然，这里的早期检查和诊断并非仅仅是指医学的检查和诊断，还包括教育的、心理的检查和诊断。家长千万不要完全依赖医学专家，心理专家、教育专家也是重要的早期诊断的专业人士，而且是不可或缺的甚至比医学专家还重要的专业人士。早期诊断除了视力诊断、听力诊断外，还包括智力的、动作的、学习能力的、相关知识的诊断等，而这些更多的是心理专家、教育专家的工作。

(3)早期医学干预

早期医学干预对某些类别的儿童是有效的。比如，听力障碍儿童在听力损伤确定后，可以根据诊断报告验配助听器，也可以给听毛细胞损失的听力障碍儿童填埋电子耳蜗，而填埋时就需要医生进行医学干预。再如，一部分多动症儿童是可以通过服药解决部分多动行为问题的，这里的开药就是医学干预。还如，对于一些肢体障碍儿童，如脚内翻、脚外翻、四肢弯曲等儿童，可以通过矫正手术等进行功能矫正，这里的手术就是医学干预。需要注意的是，医学干预对于绝大多数发展障碍儿童是无能为力的。也就是说，目前的医学对智力落后、孤独症、学习障碍、情绪行为障碍的大多数儿童，甚至对定性后的盲、聋、脑瘫儿童也是无能为力的。家长不要把更多的精力和金钱放在医学上，而要放在教育干预上。

(4)早期食物干预

本书的早期食物干预是指两种情况。一是对于某些特定类型的障碍儿童，采用食物干预的措施，帮助儿童正常发展。这时，食物既是食物，也是治疗的手段和工具。例如，对于苯丙酮尿症儿童而言，从出生开始，就应该使用食物干预，戒掉母乳或奶粉喂养，改用米粉等喂养。这样持续到 4 岁，儿童的智力发展就基本上按照常态发展了。如果家长缺乏对他们食物干预的知识，继续母乳喂养或者给予各种奶类制品，那么孩子的智力就会受到不同程度的损伤。这主要是因为这类儿童体内缺少苯丙氨酸羟化酶，没法把母乳中的苯丙氨酸转化为酪氨酸，进而积聚体内，影响脑细胞的发育，导致智力障碍。二是无论是常态儿童，还是残障儿童，都要为他们提供合理的饮食，不能在饮食上任性妄为。所谓合理的饮食，是指营养合理、摄入的养料满足需要。在保证合理营养的情况下，允许儿童有自己的口味选择，但不能任意挑食。目前有的家长给儿童喝的是软饮料，吃的是高热量食物，这样不加自制是极为错误的。孩子的健康是与饮食密切相关的。需要说明的是，即使是那些对某种食物如蛋白质过敏的儿童，家长也应该采取系统脱敏的方法，逐步使儿童适应各种食物。

(5)早期教育干预

早期教育干预是最重要的干预方式。对特殊需要儿童而言，早期教育干预主要分两部分内容。一是和儿童的一般发展密切相关的促进身心发展的教育，包括言语语言的发展、动作能力的发展、交往能力的培养、生活自理能力的培养等。二是与儿童的缺陷矫正密切相关的内容，如视力障碍儿童的方向辨别和定向行走训练，听力障碍儿童的听力言语训练，脑瘫儿童的动作能力和言语训练，智力落后儿童的全面教育等。

(三)一般发展与特殊发展相结合的原则

1. 本原则的含义

所谓一般发展与特殊发展相结合的原则是指家长在教育儿童时，既要照顾到儿童的特殊需要，开展有针对性的训练，又要按照儿童发展的规律，进行全面的教育。以一般发展为基础，突出特殊发展。

2. 本原则提出的依据

本原则的提出主要源于下述两个方面。

(1)一些家长的实践出现了偏差

改革开放以后，尤其是开展听力障碍儿童的早期听力语言训练以来，一些特殊需要儿童的家长，包括目前的一些孤独症儿童家长，一直有一些误区，就是特别关注儿童的缺陷矫正或特别发展，忽略了儿童的一般发展。这些误区主要表现在两个方面。一是只关注和特殊需要有关的训练，忽视了整个身心教育。对特殊需要儿童而言就是只关注那些与缺陷矫正有关的训练，忽视教育或者其他训练。二是只关注和智力、言语、交往等有关的训练，不关注全面的身心教育，即不关注儿童的性格、个性和行为习惯的培养等。例如，听力障碍儿童的家长在早期特别关注听力和言语训练，往往忽略了儿童的言语发展和其他心理要素的发展是密切相关的。听力障碍儿童的言语发展与包括交往在内的社会性发展密切相关，要训练听力障碍儿童的听力和言语，固然要专门的言语、听力训练，但这些训练是在一般的儿童的交往、儿童的动作发展、儿童的智力活动中实现的。再如，孤独症儿童有言语障碍或者言语退化的现象。训练孤独症儿童的言语就是一个重要的任务。孤独症儿童的言语语言的发展是建立在他们的一般发展基础之上的，单纯机械地训练他们的发音未见得有效。可是一些家长没有相关的知识，又缺乏正确的指导，便以为加大说话训练的强度，孩子就能说话。那些在训练机构极力要求要给自己的孩子“加课”的现象，反映的就是这种状态。

有的家长则是进入另外一个误区，即过多地强调医治某个专门的问题，忽视了教育的作用，这实际上是另外一种忽视一般发展和特殊发展相结合的表现。例如，脑瘫儿童的本质缺陷在脑器官的损伤，即大脑细胞的损伤。目前并无什么可以让死亡的脑细胞复活的药物，这点和孤独症、智力落后、甚至部分情绪行为障碍的儿童一样，干预的最好的手段是教育和训练，但有的家长却把精力放在了药物治疗上，浪费了宝贵的教育时间。这时家长该做的是，踏踏实实地对孩子进行一般发展和特殊发展相结合的养育，而非药物治疗。

(2)已有理论强调了一般发展的重要性

儿童的身心发展是有其自身的规律的，我们只能利用这个规律，以更好地促进儿童的发展，而非任意妄为。

首先，儿童的身心发展是一个整体，身体发展和心理发展是有机地、密切地联系在一起的。这是由活的有机体先天的内在的发展动力决定的。只要是活的有机体，就有这种有机的发展的内在动力。我们很难人为地专门发展儿童的某一个身心要素，而只能把发展某一要素置于整个身心发展的前提下。例如，新生儿的感知觉能力、身体协调能力、肌肉协调能力都很差，口腔肌肉的运动还仅仅限于吞咽水平，咀嚼的能力还没有。在这种情况下，要训练新生儿的言语能力显然是不可能的。其言语能力的训练，要等到会坐、会爬、口腔的精细运动开始发展的时候。

其次，儿童的身心发展是有一定的顺序的。这是由生物自身的发展规律决定的，人为干预其发展要么很难，要么会带来不良的后果。心理学中经典的格赛尔双生子实验，不仅说明成熟在发展中具有重要的作用，还说明发展的顺序是天然存在的，在未到发展的顺序前，硬性发展某个身心要素，未必能成功。维果茨基也提出了心理发展的最近发展区理论。例如，个体动作的发展顺序是先粗大，再精细；先近，再远；先整体，再分化到局部；先上部，再到下部。儿童具备了基本的动作能力、感知觉能力之后，才开始向高级的心理发展，或者说言语、语言、思维能力等均是在基本的感觉能力、知觉能力、动作能力的基础上发展的。

最后，独特发展还有阶段性，在某一个阶段重点发展的是身心的某一些要素。正是发展具有阶段性，才显示出儿童的发展具有年龄特征。正是具有年龄特征，才使教育者很方便地获得在哪个年龄段该重点发展身心的哪些要素。当然，儿童发展的阶段性或年龄特征在年龄段与年龄段之间，并不是决然的分割的，而是渐变和突变有机结合的。例如，青春期的到达不是突然发生的，又确实具有明显的与童年期不同的特点。我们前述的神经系统尤其是大脑神经细胞的髓鞘要等到12岁才能完全闭合，就是很好的神经系统发展的阶段性的例证。这就说明，教育一定是要遵循发展的阶段才能取得最佳效果的。

3. 本原则的贯彻

贯彻本原则要注意三个方面。

(1)按照发展规律教育孩子

教育孩子既不能揠苗助长，又不能延误时机。要想按照规律教育孩子，懂得关于儿童身心发展的规律的知识是很重要的。这当然要求家长要学习。学习的方式是多种多样的，本书曾经谈及的看书、看视频自学，甚至在战斗中学会战斗，都是好的学习方式。

(2)强调一般发展是基础

无论孩子是超常儿童还是特殊需要儿童，我们都不应忘记，要教育孩子全面发展，而且要着眼于儿童的一般发展。身体的发展包括健康、动作发展等，心理的发展包括智力的、言语的、交往的、性格的发展等。没有一般发展作为基础，其他发展要想获得最佳发展是很难的。

(3)强调特殊发展是某个阶段的重点

有了一般发展的基础，就可以在某个发展阶段，根据儿童的发展需要，重点发展某些特殊需要。例如，在言语发展的关键期，可以把发展听力障碍儿童的言语能力作为重点；在视力障碍儿童能行走之后，就可以进行方向辨别和定向行走的训练；在确诊儿童是脑瘫后，就可以进行和言语语言训练相结合的感知机能训练等。

(四)塑造与矫正相结合的原则

1. 本原则的含义

所谓塑造与矫正相结合的原则是指在教育上，在塑造儿童的正常的身心要素的同时，矫正或者改变特殊需要儿童尤其是残障儿童的缺陷，以使儿童获得最大限度的发展。

2. 本原则的提出依据

本原则的提出主要有两个依据。

(1)特殊需要儿童的身心特点

特殊需要儿童首先是儿童，具有儿童的一般共性。既然是儿童，具有儿童的一般共性，自然在教育上就要按照共性施教，没有这个共性施教，就谈不上儿童的一般性。

一般儿童在教育上主要是塑造，包括塑造他们健康的体魄、培养良好的个性和行为举止、开发他们的智力等。或者说，就是德、智、体、美、劳全面发展。没有全面发展就没有儿童的发展。要想有这样的发展，就必须根据一般的教育目的进行塑造。

特殊需要儿童又是有特点的儿童，具有自己独特的特点。这些特点，要么表现在他们的身体有器官性损伤，如视觉系统器官、听觉系统器官的损伤；要么表现在器官有功能性损伤，如学习障碍的脑器官的功能的轻微损伤；要么表现在有独特的生理结构，如智力超常儿童的脑活动的超常特点等。

就特殊需要儿童而言，即使器官有器质性损伤，也不见得其器官能力就完全消失。如听力损伤者不见得没有残存的听力，只要有残存的听力，就要好好利用这些残存的听力；视力损伤者不见得没有残存的视力，只要有残存的视力，就要好好利用这些残存视力。这时，就需要创造条件，使教育能够适应儿童的特点。例如，为听力障碍儿童增加声音的响度，让其用助听器；让视力障碍儿童用放大镜放大文字等。当然，也有器官能力完全损伤的状况，即听力完全损伤、视力完全损伤等。这时候，就要想方设法适用代偿或者补偿机制，以替代受损器官的功能。无论是利用器官的残存能力，还是器官功能的代偿，都是针对缺陷展开的缺陷的矫正或者补偿。也就是说，从儿童的身心特点而言，要发展儿童的身心，一方面要利用其具有儿童共性特点的一面，塑造其良好的身心要素；另一方面还必须针对其有自己独特特点的一面，矫正缺陷。唯有最大限度地矫正缺陷，才能最大限度地促进儿童的发展。

(2)教育目的

尽管家庭与家庭之间的教育目的会有差异，但总体而言，家庭教育的目的是与整个国家的教育目的相连的。不管教育目的如何，把儿童培养成身心健康、智力潜能获得最大发展的个体应该是任何家庭都该追求的。要身心健康，就得德、智、体、美、劳全面发展；要身心健康，就要个性、性格健康发展；要智力潜能获得最大发展，就要开展全面的知识和能力教育。

可是，要想使听力障碍儿童说话，就必须针对其听力损伤，开展有针对性的缺陷的矫正或者补偿工作；要想使视力障碍儿童能够读书，就必须针对其视力损伤的特点，创造不用“看”的文字。这就是说，对于特殊需要儿童，尤其是残障儿童而言，要使其获得一般发展，矫正其缺陷是一个重要的程序。只有最大限度地矫正了缺陷，才有可能使其获得常态发展。

3. 本原则的贯彻

贯彻本原则要做到以下几点。

(1)明确塑造是家庭教育的主要任务

塑造儿童良好的身心要素和促进儿童的全面发展是家庭教育的第一要务。不管是哪类特殊需要儿童，都要按照一般儿童进行一般的教育。从出生的喂养、学前的感知机能训练、言语语言能力培养、交往能力教育、良好行为的培养到配合学校的知识能力教育等，家长要明确把特殊需要儿童当作一般儿童来养育和教育。

(2)家庭教育要着眼于儿童的塑造

明确塑造是家庭教育的第一要务后，还要着眼于具体的塑造过程。例如，不能因为孩子听力损伤，觉得他可怜，就不进行良好的行为教育，让他任性；不能因为孩子视力损伤，就觉得孩子没有什么用处，既不送子入学，也不在家里进行教育；不能因为孩子智力落后，就觉得是自己造孽惹的祸，觉得孩子见不得人，家门都不让孩子出；不能觉得孩子脑瘫，不会走路、说话不流利，就觉得孩子废了，教育没用……相反，无论是什么样的特殊需要儿童，首先都要被当作一般儿童看待。一般儿童怎么被教育，这些儿童就怎么被教育。这是基础。没有这个基础，孩子的良好发展就是一句空话。

(3)缺陷矫正也是重要的任务

我们强调对特殊需要儿童首先进行一般的塑造，强调按照一般儿童的要求进行教育。但我们不否认，同时还要矫正特殊需要儿童尤其是残障儿童的身心缺陷。一般塑造和缺陷矫正，两者不矛盾，是相辅相成的。塑造给儿童的发展提供了目标和发展的途径；缺陷矫正可以使儿童的缺陷降到最小，并能极大地带动整个教育目标的实现。

特殊需要儿童的类别不同，缺陷矫正的内容也可能不同。例如，视力障碍儿童的缺陷矫正主要是视觉器官的功能矫正或补偿，既包括硬件的使用，如助视器材、盲文写字板、写字笔和盲文纸的使用等，也包括视觉器官的损伤导致的派生障碍的矫正。派生障碍主要是视觉表象的贫乏和由此导致的其他障碍，像方向辨别和定向行走困难等。视力障碍儿童的缺陷矫正主要是听觉器官的功能矫正或补偿，既包括硬件的使用，如助听器材的使用、电子耳蜗的填埋等，也包括听力损伤导致的如获取口语以及由此导致的言语、语言缺陷和进一步的派生缺陷的矫正，如听力训练、言语训练和手语的学习等。智力落后儿童的缺陷矫正主要是大脑器官的器质性损伤(包括传统的器官和组织水平的损伤，也包括离子分子水平的损伤及其导致的和智力有关的认知过程、情感过程、意志过程和个性心理特征的缺陷)的矫正。

当然，有时矫正的效果未见得令人满意。矫正效果的好坏和损伤的程度，损伤的性质以及矫正的时间、方法、内容、手段都关系密切。我们要承认，只要矫正就会有效果；要承认，特殊需要儿童的教育，或者全面发展，离不开缺陷的矫正和补偿。

家长要注意的是，一般发展也好，缺陷矫正也罢，对孩子要做能做的事。尽管从道理上看，任何一个特殊需要儿童都可以做任何想做的事情，但是，从现实来看，要承认个体差异，否则就是违背规律。例如，一个全聋的听力障碍儿童即使佩戴了电子耳蜗且进行了很好的听力言语训练，要想做一个即时的演说家也是困难的；全盲的视力障碍儿童，即使文化素养再高，要想做摄影师也几乎是不可能的。我们强调缺陷矫正的作用，强调要对残障儿童开展有效的教育或训练，并非鼓励家长要儿童做不能做、做不了的事情。对此，家长要有清醒的认识。

(五)家校合作原则

1. 本原则的含义

所谓家校合作原则是指在教育儿童上，家庭要和学校合作，采取一致的措施，共同教育特殊需要儿童。

2. 本原则提出的依据

本原则的提出主要基于下述三点。

(1)家庭教育和学校教育有脱节现象

目前特殊需要儿童尤其是残障儿童主要被安置在城区的学校，有些学生还住校。这就使得家校合作有了时空的障碍，一些地方存在明显的家校脱节的现象。例如，有的视力障碍儿童的家长在假期里，只是简单尊重教师对家庭教育的指导，让视力障碍儿童完成假期作业，没有尽心尽力地利用假期对视力障碍儿童进行悉心的教育。学校的一些教师也有失当的地方，教师往往以统一的标准来要求所有的学生家长，难以满足家长的不同要求和需要。

家校脱节不仅仅表现在假期里，也表现在日常的教学过程中。对于那些住校的学生来说，家长往往不能天天与孩子接触，更谈不上每天都根据学生的情况和教师的要求配合学校的工作了。

(2)存在一定程度的家校矛盾

目前一些家长受到各种信息的影响，不见得对学校教师的教育认可，因此就不见得从心里想配合学校的教育。

家校对于儿童的两种极端的表现也反映出家校矛盾。一是一些家长采取放弃的方式对待孩子，把一切都交给学校，特别是那些住校学生的家长。家长把学生在学校里住校学习，看成是甩包袱，哪里还谈得上悉心教育孩子以及尽力与学校合作呢？二是一些家长“花式”护孩子，不允许别人(包括教师)讲孩子任何的不好甚至教育中出现的问题。当家长的儿童观有问题时，往往会带来教育行为的偏差。

当然，家校矛盾中也有学校教师的原因。我们特殊教育学校的教学效益应该极大提高，教师的专业水平应该真正上一个台阶，使特殊教育真正成为一个专业化的工作。

(3)合作才能形成教育的最佳合力

教育孩子必须是各方合作(包括家庭、学校、社会)才能完成的一件大事。只有包括家校合作在内的多方合作，才能形成教育的合力，收到最佳的效果。

3. 如何贯彻本原则

(1)统一教育信念和行动

统一教育信念和行动是家校合作的首要内容。在教育的相关观点和教育行为上，家校应该一致，否则，就达不到好的教育效果。家校不一致的情况还是有的。这时双方应该沟通，做到求大同、存小异。

(2)采取家校合作的具体措施

对于儿童尚未读书的情况而言，家校合作主要是学校给予家长的指导和帮助，以及家长主动向学校咨询等。

对于已经进入学校(包括学前教育阶段的幼儿园和训练机构)的情况而言，家校合作的具体措施包括以下几点。一是建立信息互通制度。关于学生在家庭和学生在学校的各种信息，家校双方在必要时，要进行无障碍的信息互通，不要隐瞒重要的教育信息。二是在措施上要有实在的措施或者方法。家长要配合学校的工作，包括家庭作业的完成与辅导、家庭训练的督促、相关行为的培养等。学校要有明确的家校合作的方法。例如，学校要有家校联系卡、联系群等，使用现代信息技术及时向家长通报有关信息；教师要及时和家长沟通，并且在可能时要进行家访等。此外，家长要及时与学校联系，包括在联系群里联系、主动走访教师等。

(3)国外的一些做法可以借鉴

美国在20世纪60年代的波特奇(Portage)计划，就是类似的家校合作的方法。这个方法实际上是由学校的专家教给家长如何教育孩子，然后督促家长在家庭实施教育。

加拿大在20世纪中末期关于智力落后儿童的家长辅导项目的做法，或许对现在国内的家校合作有启发。该项目的基本步骤如下。第一，由专家或经过专门培训的特教人员，对智力落后儿童的老师进行培训，使他们明确辅导智力落后儿童家长的目的和特点，学会辅导家长的步骤、方法等。第二，经过培训的教师，作为家长的辅导员，辅导智力落后儿童的家长。这里需要利用有关工具了解智力落后儿童的各种发展的信息，包括自我独立能力、语言发展状况、身体发育和成长状况、家庭生活和社交能力、对数字和时间的认识等，找出孩子的优点和弱点；根据孩子的学习情况和能力，由浅到深、由易到难、由具体到抽象，选出一些适合家长教育孩子的目标。第三，指导家长如何帮助孩子实现目标。在辅导期间，家长每星期都要见一次教师，教师要根据家长的意见，帮助家长设计每周的儿童行为训练课题，如训练任务、如何训练、要达到什么水平、如何进行奖赏和鼓励等。经过一段时间以后，家长就能独立地选择孩子的学习目标，采取教育孩子的步骤、技巧和方法，并能增加教育孩子的兴趣。第四，每隔一两个月，教师要召开一次家长会，让他们互相讨论、交流经验。同时，教师要教家长如何利用社会资源，如何进行有效奖赏以及教育的新知识，并鼓励家长坚持下去。第五，经过3～6个月的辅导，教师要和家长一起评估孩子的学习效果，总结家长教育孩子的情况，对家长今后如何独立的教育自己的子女提出建议。

第四节 特殊需要儿童家庭教育的途径与方法

特殊需要儿童家庭教育和普通儿童家庭教育比起来，略有差别。差别主要在于特殊需要儿童家庭教育更多地采用“有意识”的教育，而普通儿童家庭教育采用的是“无意识”的教育。

一、特殊需要儿童家庭教育的途径

大致上看，特殊需要儿童家庭教育的途径主要是四条。

(一)家庭课堂

这是针对特殊需要儿童尤其是残障儿童缺陷矫正的困难和特点以及残障儿童的身心塑造也难于普通儿童的现实而专门提出的一种家庭教育途径。

该途径就是把家庭当作课堂，让家长做老师，把家长的言行或者教育行为纳入整体的教育计划中，一课一课地在家庭实施。

1. 未上学儿童的家庭课堂

对于没有上学的儿童，家长应该根据专家的建议，与学校一样，把家庭变成学校，根据教学计划，每周一循环地、一堂课一堂课地、一步一步地实施计划。

2. 已上学儿童的家庭课堂

配合学校的教育，同时也可以针对孩子的特点，进行家长认为需要的内容的教育。这里主要包括三种情况。

一是晚间课堂。每天晚上，或者孩子放学后到晚上，给孩子排好教育内容，以周为单位，循环实施。

二是双休日课堂。每个双休日(对于那些每个月休息 8 天的学校，则是 8 天休息日课堂)都排定相关内容，然后按照计划，以周为单位实施。

三是假日课堂。在寒暑假，为孩子制订相应的计划，然后按照计划，实施相关计划。

(二)榜样熏陶

家庭课堂主要应用于那些需要系统完整学习的内容上。榜样熏陶则更多地应用于孩子的行为举止、个性性格、言语习惯等的培养上。

父母的言谈举止，无时无刻不在影响着孩子。有时候，专门的说教，不如无声的榜样熏陶效果好。即使是智力落后儿童，也能够从父母的行为举止中体会到父母的情绪，更不用说听力障碍儿童可以通过视觉判断、视力障碍儿童可以通过听觉判断了。因此，父母不应该因为子女有障碍，就不注意自己的行为举止，而是要和普通孩子的父母一样，用自己的良好行为举止，熏陶子女。

这里要特别说明的是，勤劳、勇敢、礼貌、好学等是家长必须具备的基本素养，家长能通过自己的言行来影响孩子，使之也具有这些素养。

(三)日常生活教育

家庭课堂是正式的教育形式，榜样熏陶也是经过修正的父母言行的影响。然而，在很多情况下，家庭教育是在日常的生活教育中实现的。例如，使用筷子的标准动作，当然是在吃饭时教给孩子效果最好；吃饭时，吃完自己规定的量，不挑食、不偏食、不剩饭等，当然也是在吃饭时培养效果最好；早上按时起床、起床叠好被子、梳洗打扮，当然是在日常活动中教育效果最好。

当然，本书所谓日常生活教育不仅仅是指把日常的活动作为教育的素材，也包括要把某些突发的事件或没有预料到的事情，作为教育的素材。例如，如果儿童平时洗手不彻底，那么碰到冠状病毒流行时，就可以利用冠状病毒的危害，使孩子体会到正确洗手的作用。教育时时有，教育处处有。只要家长有心，到处是教育孩子的好场所。

(四)社会活动

社会活动也是教育孩子的好途径，而且社会活动往往是培养孩子的交往能力、社会适应能力、言语运用能力的最佳途径之一。因此，家长千万不要因为自己的孩子是特殊儿童，就羞于带孩子外出，把孩子封闭在家里。

特殊需要儿童和普通儿童一样，只有走出家门、走向社会、与各种社会要素密切接触，才能够从社会中学习，进而适应社会。马克思早就说过，人在其现实性上，是一切社会关系的总和。

当然，强调家长要带孩子参与各种社会活动，不是说盲目地让孩子参与各种活动。相反，这是要求家长在带领孩子参与社会活动前，已经在家中对孩子进行了相关教育，包括讲清楚规则和活动的方法等，并已经在家里进行了预演。参与社会活动是进一步验证这些规则和方法，是让孩子体会当时的感觉，进而让孩子能够独立参与社会活动。以如何与儿童游戏为例在带孩子参与其他孩子的游戏前，就应该和孩子讲清楚，参加游戏时，要遵守游戏规则，并与其他儿童配合。只有这样，社会活动才能有好的教育效果。

二、特殊需要儿童家庭教育的方法

这里讲的方法并非专门指课堂教学里教师用的把某个具体的内容教给学生的方法，而是指在上述途径之外，家长用来教育孩子的所有方法。

(一)内容全面系统完整

这是指在家庭教育中，某些教育内容的选择一定要按照全面、系统和完整的要求，一步步地把相关内容教给孩子。这是与普通儿童家庭教育完全不同的。专门针对身心缺陷儿童家庭教育的内容必须是全面、完整和系统的。例如，那些在家庭中训练听力障碍儿童的听能、言语取得成就的，无一不是按照全面、系统和完整的要求来提供内容的。

对于那些需要矫正的缺陷，必须进行全面、完整和系统的工作，千万不可东一榔头西一棒，三天打鱼两天晒网地由着性子来。应该说，按部就班地进行三五年的系统教育，特殊需要儿童的缺陷才会有很大的改善。

(二)计划明确

某些家庭教育的内容，在实施时，必须计划明确。整个内容大致上分几年完成，每年完成多少，把每年完成的内容分配到每月或者每周，根据每周的计划实施。前述谈及的家庭课堂等，就是针对这种情况的具体的措施。当然，这个计划有可能在中间进行调整，这也是正常的。任何计划，在实施的过程中，尤其是随着计划实施的评估、调整计划，没有实现是正常的。

(三)教育的知识和方法要正确

无论是通过日常的生活教育孩子，还是通过家庭课堂教育孩子，教育的知识和方法要正确。知识和方法正确是教育的第一步。这里包括相关的理念、各种知识和方法。例如，开始教孩子吃饭时，使用筷子的方法就要正确，否则，一旦形成不正确的习惯，再改是很难的。

(四)具体的家庭教育的方法

从具体到某个教孩子的内容来看，具体的方法包括以下几点。

1. 任务分析法

任务分析法就是在教孩子某个内容时，把这些内容事先先分成一个一个的步骤，然后一步一步实施的方法。例如，关于教孩子叠被子，怎么进行任务分析？

第一步，把被子抖开，放在床上；

第二步，把被子远离身子的一面的四分之一折过来；

第三步，把近身的被子一面的四分之一折过去；

第四步，把被子左边的四分之一翻上来；

第五步，把被子右边的四分之一翻上去；

第六步，对折；

第七步，把被子放在指定的地方。

这里的七步，就是任务分析的结果。在具体教孩子时，可以从第一步做起，一直做到最后一步，这叫塑造法；可以从最后一步做起，前几步由家长做完，这叫逆向结链法；也可以从中间任一步做起，这叫中间开花法。

2. 讲授法

讲授法是讲解、讲述、讲读等方法的统称，也是家庭教育中经常使用的方法。例如，和孩子一起读书，即家长和孩子一起看图说话，就是典型的讲读。应该说，许多家庭教育的内容都可以用讲授法教给孩子。无论是做人的道理，还是行为举止，抑或是相关的文化知识，都可以使用讲授法。

3. 示范法

示范法也是家庭教育常用的方法。该法就是先把正确的做法示范给孩子，然后让孩子模仿。许多内容都可以使用示范法。例如，筷子怎么用，毛笔字怎么写，交谊舞怎么跳等，都可以使用示范法。需要注意的是，如果家长不懂，就不要先示范。或者说，示范给孩子的，必须是正确的，开始时教孩子的方法是错误的，以后很难矫正。例如，许多儿童的握笔姿势有问题，就和早期家长的不良示范有关系。

4. 实验法

实验法也是家庭教育中常用的方法。它往往用在那些需要孩子探索才能掌握的内容上。儿童好奇收音机里为什么出声音，就把收音机拆了。结果，爸爸不仅没有大发雷霆，还引导孩子自己造出收音机。应该说，很多对儿童是新鲜的内容，都可以用实验法教给孩子。某种菜怎么做好吃，容积是不是守恒的，1 到 10 怎么加得数最快等，都可以使用实验法。

5. 练习法

练习法是家庭教育最常用的方法之一。它就是在教给孩子基本的练习的步骤和内容之后，孩子慢慢练习，形成技能的方法。无论是动作技能还是心智技能，要想形成，必须练习。要注意的是，开始的练习必须是正确的，不能一开始就出现错误。一方面，家长自己要提供正确的方法；另一方面，可以先采取模拟练习的方式。例如，字怎么写？开始先采取空手、没握笔的方法练习拿笔；接着练习拿笔后手臂、腕部、肩部正确的运笔方式，以及手与身体的相对空间关系；最后再写字。具体写字时，开始是书空，慢慢再具体地写。应该说，集中练习掌握方法，分散练习形成技能。也就是，在开始，先集中掌握正确的方法，然后再分散慢慢地练习，以形成技能。

6. 行为矫正技术

前述的榜样示范就是重要的行为矫正技术，此外，常用的还有以下几点。

(1)正强化原理

在一个确定的情境中，一个行为发生后，如果接着出现一个好的结果，那么今后在类似情境下，发生类似行为的可能性增大，这就是正强化原理。它可以强化良好的行为，当然也可能强化不良行为。儿童的许多获得性不良行为，就是通过不当的强化获得的。

(2)消退原理

在一个确定的情境中，一个行为发生后，如果外界环境不予理睬，那么今后在类似情境下，发生类似行为的可能性减小，这就是消退原理。

消退原理可以消除儿童的不良行为，也可以消除他们的良好行为。家长在使用这个原理时，要清楚儿童的行为是否要消退。当然，在消退的过程中，可能行为会变得更坏，这时，家长一定要坚持。例如，孩子要买玩具，由于种种原因，当时没法买，结果孩子不高兴。不高兴时，家长不理睬，孩子就在地上打滚，又哭又闹。那么，正确的做法是：他闹他的，家长不管。否则，消退的效果就会失去。

(3)惩罚原理

在一个确定的情境中，一个行为发生后，如果有一个不好的结果出现，那么今后在类似情境下，发生类似行为的可能性减小，这就是惩罚原理。惩罚原理往往用在不良行为的消除上，但如果不小心，也会把良好的行为消退掉。因此，在使用惩罚原理时，要区分行为是否需要消退。

(4)代币制

前述谈及的行为发生后就给予强化物或者惩罚物。有时，为了效果，可能行为发生后，先记账，等记到一定程度时，再处理。这里的记账就是代币。或者说，行为发生后，不马上给予强化物或者惩罚物，而是给予代币，最后“秋后算账”。

代币制可以很方便地解决强化物、惩罚物不能随时随地获得或者获得强度不够的问题。分数、木棒、小红花等都可以是具体的代币的形式。一周内，积攒到一定数量(这是父母和子女双方商定的)，就要兑现奖励或者严厉惩罚。

7. 培养儿童的主观能动性

培养儿童的主观能动性也是行为矫正的重要内容，但往往被忽视。所有的教是为了不教。不教的目的是自控，只有自控好了，教育才算成功。因此，家庭一定要把儿童的自控能力，也就是儿童的主观能动性，慢慢培养起来。即使是孤独症、智力落后、脑瘫儿童，也可以培养自控能力。家长千万不可以他们是特殊需要儿童为由，就放松对他们的主观能动性的培养。

本章小结

第一节主要论述本书使用的特殊需要儿童的概念，包括内涵与外延，强调特殊需要儿童是共性与特性的统一。

第二节从总体上论述特殊需要儿童家庭教育的目的与内容。先从教育、家庭教育和特殊需要儿童家庭教育的逻辑关系入手，论述特殊需要儿童家庭教育的目的，进而论述特殊需要儿童家庭教育既有一般家庭教育的内容，又有特殊的内容。

第三节论述特殊需要儿童家庭教育的原则，主要是从家庭教育、特殊需要儿童家庭教育的角度，论述特殊需要儿童家庭教育既遵循一般儿童家庭教育的原则，也有自己独特的原则，并进而论述了教育者先受教育、塑造与缺陷矫正相结合原则、家校合作等五个原则。

第四节论述在宏观上，特殊需要儿童家庭教育的途径与方法。

复习思考题

1. 特殊需要儿童为什么是特殊的?
2. 你认为特殊需要儿童家庭教育的目的是什么?
3. 如何看待特殊需要儿童家庭教育的原则?这些原则该如何使用?
4. 如何理解“教育时时有”的家庭教育意义?
5. 特殊需要儿童家庭教育的途径主要有哪些?该如何使用?
6. 学校中的教育方法和家庭教育的方法有何异同?

本章阅读书目

(一)推荐拓展书目

1. 邓佐君．家庭教育学．福州：福建教育出版社，1995.

2. 赵忠心．家庭教育学——教育子女的科学与艺术．北京：人民教育出版社，2000.

3. 刘全礼．特殊教育导论．北京：教育科学出版社，2003.

4. 刘全礼．特殊儿童的家庭教育．天津：天津教育出版社，2007.

5. 刘全礼．残障儿童的早期干预概论．天津：天津教育出版社，2007.

(二)补充读物

1. 刘全礼．儿童行为塑造及行为问题矫治．北京：中国妇女出版社，2009.

2. 刘全礼．随班就读教育学——资源教师的理念与实践．天津：天津教育出版社，2007.

3. 刘全礼．智力落后儿童的特点与教育纲要．天津：天津教育出版社，2008.

4. 刘全礼．临床家庭教育学导论．天津：新蕾出版社，2008.

5. 刘全礼等．实用聋校问题教学法．长春：东北师范大学出版社，2016.

6. 刘全礼等．教师行为概论．北京：中国轻工业出版社，2016.

本章主要参考文献

1. 邓佐君．家庭教育学[M]．福州：福建教育出版社，1995.

2. 赵忠心．家庭教育学——教育子女的科学与艺术[M]．北京：人民教育出版社，2000.

3. 刘全礼．特殊教育导论[M]. 北京：教育科学出版社，2003.

4. 刘全礼．特殊儿童的家庭教育[M]. 天津：天津教育出版社，2007.

5. 刘全礼．残障儿童的早期干预概论[M]. 天津：天津教育出版社，2007.

6. 刘全礼．儿童行为塑造及行为问题矫治[M]. 北京：中国妇女出版社，2009.

7. 刘全礼．随班就读教育学——资源教师的理念与实践[M]. 天津：天津教育出版社，2007.

8. 刘全礼．智力落后儿童的特点与教育纲要[M]. 天津：天津教育出版社，2008.

9. 刘全礼．临床家庭教育学导论[M]. 天津：新蕾出版社，2008.

10. 刘全礼等．实用聋校问题教学法[M]. 长春：东北师范大学出版社，2016.

11. 刘全礼等．教师行为概论[M]. 北京：中国轻工业出版社，2016.

12. 马冠生，张玉．中国儿童肥胖防控面临的挑战与机遇[J]. 中国儿童保健杂志，2020(2)：117-119.

13. 程荣华．盲童学前教育的途径和方法研究[J]. 中国校外教育，2018(2)：63.

14. 罗苏群．智力残疾儿童家庭康复现状与需求调查研究[J]. 中国校外教育，2012(24)：53-54.

15. 刘潇女，易明．国内视力残疾儿童早期家庭教育研究综述[J]. 绥化学院学报，2016(4)：85-88.

16. 廖文科．日本学校营养午餐的沿革与现状[J]. 中国学校卫生，2001(1)：5-6.

17. 邱举标．盲童家庭教育的问题与对策．教育导刊[J]. 2003：63-65.

18. 朱智贤．儿童心理学(1993 年修订版)[M]. 北京：人民教育出版社．1993.

19. 国家基础教育实验中心．中国家庭子女教育——特殊儿童家长读本[M]. 北京：中国法制出版社，2000.

20. 刘全礼．实用培智学校教学法[M]. 长春：东北师范大学出版社，2012.

21. 刘全礼．特殊教育专业概论——我国特殊教育教师职前培养的问题与对策研究[M]. 北京：中国轻工业出版社，2016.

22. 刘全礼．育儿指南——0—3岁儿童家庭教育全书[M]．沈阳：辽宁教育出版社，1998.

23. 国家卫生计生委疾病预防控制局．中国居民营养与慢性病状况报告(2015年)[M]．北京：人民卫生出版社，2015.

24. 李凤荣．日本学校饮食供应模式分析[J]．商场现代化，2012(上旬刊)：32-33.

25. 葛子君，阮栾绮，庄勋，等．中国大学生人群性病及艾滋病健康教育现况[J]．江苏预防医学，2015(6)：138-139.

26. 张毅，陈亚秋，何文辉，等．北京市特殊儿童学前家庭教育状况调查报告[J]．中国特殊教育，2004(11)：73-77.

27. 华瑛．盲童家庭教育的调查与对策[J]．中国特殊教育，1998(2)：13-16.

28. 韩媛．兰州市特殊儿童家庭教育现状及对策研究[J]．教育革新，2019(11)：80.

29. 赵微．一个行之有效的弱智儿童家庭教育的方法——加拿大“弱智儿童家长辅导项目”介绍[J]．特殊儿童与师资研究，1995(3)：23-30.

第二章

视力障碍儿童的家庭教育

导　读

视力障碍儿童的缺陷主要是视觉器官的损伤，视觉表象贫乏和由视觉表象贫乏导致的一系列的派生障碍，包括方向辨别、行走和生活的障碍等。那么，家长该如何培养视力障碍儿童的定向行走能力、生活自理能力和社会交往能力呢？

学习目标

1. 理解视力障碍儿童方向辨别和定向行走的重要性，掌握教育他们方向辨别和行走的方法并能教给家长。

2. 理解视力障碍儿童生活能力教育的重要性，掌握教育他们在家庭中培养生活能力的方法并能教给家长。

3. 掌握视力障碍儿童社会交往能力的培养方法并能教给家长。

学习重点

1. 理解家庭培养视力障碍儿童方向辨别和定向行走的重要性，并掌握培养方法，同时会教给视力障碍儿童家长。

2. 理解家庭培养视力障碍儿童生活自理能力的重要性，并掌握培养方法，同时会教给视力障碍儿童家长。

学习难点

1. 视力障碍儿童方向辨别和定向行走的培养方法。

2. 视力障碍儿童生活自理能力的培养方法。

第一节 视力障碍儿童的家庭教育概述

家庭是视力障碍儿童(以下简称视障儿童)的主要活动场所，对他们的身心发展、个性的形成起着非常重要的作用。家庭是视障儿童的第一所学校。

一、视障儿童概念及身心发展特点

视障儿童是指有视觉障碍的未成年者。视觉障碍则是指在经过矫正后，视觉仍然对个体的生活、学习、工作等造成一定不利影响的状况。

常见的近视眼由于可以通过屈光矫正恢复正常视力，因而一般不被认为是视觉障碍。视力残疾可以认为是视觉障碍对于个体影响比较显著的情形。视力残疾有明确的国家标准，只有通过国家残疾评定并取得残疾证者才能享受国家有关优惠政策。视力残疾儿童是视障儿童家庭教育的主要对象。

视力残疾是指由于各种原因使眼睛或大脑视觉中枢出现功能问题，导致视力或视野的严重损失甚至完全丧失。我国视力残疾的标准如表 2-1-1 所示。

表 2-1-1　视力残疾的标准①

类别	级别	最佳矫正视力 a
盲	一级视力残疾（一级盲）	无光感 $< a <$ 0.02；或视野半径 $<5°$
	二级视力残疾（二级盲）	$0.02 \leqslant a < 0.05$；或视野半径 $<10°$
低视力	三级视力残疾（一级低视力）	$0.05 \leqslant a < 0.1$
	四级视力残疾（二级低视力）	$0.1 \leqslant a < 0.3$

关于我国视力残疾的标准的四点说明如下。

第一，无论是盲，还是低视力，均是指双眼。如果双眼的视力不同，则以视力较好的眼为准。视力好的这只眼睛有时被简称为优眼。

第二，如果只有一只眼达到盲或低视力的标准，而另一只眼的视力达到或优于 0.3，那么这种情况不属于视力残疾。

第三，最佳矫正视力是指以适当的镜片矫正能达到的最好视力，或者以针孔镜测得的视力。

第四，视野是指眼睛能看到的范围。有些疾病如青光眼、视网膜色素变性等会损伤视野。如果视野半径小于 10°，哪怕远近视力正常，则也属于视力残疾。

在生活中，人们对于视力残疾者的称谓比较混乱，这容易导致误解。传统上，人们将一级、二级视力残疾称为“盲”，将三级、四级视力残疾称为“低视力”。然而，有时候人们又用“盲人”泛指所有视力残疾人，如“盲人学校”“盲人协会”“盲人群体”，其中的盲人其实是指视力残疾人。因此，通常所说的“盲人”或“盲童”大部分是有一定视力的，完全没有光感的盲人只占全部视力残疾人很小的比例。

不同程度的残疾对于个体的影响是不一样的。通常情况下，如果没有视野问题，四级视力残疾者在日常生活中不会有太大的障碍，但在学习、工作中会受到一些限制，特别是在需要精细用眼或远距离用眼的时候；视觉能力较好的三级视力残疾者可以使用汉字进行学习，但视力较低的儿童可能需要助视设备或者放大字号的教材，视力更低者则需要使用盲文。三级视力残疾者在生活中会受到更多的限制，如乘坐公交车时较难分辨车号，难以看清普通书籍，但在光线良好的情况下可以不使用盲杖独立外出

① 本标准综合了 1987 年版、2006 年版两次全国残疾人抽查的标准。

行走。一级视力残疾者一般主要依靠非视觉途径获取信息，如使用盲文。他们在行动方面会遇到更多的障碍和挑战。然而，即使是对于一级视力残疾者而言，仅有的剩余视力甚至光感对于他们判断障碍物、辨别方向等仍然有很大帮助。对于以视野损伤为主的儿童来说，他们遇到的困难和上述情况不尽相同。一个视野不良但视力良好的人在读书学习方面可能完全没有问题，但在行动方面会有较大的困难。他们独立行走时存在一定的安全风险。

一般而言，视障儿童和普通儿童具有一样的身心发展规律和发展潜力。由影响大脑或身体运动功能的疾病引起的视觉障碍往往属于“多重残疾”的范畴。视障儿童在认知能力方面和普通儿童并无显著差异，但是严重视障儿童特别是先天失明的儿童会由于缺乏视觉经验和空间感知能力而在一些事物的认知方面存在障碍(如色彩、光线)，同时对于一些太大、太小或者不可触摸的事物(如长城、雪花、大树、云彩等)缺乏感性认识。通过学习，他们也可以认识这些事物的特点和属性。由于视觉障碍，视障儿童的运动能力会受到一定限制，特别是先天失明的儿童。视觉障碍并不意味着心理障碍，许多视障者或阳光自信，或沉稳平和，均显示出良好的个性心理。然而视觉障碍使视障儿童面临更多的困难和挑战，加之社会、家庭对于残疾的不良态度，可能导致视障儿童更易出现自卑、抑郁、敏感等负面心理特点。和普通儿童一样，视障儿童的性格也会有很大差异，不可轻易将他们的一些个性特点和行为表现贴上心理问题或心理障碍的标签，更不能将心理问题简单地归结为由失明引起的。

二、视障儿童家庭教育的特点

一方面，视障儿童的家庭教育具有一般性特点。视障儿童的家庭教育应当具备一般儿童家庭教育的任务和目的，如培养孩子良好的品行、教会孩子基本的生活能力和基础知识、培养孩子的兴趣、发现孩子的潜能等。这些对于视障儿童来说同样重要。

另一方面，相比普通儿童的家庭教育，视障儿童的家庭教育又有其特点。在教育原则上，视障儿童的家庭教育应该更加注重缺陷补偿和潜能开发，更加关注视障带给孩子的缺陷，更加注意通过不同的方法开发孩子的潜能。在教育模式上，视障儿童的家庭教育应是“教育＋康复”的模式。除了言传身教外，家长往往还需要根据孩子的不同状况进行特别的训练。其目的是提升孩子的感觉能力、生活学习等能力，促进孩子的综合康复。在教育目标方面，视障儿童的家庭教育应当更加注重孩子的独立生活能力和社会能力的培养，为孩子走进学校和社会打好基础。在教育内容方面，家长应当关注以下几个方面。一是良好个性和心理素质的培养。家长以正确的态度引导孩子接纳自己的残疾，培养孩子宽容、自信、乐观和坚强的性格。二是感觉训练和视觉康复。在详细了解孩子视觉障碍的基础上，在教育方法和途径上，通过创设优良的视觉条件提升孩子的视觉能力。其中包括配备助视器具、改善照明以及进行视觉训练。对于视觉障碍严重特别是全盲的儿童来说，训练孩子的听觉、触觉、空间感觉等以补偿视觉的缺陷很有必要。感觉训练是视障儿童的早期干预的重要内容。三是定向行走和生活能力的培养。定向行走是指视障者利用多种信息判断自身和环境的关系并且实现独立行走。定向行走是独立生活的基础，而独立生活能力是视障者提高社会融入水平和生活质量的基础。因此，定向行走和生活能力的培养是视障儿童家庭教育的重要内容。四是视障儿童社会能力的培养。人们已经认识到，社会能力对于儿童的发展起着至关重要的作用，而对于视障儿童来说则尤为重要。因为一个视障儿童未来要成功地融入社会，必须克服自身身体和心理上的巨大障碍，建立和谐融洽的社会关系。同时，融洽的社会关系也是个体幸福感的重要来源。

三、视障儿童家庭教育的策略和方法

首先，要在态度和情感上接纳和鼓励孩子。态度决定一切。家长和孩子对“残疾”和“视障”的态度在很大程度上决定了孩子将来的命运。要尽量平静地接纳眼前的事实，不因为难以改变的事情而无谓地后悔、苦恼，要积极地想办法改变现状，努力改变孩子的命运、提高孩子的生存质量。要做到这一点并不容易，建议家长主动和残联、盲校、其他视障儿童的家长或者有经验的视障者多联系；也可以在网上搜集一些残疾人包括视障儿童的文章，特别是了解优秀视障儿童的事迹材料，积极参加一些有关的社会活动，开阔眼界、增长知识、树立信心。这样对保持家长和孩子的良好的心理状态是非常有效的。

其次，了解孩子的身心状况，培养健壮的体魄和健康的心理。身体健康是我们工作、学习和生活的基础。视觉障碍已经给视障儿童造成了很大的障碍，身体其他方面更要保持健康。由于行动不方便，因此很多视障儿童往往不喜欢运动，统计结果显示：视障儿童的肥胖率要高于同龄儿童，整体体能状况要比同龄人差，这是令人担忧的。要想有一个健壮的体魄，必须养成良好的生活习惯，包括饮食、卫生和运动习惯。现在有一些家长心疼孩子的方式就是想方设法地让孩子多吃、吃好；等到孩子上学住校的时候，怕孩子受委屈就多多地给他们生活费。这造成孩子饮食无节制，等成了小胖墩后，孩子就更不爱运动了。视障儿童的身体锻炼方法其实有很多种。有条件的情况下，他们可以练习游泳、举重、体操等。盲校有适合视障儿童的足球、门球、乒乓球、柔道等运动项目。在家中，家长可以带他们跑步、跳绳、原地跳、俯卧撑、举哑铃等。此外，让孩子常常外出也有利于其健康成长。家长可以带孩子外出爬山等。在思想品德和心理健康方面，要培养孩子坚强、乐观、自信的品格，使他们能够平和、宽容地对待他人和自己，对父母和社会能有责任心和感恩心。

再次，在认知和学习方面帮助孩子，依靠教育和康复改变命运。医治眼病重要，提供教育更重要。越早教育孩子，教育效果越好。很多家长非常关注医学的发展，希望有朝一日科学的发展能为孩子带来光明。这种愿望是可以理解的，但是科学的发展不是以我们的意志为转移的。我们只能关注和等待，千万不能过度治疗，更不能听信江湖传说或求神问卜等。家长能够为孩子做的，而且对于改变孩子命运有效的就是教育和康复。教育可以改变一个人的命运。教育包括学校教育、社会教育、家庭教育和自我教育。这几个方面都需要家长的积极引导、支持和参与。教育不仅仅为学习文化知识，还包括各方面的学习和能力的培养，包括生活能力、社交能力、礼仪规范、思想品德、心理素质等方面。康复则是指通过各种手段提高或者补偿其视觉功能及认知等能力。对于有一定剩余视力的孩子来说，要通过改变环境、配备适当的助视设备、进行视觉训练等办法来提高其用眼的能力；对于视力很低的孩子来说，在充分挖掘其视觉潜力的同时，要加强其通过听觉、触觉补偿视觉的训练，特别是加强定向行走的训练，提高其各方面的活动能力。对于视障儿童来说，专门的教育和康复具有非常特别的重要性。对于正常儿童来说，教育非常重要。通过教育，一个生物意义上的人变成了一个社会化的人。正常儿童可以模仿成人和伙伴的行为以及通过各种方式自主学习，但对于视障儿童来说，他们很难做到这一点。有些基本的知识和技能如果没有人手把手地教他们，或是没有特殊的辅助手段和支持，他们可能没有机会学会。因此，视障儿童的家长要有意识地给孩子提供更多的学习机会和合适的环境。比如，在孩子很小的时候，就注意给孩子提供正常孩子无意间通过视觉观察就能学到的知识或获得的信息，这对孩子后期抽象知识的获得非常重要。总之，家长要在教育和康复方面给予特别的关注。

最后，在生活中训练和锻炼孩子，培养孩子良好的生活能力和社会能力。视障儿童的独立生活能力是一切的基础。没有良好的独立生活能力，他们处处要被人照顾，很难想象他们可以独立学习和工作，更不要说成家立业。很多家长从情感上愿意一辈子照顾孩子的生活，但是父母总有离开的时候。即使父母为他们留下足够的财富，孩子如果没有足够的能力也将很难管理和享受它们。当然，随着国家对于残疾人支持政策力度的加大，政府将为那些没有生活能力、无人照看的残疾人进行托养。即使有人照顾，如果没有独立生活能力，人的生活质量也是非常低的。视障儿童的生活能力主要依靠家庭培养。家长要充分相信孩子，指导孩子在家独立完成各类活动。

只要教育得当，视障儿童完全可以独立生活，他们的独立生活能力超出人们的想象。视力正常的人如果带上眼罩会感到一片黑暗、寸步难行，但是如果到盲校你会发现，连七八岁的视障儿童都会在校园里到处玩耍。他们吃住、学习都在盲校，尽管有老师的照顾和同学之间互相帮助，但孩子们表现出的生活能力还是令人惊讶的。有的全盲儿童甚至能够手持盲杖独立回到远在郊区的家。

社会能力是处理人和人之间关系必备的能力。在现代社会中，社会能力的高低对一个人的成功至关重要。视障儿童要善于理解他人，善于和其他儿童相处并以自己的能力赢得他人的尊重。社会能力并不一定是到社会上才学到的。孩子如何对待家庭成员在很大程度上决定了他们日后怎样对待他人。一个不懂得体谅和尊重父母、不懂得和伙伴分享的孩子日后很可能成为一个任性、以自我为中心的人。这对他融入社会是极为不利的。

家长作为视障儿童的第一任老师，应该承担起引导及教育的角色，加强早期干预与指导，加强对孩子的培养和教育，为孩子的健康成长奠定基础。

第二节 视力障碍儿童的定向行走训练

定向行走技术是视障儿童最基本、最重要的生活技能，包含定向和行走两方面。定向和行走两者密不可分。定向是行走的前提，为行走服务。在日常生活中，正常人依靠视觉信息解决定向和行走的障碍，视障者则需要依靠除视觉以外的感官帮助自己定向和行走。视障儿童需要掌握定向的方法和行走的技术，并且通过大量的行走经验帮助自己建立定向行走的能力，从而在复杂的社会道路中安全有效并自然地行走。

一、定向行走的概念

定向是指个体运用感觉信息确定自己在环境中的位置以及确认自己与其他物体间关系、物体与物体间关系的心理过程。行走是个体在定向的基础上，依靠肢体动作在环境中位置移动，从一个地方行走到另一个地方的过程。

定向行走简单来说就是“我在哪儿”“目的地在哪儿”以及“我和目的地的位置关系”的过程。大部分人认为“目的地在哪儿”或者“我和目的地的位置关系”是比较重要的。然而社会环境中的道路从来不是两点一线的，方向变化、道路变化以及位置与位置间的关系变化很大。视障儿童经常容易模糊所处位置，不确定自身位置就没办法确定目的地的方向。对视障儿童来说，“我在哪儿”永远都是重要的。

二、定向行走训练的目的和意义

定向行走技术是视障者必须掌握的重要技术。定向是视障者在环境中确定自己方位和与周围物体位置关系的过程，是发现障碍物、寻找目的地和目标物体的过程。行走是视障者从一个方位走到另一个方位的行为活动，也包括和周围物体互动的过程，如拿取物品、触摸物体等。定向是行走的基础。可见，定向行走技术是视障者随时随地都会用到的技术。定向和行走技能是视障者日常生活中最基本的技能，对于提高视障者独立生活能力、生活质量、学习能力和社会交往能力以最终达到参与社会生活的目的都具有重要意义。定向行走训练对于培养视障者感知觉能力、磨炼他们的意志、形成自信独立的心理品质也具有重要意义。

行走技术大致可分为导盲随行和独立行走技术。导盲随行是指健全人怎样带领视障者的技术；独立行走技术又可以分成使用盲杖和不使用盲杖两种技术，其中盲杖技术是关键。相对行走技术来说，定向技术是比较难的。如何在复杂的环境中发现障碍物、找到正确的行动方向需要一种综合能力。视障者通过听觉、触觉等综合感觉感知和判断周围的环境。有的视障者遇到汽车、墙壁等障碍物时会自然感觉到，这被称为障碍觉。其实视障者是靠环境中常人很难辨认的声音回音感觉到的，这是视障者依靠听觉培养出来的"特异功能"。视障者在一个新的环境中，通过不断熟悉会形成一个心理地图，这个地图不是我们眼中的视觉地图，而是由触觉、听觉等形成的综合感觉地图。视障者到了一个地方，根据熟悉的感觉就能判断位置。定向行走的基础是灵敏的感知觉。在视障儿童小的时候就要有意训练他们的感觉，特别是听觉、触觉。比如，把硬币扔到地上，让孩子依靠声音寻找；家长也可以和孩子玩摸人的游戏以训练他们声音定位的能力；多带孩子外出，并且描述周围的环境，尽量让孩子亲自体会和感受以积累经验。

有一定剩余视力的视障儿童也涉及定向行走问题。这些孩子在光线充足的情况下可能行走自如，但是在乘车、过地下通道或者夜间行走的时候可能会遇到问题，因而，也需要定向行走技术。

定向行走是盲校特有的学科，各地残联也会组织有关培训。然而，需要指出的是：一个星期左右的训练或者偶尔在校园里的有限训练是远远不够的，这样只能掌握基本的技能和知识，无法形成真正的能力，也无法独立外出。视障儿童必须在实际环境中摸爬滚打、积累经验才能形成真正的能力。这时候家长就显得特别重要，家长可以陪伴、指导和督促孩子进行练习。

三、定向行走和家庭教育

(一)家庭成员的教育观念

家庭成员的教育观念直接影响视障儿童的身心发展，在其成长过程中起至关重要的作用。特别在学龄前阶段，家长应适当给予孩子探索、开放的空间。大部分的视障儿童家长将孩子保护得非常好。只有小部分家长放开孩子，让孩子在安全的环境中自主活动，长此以往这部分视障儿童的独立性更强，性格、自信心有更大的变化。相反，被保护得较好的孩子因没有自主活动的机会和空间，各方面能力会受到限制，发展也会受到影响。

家庭成员教育的一致性很重要。定向行走是生活自理的一部分，也是比较重要的部分。早期的干预和训练能够帮助视障儿童较好地了解周围环境，探索环境以及激发孩子行走的兴趣。家庭成员教育方法不同会导致孩子的理解情况不同，接受能力不同，让孩子不知道该如何学习。因此，在训练中家庭成员需要教育方法一致。同一种物体的叫法要相同，如盲杖是统一叫法，不能有的叫盲杆、有的叫盲棍。

(二)家庭环境的注意事项

视障儿童需要独立自主活动的空间。家庭环境是视障儿童最重要的活动场所。环境的安全性是定向行走训练的前提。有的家长认为孩子对家庭环境已经非常熟悉，家庭已经是最安全的地方。其实并非如此。家长指的安全是把孩子保护好，让他们在有限的范围内活动。这导致孩子不能够有独立自主的生活空间，缺乏探索的机会，得不到有效的锻炼。

低视力儿童需要颜色上的区分，家具、地板、墙面、门的颜色要尽量分开，同色系的环境增加了视障儿童行走的障碍。如果墙是白色的，那么门的颜色就要稍暗或鲜艳一些，让两者更容易被区分开来。颜色不能过多，最好不要超过三种。家里物品摆放要有固定性。家里物品尽可能位置固定，特别是孩子的物品。如果需要变动位置，那么要及时告知，以免发生危险。视障儿童自己的物品需要由他自己摆放，以便能够顺利找到。家长需要给孩子整理的空间和机会。尽量避免危险。例如，家里的门常常是半开的，而不是全开或完全关闭的。否则，情况相当危险，在没有对视障儿童进行过定向行走训练的情况下会对其造成比较大的伤害。如果孩子年龄较小的话，家长尽量把桌子角、茶几角、电视柜角包起来以降低危险性，也可以把小推车或小凳子放在前面保护。

家庭周边环境相比家庭环境较为复杂，且不可控，机动性较强。孩子外出玩耍或是定向行走训练时需要家长考察环境的安全性，让孩子在自己的视野范围内独立去探索。有些家长不敢放开孩子的手，但是让他独自去探索环境是非常有利于孩子成长的，对认知、思维、运动等也有较大的帮助。在户外道路上持杖行走时，家长的位置要在靠近马路的一侧，伸手就能够抓住孩子的距离最为合适。遇到问题时，家长要给予孩子思考的时间，适当地引导。当视障儿童在做一件事或思考的时候，家长不要催促和着急，学会等待。有的孩子会慢一些，需要的时间长一些，家长要给予足够的时间。

四、定向行走和视障儿童

定向行走能力是视障儿童生活必不可缺的技能，不同视力情况的儿童的学习能力及学习内容也有所不同。先天失明和后天失明的儿童对事物的理解有很大区别，全盲和低视力儿童的训练内容也不一样。在定向行走训练中要根据儿童自身情况制定学习内容。训练内容要有针对性，结合儿童学习能力及视力情况进行训练。解决视障儿童定向行走的问题时，要因人而异，实行个别化教育。

(一)先天失明、后天失明、低视力的区别

先天失明指的是视障儿童出生时已经看不见。有的学者认为，在幼儿期有部分剩余视力，但在儿童期不能够保留幼儿期的视觉记忆的情况，也可归为先天失明。在教学实践中，人们发现有些视障儿童在幼儿期是有部分视力的，能够有一些视觉影像，但在小学阶段已经想不起来了。先天失明的儿童对周围的事物没有建立概念，也比较难形成整体概念，对环境的了解基本是线条式或碎片式的。先天失明的儿童在儿童阶段不会出现自卑的情况，反而能乐观努力地适应生活。

后天失明指的是眼病、事故或是其他因素导致的失去视觉。他们已经有部分生活经验，故在定向行走训练中容易理解周围事物，了解其特点。以盲人摸象为例。先天失明儿童触摸到的是片面的，建立整体概念比较困难；后天失明儿童则比较容易理解大象的样子。一般后天失明的人情绪和心理变化比较大，由看得见到看不见是较为痛苦的过程。成年人会经过震惊阶段、否定阶段、抑郁阶段、对抗独立反应阶段和适应阶段五个阶段。视障儿童因年龄特点不会出现以上情况，适应相对较快。

低视力指的是保留了部分剩余视力，但在日常生活中依然会出现各种问题的情况。眼病不同，视力视野情况也各不相同，所遇到的困难也不同。教师或家长需要了解孩子的视力视野情况及生活中的障碍以进行针对性训练。视障儿童需要什么就学什么，无须按照顺序进行训练。低视力儿童并不需要学习所有定向行走技能，应鼓励其利用剩余视力结合定向行走技术在生活中安全活动。

(二)定向行走中视障儿童常见心理问题

定向行走中视障儿童的心理问题主要体现在行走恐惧、依赖性较强、行走冒失等。随着年龄的增长，有些视障者也会出现自卑、迷茫、绝望等心理问题。

1. 行走恐惧

视障儿童常见的心理问题主要体现为行走恐惧。比较熟悉的环境相对较好，儿童敢于行走；对环境未建立起概念，会导致其产生害怕心理，不敢走或不敢抬脚，变得

小心翼翼。

2. 依赖性较强

部分视障儿童依赖性较强，在家依赖父母，在校依赖老师或者同学，任何活动都需要有同伴带领参加，独立性较差。

3. 行走冒失

有少部分视障儿童在环境中行走速度较快，经常磕碰或者摔倒，行走中充满了危险。

五、定向行走与空间概念

(一)以自身为中心的空间概念

以自身为中心的空间概念通常分为上下、左右、前后。上下、前后是视障儿童容易理解的，左右相对困难。有的视障儿童分不清左右，或者知道左右但不能正确转身。比如，向左转的时候，没能够转身90度，要么转一点点，要么向后转身。对于正常人来说看似比较简单的动作，对视障儿童来说是困难的，因为没有视觉参照物。在家庭中视障儿童如何练习正确转身呢？有两种方法：一是根据声音判断，家长站在孩子左边或右边保持一定距离发出声响，让孩子转身，如此反复练习，加深孩子的转向意识，以便形成习惯；二是视障儿童利用手臂固定进行转身，以左手为例，让孩子向左伸直左手，手臂不动，身体向手臂方向转。

在日常训练中，家长尽可能退到孩子身后，让孩子独立完成。家长给出指令时，孩子之所以不能够正确找到想要的东西或者到达想去的地方，往往是因为孩子转向不准确，偏离了方向，所以很难完成任务。因此在家庭定向行走训练中，家长首先要解决孩子的空间概念问题。

(二)以他人为中心的空间概念

当视障儿童能够掌握以自身为中心的空间概念时，就可以学习以他人为中心的空间概念了。他人在这里既可以指人也可以指物。训练的目的是能够根据环境判断自己的位置及方向，如“我在你的左边”“我在马路的北边”等；根据已知环境位置的方向判断其他方向，如由单元楼的门朝向东，可以推断出门后左转是北，右转是南；准确地表达让视障儿童更容易理解，如“在桌子上”“在筐里边”比“在玩具那”“在玩具筐那”更容易理解。

六、视障儿童定向技能训练

定向技能主要包括阳光定向、线索及路标定向、心理地图的建立、垂直定向、建筑物的房间号码等几个方面。阳光定向、线索及路标定向、心理地图的建立三部分比较重要，是定向行走的三要素，其中线索及路标定向和心理地图的建立是视障儿童必备且较为困难的定向技能。

(一)阳光定向

阳光定向主要是通过太阳的运行轨迹判断方向。光线的变化可以帮助视障儿童了解周围环境，进行定向和定位。太阳的位置也可以帮助视障儿童进行短时直线行走。掌握阳光定向需要在训练中反复练习。

太阳在一天中自东向西规律运动，不同时段的位置也不同，如上午十点左右太阳在东南方。视障儿童通过已知的时间判断太阳的位置来帮助自己确定方向。在阳光定向训练中，视障儿童首先应了解太阳的运动规律。视障儿童可利用肢体动作感受运行轨迹。具体的方法是将两臂侧平举成直线，左手是太阳升起的地方，右手是降落的地方，左手向上慢慢举起经过头顶和右臂重叠一起感受太阳运动规律。

光线的变化在生活中能够帮助视障儿童了解周围环境。例如，在室内，光线较为明亮的地方通常是窗户的位置；在户外，从有阳光的地方走到阴影处可判断周围有建筑物遮挡等。

短时直线行走常用在较为空旷的环境。周围没有明显线索为自己提供帮助，可利用太阳进行短距离的直线行走。方法是利用皮肤感觉固定行走方向，如整个面部朝向太阳行走，在行走过程中如果右脸的温度高于左脸，说明路线偏离，需要马上调整以保持直线行走。此方法适用于短距离行走，路线较长时不适用。

(二)线索及路标定向

利用环境中线索和路标是视障儿童行走中非常重要的定向技能，也是必须掌握的技能。通过线索、路标了解周围环境，确定位置及选择方向，以在所处环境中安全有效地行走。

线索主要指环境中位置相对固定的声音、气味、光线、风向等。其中声音是视障儿童利用较多且容易掌握的信息。这些线索能够帮助视障儿童保持行走方向，确定位置，是环境中的重要参照信息。

路标主要指环境中特有的固定标志，如楼梯间、电梯间、鞋柜和衣柜等。环境不同，路标也不同。要根据环境选择比较明显、容易找到且固定的物体。例如，家中鞋柜的位置正对视障儿童的卧室，鞋柜容易找到而卧室门不容易找到，可先找到鞋柜再找卧室门，鞋柜即为路标。

（三）心理地图的建立

心理地图是指将视障儿童生活或学习的场所通过训练在心里建立整体概念，主要目的是帮助其掌握所生活的环境，提高行走效率。

心理地图的建立是视障儿童在定向行走中非常重要的因素。例如，视障儿童虽然每天在校园中学习和生活，能够找到相应的场所，如操场、食堂、专业教室等，但在其心里整体环境并未建立，而是线状或碎片式的画面。也就是说，校园是什么样的，教学楼是什么样的，他并不知道。视障儿童的理解能力存在个体差异，建立的心理地图也不相同。理解能力强的视障儿童需要的时间可能较短，如通过一两节课就能够完全掌握教室环境。理解能力弱的视障儿童可能需要很多节课才能掌握。

视障儿童心理地图的建立在训练中需要不断地进行定向行走训练，同时结合触觉地图帮助视障儿童了解活动场所。触觉地图的制作要简单，容易理解，平面图形更容易被掌握。

（四）垂直定向

垂直定向是指利用已知路标物体的朝向，确定或改变自己行走的一种方式。例如，前面提到鞋柜与门是正对的，视障儿童可利用垂直定向技术有效地找到卧室的门。方法是两脚后跟或身体后背紧靠在垂直地面的鞋柜上向前行走。此方法适用于室内或户外，但有局限性，只适合较短距离的场所。

（五）建筑物的房间号码

建筑物的房间号码是指根据建筑物内房间上的号码寻找目的地。通过门上的号码了解楼层、房间排列规律。在定向行走训练中这只作为了解的内容，不是必须掌握的内容。在我们的生活环境中，门牌号的多样性导致视障儿童不能够顺利找到目的地，可用其他方法代替。

生活中还有很多定向的方法，如时钟定向、六点盲文定向等。随着科技的发展，利用手机导航帮助自己在社会道路中定向，根据导航中的语音确定行走方向，为视障儿童的出行提供了较大的帮助。这在有些固定环境中并不适用，如在校园中无法利用导航功能帮助自己准确找到目的地，需要通过其他定向技能帮助自己在校园中行走。定向的方法可以有多种，总体原则是安全有效、合理实用。

七、视障儿童独立行走技术训练

（一）独立行走（不持仗）技术训练

独立行走技术常用的有上部身体保护法、下部身体保护法、沿物行走法、上下楼梯法、寻找掉落物体法等。独立行走在日常生活中的室内用得比较多，需要掌握合理方法保护自己的安全。

1. 上部身体保护法

以右手为例，五指并拢，掌心向外置于脑门前上方，距离身体15～20厘米，指尖略超出左侧脸以保护整个头部。在生活环境中孩子手里的水瓶或是小玩具都可以充当保护工具，手掌部分可以由手里的物品代替。

2. 下部身体保护法

以右手为例，五指并拢，掌心向内，向左前方伸直，距离身体15～20厘米，指尖略超出左腿。同样，孩子手里的比较轻便的物品可以作为手部的延伸。

3. 沿物行走法

沿物行走法通常情况下是手背接触墙壁向前行走。右手手臂向前伸45度左右，伸直，手背触墙，五指向手心方向弯曲，以免手指戳到墙壁上的障碍物。肩膀与墙面保持15厘米左右，避免肩膀撞到墙上的障碍物。

4. 上下楼梯法

在上下楼梯的学习中，孩子才是学习主体，让孩子主动了解楼梯的特点，用脚试一试台阶的高度和深度。先尝试用手背触碰墙壁找到扶手，然后再上楼。禁止通过数楼梯的台阶数的方式判断是否完成上楼或者下楼，可根据扶手的变化判断。

5. 寻找掉落物体法

视障儿童掉落物体是经常发生的事情，如手里的东西掉落、碰落桌子上的物品等。对于有声音的物体可根据声音判断位置，而对于没有声音的物体可蹲下后有规律地寻找，但方法是一样的。引导孩子蹲下时利用上部保护法，以免头碰到较矮的物体，如茶几、电视柜等；然后两手手心向下，手指触地，两手靠近，分别向两侧由内到外平行移动、再由外向内平行移动。这类似英文中的“Z”字形。此外，可以两手由内向外画圈，逐渐扩大范围。

（二）持杖技术训练

1. 盲杖

盲杖是视障儿童触觉的延伸，便于了解地面情况，探索障碍物，保证行走安全，保护身体腹部以下部分。同时盲杖的缺点也比较明显，如不能保护腹部以上部位。头部容易被较高的物体伤害，此时可结合上部保护法同时进行。盲杖是必不可少的辅助工具，同时在日常生活中也能起到标志作用，明确使用者的身份。在户外行走中，行人可为其提供诸多方便，有人看到一个盲人过马路时，就可能主动提供帮助；司机看到盲人过马路也会停下车来礼让。这些都是通过盲杖来明确使用者的身份的。

盲杖由腕带、杖柄、杖身、杖头构成。腕带固定在杖柄顶端，材料为松紧绳，连接杖头，利用弹性拉直杖身。在行走时不能将腕带套在手腕上以免发生突发情况给使用者造成伤害。如果盲杖遇到外力作用，使用者应及时松开盲杖，以确保自身安全。在户外，视障人士需要整理眼镜、帽子时可以将腕带套在手腕上，保证盲杖不离身。杖柄是视障人士手部抓握的部位，一般由橡胶和塑料材料制成，长 20～30 厘米。有的杖柄一侧为平面，便于食指能够紧贴杖柄，有利于盲杖的操控。杖身也叫杖体，一般由铝合金、碳纤维、玻璃钢等不同材料制成，表面由红色、白色反光胶带包裹。杖头是和地面接触的部位，一般由硬塑料或金属制成，具有耐磨性。杖头的种类较多。常用杖头以塑料材质为主，结实轻便耐用，形状有球形、锥形、蘑菇头形等。

盲杖的种类有直杖、折叠杖、伸缩杖。直杖不能折叠和收缩，传导性较好，行走方便，比较占用空间。折叠杖是目前比较普遍的一种盲杖，使用者众多，不使用时可以折叠起来，方便且不占用空间。伸缩杖可以伸缩，使用时伸展开，类似相机的三脚架，使用方便，不占用空间。

目前市面上盲杖的材质主要有玻璃钢、铝合金、钛合金和碳纤维四种。玻璃钢盲杖整体较重，不利于操作，使用者较少。铝合金盲杖整体较轻，经济耐用，易操作和收纳，目前被大部分视障人士使用。钛合金盲杖近两年出现得较多，以进口为主，非常轻便，易于操作和收纳，价格稍贵。碳纤维盲杖整体较轻，使用者不多，价格稍贵。

2. 盲杖握法

盲杖常用握法分为正握拳式、直握式和持笔式等。

(1)正握拳式

将盲杖垂直地面，大拇指和其他四指握住杖柄，虎口向上，与握拳相似。用途：上台阶、触碰障碍物。

(2)直握式

食指伸直贴于杖柄侧面，大拇指和其他三指紧握杖柄，虎口向上。用途：两点式(连续式)持杖行走。

(3)持笔式

大拇指和食指、中指握住杖柄，其他指自然弯曲，类似于拿笔的方法。用途：上台阶、探索障碍物、短杖技术等。

3. 持杖技术

两点式持杖和连续式持杖行走是视障儿童最基本、最重要的持杖技能。开始训练前要选择符合视障儿童身高的盲杖。将盲杖垂直地面，杖柄顶端到腋窝处为最佳长度。目前我国生产盲杖厂家较少，且均为批量生产，不能为视障儿童专门制定，所以在盲杖的选择上要遵循宁长勿短的原则。

两点式持杖的方法如下。盲杖前伸，杖头触地，手握杖柄，顶端与手腕齐平，食指伸直贴于杖柄侧面，大拇指和其他三指紧握杖柄，虎口向上，大臂自然下垂，小臂前伸置于身体正前方。两点式持杖行走练习分为原地练习和行走练习。原地练习方法为：杖尖左右点地，高于地面 5 厘米左右，宽于肩膀 20 厘米左右，成扇面形状，小臂不动，手腕左右摆动。持杖行走练习遵循迈左脚点右侧、迈右脚点左侧的原则进行练习。

连续式持杖技术与两点式持杖技术方法一致，区别在于两点式离开地面，连续式贴于地面。

特别注意的是盲杖左右滑动和脚步节奏须一致，避免出现盲杖过快或过慢，以自身脚步节奏为主。持杖行走是步入社会后的主要出行方式。掌握标准熟练的持杖技巧能够减少出行的危险，保证视障者的行走安全。

4. 持杖技术应用

(1)持杖上下楼梯

持杖上楼梯是利用连续式持杖技术找到初始台阶，脚尖顶在台阶上，利于上楼步伐的掌握。盲杖竖立在第二级台阶上，利用正握拳式或持笔式左右滑动，确定自己在台阶的位置。右侧上楼，左手持杖保持竖立在上一级台阶，置于身体前方。右手触墙或抓握扶手，以保证安全。利用盲杖或扶手信息确定是否完成上楼。上楼后利用连续式持杖行走技术行走。

持杖下楼梯是利用连续式持杖技术找到初始台阶，右手触碰并抓握扶手，利用扶手调整身体位置，左手持杖前伸下一级台阶，杖头触地，保持此动作下楼，利用扶手或杖头信息确定是否完成下楼。此外，可在下楼的同时用杖身轻轻敲打台阶棱角处，杖头触地时说明没有连续台阶。

楼道空间和楼梯间空间声音不同，视障儿童利用回声定位找到楼梯间，楼道内采用两点式持杖技术行走，通过声音判断空间变化，楼梯间则采用连续式持杖技术判断台阶的位置。

开始练习时可用盲杖试探台阶的高度和深度，熟悉环境后不需要此操作。视障儿童练习时，指导者需要保证其安全，上楼时在视障儿童左边低一级台阶的位置，以确保练习者在自己视线范围内；下楼时在视障儿童左后高一级台阶位置。

(2)持杖进出门

持杖进出门的方法是利用持杖沿物行走技术触碰墙面以确定门的位置，将盲杖竖立贴在门上左右滑动了解门的特点及门把手的位置等。以单扇门为例，门把手在门的左侧，右手开门，左手持杖进出门。门把手在门的右侧，左手开门，右手持杖进出门。持杖进出门遵循盲杖先进或先出的原则。在任何情况下盲杖都应在身体前方。公共场所的旋转门较多，建议走两侧门。

(3)持杖过马路

持杖过马路方法是利用垂直定向技术，双脚后跟紧贴马路牙，集中注意力听两侧的行人和车辆的声音，判断路面安全后，以最短的距离和最快的时间穿过马路。穿越马路过程中，可采用两点式或连续式持杖行走。练习时，指导者应站在视障儿童的旁边，观察其判断的准确性，保护其安全。

八、导盲随行

导盲随行是视障者出行的主要方式之一，主要方法是由正常人带领，在行走中通过语言交流了解周围环境。视障儿童只需要掌握简单的导盲随行要领即可，在定向行走中主要以培养持杖独立出行为主要目标。

导盲随行的方法具体如下。第一步触碰。正常人手背轻触视障人士手背，正常人通过语言交流获得视障人士的同意。第二步抓握。视障者手部贴着正常人的小臂上滑至肘关节上部抓握，大拇指和其他四指分开。第三步站位。视障人士退后半步，大臂和小臂成 90 度即可。第四步行走。通过交流开始行走。导盲随行的行走方式需要两人都掌握方法，才能有效进行。在实际生活中，只要根据实际情况能够安全有效行走就可以。

第三节
视力障碍儿童生活能力的培养

生活能力是指个体独立生活所需要的基本能力。生活能力以一定生活知识为基础，以具体的生活技能为表现形式。我们每个人从幼儿到成人的成长过程就是不断学习独立生活能力的过程。

一、视障儿童独立生活能力培养的重要性

生活能力的范围比较广泛，基本的生活能力包括吃、喝、如厕、穿衣、刷牙、洗澡等基础的生活自理能力；稍微复杂些的生活能力包括物品管理、清洁卫生、洗衣、做饭、家电使用等；更复杂一些的生活能力包括财务管理、孩子养育等。这些都是我们每个人必学的人生课程。独立生活能力是个体参与社会生活的基础，没有一定的独立生活能力就不可能独立工作。独立生活能力也是我们享受高质量生活的必要条件。我们每天在料理和创造自己的生活中品尝到快乐和自由。当我们为家人和自己做一顿美餐的时候，当把家收拾得整洁漂亮的时候，当为自己买一件称心的衣服的时候，我们都会感到生活的快乐！独立生活能力是如此重要，但是由于视觉障碍，视障儿童很难像普通儿童一样习得生活能力。

有的家长因为疼爱不愿意让视障孩子动手做事，有的家长不知道怎样教孩子生活技能或者没有耐心教孩子，有的家长甚至替孩子包办一切。有的视障儿童到了上学的年龄还不会洗脸刷牙甚至不会如厕。不少家长有认识上的误区，认为到了学龄段，孩子的文化知识学习要比生活能力重要得多，因而重视文化学习而忽视生活能力的培养。其实，对普通儿童来说，许多生活能力是在潜移默化中学会的，或者说家长不必费很大的工夫来专门教孩子。普通儿童从小耳濡目染，已经从父母或者别人那里自然地学习到了很多生活的知识和技巧，但是视障儿童由于视觉障碍很难自然地学到这些知识和技能。一些有一定危险的、比较复杂的操作技能必须经过特别的训练才能掌握。总而言之，跟普通儿童相比，视障儿童生活技能的学习必须经过大量耐心的指导，而家长在这方面有无可替代的责任，学校对于视障儿童特别是低年级儿童的生活能力培养也负有重要责任。

二、视障儿童生活能力培养的途径

生活技能必须通过实践和练习获得。对于有些生活常识，家长可以通过讲解的方式让孩子学习，而生活技能最重要的培养途径是在日常生活中实践。如果视障儿童没有见过某种蔬菜，无论你怎样描述，他们还是很难辨认的。因此，必须结合生活中的实际物品让儿童观察、触摸甚至品尝，要避免抽象地讲解。一项生活技能如系鞋带、刷牙，要手把手教而且要反复教，单凭讲解是不能让他们掌握的。

另外，生活能力涉及非常多的具体技能。只有在日常的实际生活中才能反复遇到这些情境，儿童才会有足够的练习机会。有的家长指望孩子在盲校非常有限的生活课上学会生活技能是不切实际的。因此，家长要在日常生活中培养孩子的能力。比如，

在孩子早晨起床教他们穿衣服、叠被子；在他们晚上睡觉前，教他们刷牙、洗脚；在家长做饭时，教孩子帮厨；在购物时，带领和指导孩子。这样，孩子会体会到这些技能的实际用途，加深印象，增加成就感，也更容易记住。否则，脱离了生活情境，如在孩子不需要穿衣服的时候让他们练习穿衣服，会让他们感到这只是个游戏而已。在生活实际中训练孩子的能力是一件自然而然的事情，不需要专门的场地和准备，比较容易做到。家长要对孩子严格要求，要督促孩子把教过的技能用在生活中，经常使用和练习，逐步形成良好的生活习惯和独立生活的能力。

三、视障儿童生活能力培养的基本策略

培养儿童的独立生活能力涉及很多的生活技能，而每一项技能的训练都有一些特别的方法和技巧。这里只介绍一些基本的策略，家长可以根据这些思路进行变通。不过，家长要知道，比这些策略更重要的是对这个问题的积极态度。换句话说，如果你非常重视孩子的生活能力，教学的办法总是可以想出来的。要了解和相信孩子的潜力，总体而言，生活中没有多少事情是他们不能学会的。

(一)用视障儿童的方式操作和交流

要让视障儿童比较容易地学会生活技能，最重要的是按照他们可以理解的方式来教，要站在儿童的角度用他们的感觉方式来交流。老师和家长都习惯了用眼睛看，思维和语言是所谓“视觉模式”的。比如，他们会对孩子说“东西不就在那儿嘛!”“你像我这么做”。有时候家长认为说得很清楚了，但孩子可能还是不太理解。

例如，我们在教孩子洗衣服时候要用到“揉搓”“拧干”“撑开”等动作，这些动作对一般孩子来说很容易理解和模仿，但是视障儿童不一定理解。他们即使大致知道也可能做不到位。这是因为他们没有“看到”过这些动作，也很少有学习的机会。在这种情况下家长就要让孩子摸着大人的动作来模仿，仅用语言是说不清楚的。

又如，我们在倒开水的时候主要靠眼睛看水壶和杯子的位置以及杯子的水位，但是，视觉障碍者要靠触觉确定水壶和杯子的位置，靠水声的变化、杯子重量的变化来判断水量。这种方法好像不如眼睛看得那么准确，但是经过练习后也可以达到非常准确的程度。有些成年视障者可以非常熟练地完成这种操作。如果视障儿童是低视力儿童，则要考虑他们可能有些细节看不清楚，因此要做必要的指导。

值得提醒的是，作为正常人要转变感觉方式是非常困难的。一个非常有效和简单的办法就是在教孩子某项技能之前自己戴上眼罩仔细体会一下。不过要注意：有的家长在戴上眼罩后首先感受到的是孩子的困难和恐惧，并由此产生悲伤的情感，从而难以体会到孩子的潜力，反而有可能会对孩子过度保护。教师在做家长培训和指导时，

最重要的是让家长做“视障体验”，但是要注意正确地引导家长。

（二）分解技能、循序渐进

有的家长反映教会孩子做一件事情非常困难，不知从哪里下手。如果从小很少让孩子自己做事，到了一定年龄突然让他学做事，的确会这样。孩子学习生活自理需要一个循序渐进的过程，要从易到难一点一滴慢慢学起。一般而言，同龄普通孩子该学习的东西，视障孩子也该学习，不过由于动作技能发展比同龄孩子要晚些，加上不依靠视觉学习效率会低些，因此掌握技能要晚一些、慢一些。家长必须要有教育意识，在孩子能力所及的情况下，给孩子提供学习和练习的机会。比如，在孩子学会独立穿衣服之前，家长在帮他们穿衣服的时候，应该自然地教他们辨认衣服的种类，通过触摸让孩子理解“领”“袖”“里外”“反正”“前后左右”等概念。孩子在掌握这些基本知识之前很难学会更高级的技能，如洗衣服、管理衣服等。要让孩子学习做饭，可以先让他们从摘菜、洗菜、洗碗筷开始。

此外，要让孩子学习起来容易一些，有时候需要把一项任务分解成若干个步骤或者小技能，让孩子一点一点学。

（三）环境有序、条理清晰

教会一个视障儿童生活技能的最重要的部分是让他们养成有条理的习惯。个人用品放在固定的位置，这样才会心中有数。家里或者学校的有关用品也要有固定的位置。这一点对于家长来说必须特别注意，因为我们可能会经常随便放置东西。我们用的时候一眼就会找到，但对于视障儿童来说，稍微变化一下位置就很难找到。例如，我们第一次到朋友家下厨做饭，即使我们眼睛很好也很难找到各种用具和材料，但是在我们自己的厨房里，我们几乎不用眼看就可以伸手拿到需要的物品。在孩子很小的时候就要带他们熟悉家庭环境包括各种用品的位置，而且不能轻易改变孩子熟悉的环境。

（四）改变方法、使用辅具

为了使视障儿童掌握必要的生活技能，有时候需要动一下脑筋，改变一下思路，而不是一味地和普通人看齐。前面我们提到的倒开水的技能，如果我们用一个大杯子，每次只是倒一小部分，不必倒满，也是可以的。很多视障儿童感到挤牙膏很困难，因为不好掌握牙膏的量而且容易掉在身上，有一个很好的办法就是直接把牙膏挤在嘴里。视障人在做饭的时候不好掌握油、醋等调料的量，有经验的人会把一个指头放在容器的口部，这样就可以感受倒出的液体的量；还有一个办法是把油放在一个敞口的大的容器里，每次用一个固定容量的小容器如汤勺来舀。

对于低视力的儿童来说，增加物品环境的对比度是非常有效的办法。在一张浅色的桌子上放置白色的盘子对于他们来说可能很难辨别，但是如果在深色的桌子上放置白色盘子就清楚多了。如果砧板有深浅两种颜色，切菜的时候也会有很大的帮助。

另外，现在已经有越来越多的专门的辅助设备来帮助视障人士，如带语音的手机、温度计、体重秤、血压计以及带触摸标记的用品。还有很多高科技的辅助技术可以帮助视障人士实现更复杂的生活技能，如网络购物、网络约车。

(五)最少帮助、鼓励为主

家长教孩子的一个最大问题就是感觉时间不足和耐心不够。很多家长感到替孩子做比让他们自己做要省事得多，但是替孩子包办一切等于剥夺了孩子的学习权利和机会，那就意味着孩子不可能独立生活。要知道普通孩子学会一个生活技能也是在无数次的潜移默化中才逐渐学会的。对于视障儿童来说，这个学习过程更长，家长需要更耐心、更精心。有些时候，孩子好像进步得很慢甚至没有进步，但只要坚持，可能突然有一天你会发现，孩子一下子就学会了。

在学习的过程中家长要给予必要的帮助，但是这种帮助要逐渐减少，这就是我们在教孩子技能时的“最小帮助”原则。要以鼓励的眼光看待孩子的进步，及时给予真诚的鼓励；要宽容孩子的失败。扫地的时候可能会把地弄得更脏，刷碗的时候可能把碗打碎，这些都是很正常的事情。如果给予孩子太大的压力，就会使他们失去兴趣。反过来，如果有了兴趣和信心，他们就会积极、主动地探索学习。这种信心是一生受益的。

四、生活能力学习中的安全问题

家长最担心视障儿童在生活中的安全问题，这也是很多家长不愿意让孩子学习生活技能的一个重要原因。其实，想想看，无论是普通孩子还是视障孩子在成长过程中特别是在幼年阶段，都面临着很多不安全因素，如摔伤、烫伤、误食杂物。所以安全教育是从小开始的。不过，对于视障孩子特别是全盲孩子来说，要结合实际事物让他们亲自体验。对于火和热水的危险，可以在家长控制的情况下让他们亲自试一下，这样会让他们有深刻印象。

此外，不要过分地吓唬他们，以免造成恐惧心理。其实这些危险的事物只要处理得当是不会有问题的，关键是怎样处理这些事物。视障孩子面临的环境障碍可能比普通孩子多一些，要为他们创造一个有序的家庭环境并指导孩子熟悉环境。当然要避免一些尖锐的、容易磕碰的家具和装饰，这对普通孩子也是一样的。

大部分全盲孩子之所以在家里不需要盲杖和引导设备却能行走自如，就是因为他们熟悉环境。生活中物品的使用也是同样的道理，熟悉了才可能避免意外。其他生活过程中的危险，视障孩子不一定比普通孩子遇到得多。其需要的知识和措施与普通孩子大同小异，不过有时候需要稍微改变一下。比如，我们用菜刀切菜时，其实是不太需要眼睛看的，关键是手的技巧和感觉；要判断炉灶是否已经点着，可以用手在炉灶上方快速掠过试一下温度，如果炉子上放上了锅，就可以在锅的周边用手试一下；孩子开始学习剪指甲时可能有些害怕，可以试探着剪一下，一点一点剪，等有了一定经验就好了；使用电器也是必须要学会的，用电安全和常人是一样的，只是要强调不能随便触摸可能带电的导线和插座。

除了一些安全知识和技能外，安全意识和习惯的养成非常重要。比如，用完的电器要随手关掉电源，用火做饭或者烧水的时候不能离开。要有意识通过嗅觉、听觉判断异常情况，还要学会在受伤、发生火灾等状况时的应对和求助。此外，有一些专用设备可以帮助消除危险因素，如烟感报警器、煤气泄漏报警器等。

总之，家长要意识到，只有在生活中加强练习和体验才能真正减少不安全因素。不能因为担心安全问题而耽误孩子的生活能力的学习。那样就是因噎废食，使孩子一生处于真正的不安全的状态中。

第四节
视力障碍儿童社交能力的培养

社会交往能力(简称社交能力)是人最基本、最重要的能力之一。社交能力的高低会影响个体的人际关系，也影响个体的幸福和事业发展。社交能力是个体社会适应水平的重要体现，是心理健康的重要影响因素。

一、视障儿童社交能力培养的重要性

社交能力良好的个体往往会有融洽的社会关系和家庭关系，往往表现出乐观、自信、平和的心理特征，而缺少正常人际交往的个体往往会表现出拘谨胆小、害羞怕生、孤僻退缩，或自我中心、不能合作、任性等不良心理特征。

对于视障儿童来说，由于各方面原因，他们往往没有和普通孩子一样的社交机会，特别是缺乏和普通孩子的交往机会。他们长大成人后，在融入社会的过程中又必须适应和普通人的交往。由于教育不当和某些对于残疾人的偏见，视障儿童更易形成孤僻、

自卑、敏感等不良心理特征，这些因素会严重影响到他们社交能力的发展。社交能力的不足反过来又会影响到他们的心理健康水平。

那些公认的成功的视障人士往往具有超强的社交能力和融洽的人际关系。他们不但能平等而自信地和周围的人交往，而且会以出色的人格魅力和社交能力影响他人。因此，在家庭教育中培养视障儿童良好的社交能力具有特别重要的意义。

二、视障儿童的仪表、仪态和礼仪教育

在人际交往中，整洁的仪表、优雅的仪态和得体的礼仪会给人留下良好的第一印象，会为进一步交往打下良好基础。反之，则会对进一步交往形成障碍。相比普通儿童，视障儿童在仪表、仪态和社交礼仪养成方面往往存在一定困难，需要特别注意。

(一)克服盲态

先天盲的儿童往往会出现一些特殊的行为和习僻，这些是盲人独有的，被称为盲态。比如，有的儿童走路时低着头、弓着腰、双手不自然地举在胸前。这是他们需要用耳朵倾听环境声音来判断方向，同时又出于对身体的自我保护而下意识形成的姿态。有的儿童在无事的时候，会不停地摇头，或者身体不停地前后晃动。这是儿童的运动受到限制而采取的一种不自觉的自我刺激行为。有的儿童喜欢用物品在眼前不停地晃动。这可能是儿童还有一定的光感，这种行为是为了感受光的变化刺激。很多儿童在听讲时喜欢趴在桌子上。其实他们可能在认真听讲，但这样的姿态显然不合适。视障儿童在家庭和独处的情况下出现上述情况无伤大雅，但是在社交场合或公共场合就成了不良的仪态，影响到他们的个人形象和社交能力。

形成盲态的一个直接原因是视觉缺陷。他们不需要目视前方，也不能够自然地模仿成人，从而形成自然的姿态。另一原因是缺乏良好的家庭教育。家长要注意让孩子从小养成好习惯，而且要手把手地教孩子做。有的盲态和孩子的生理需求有关。例如，有的儿童会经常揉搓和按压眼睛，这可能是为了缓解眼病带来的不适感。这样的情况很难纠正，如果不能彻底改变，则要告诉孩子注意场合，在家庭和私人场合下可以允许孩子那么做，但是在公共场合则一定要注意克制。

(二)礼仪到位

1. 仪容和穿着要整洁得体

视障儿童自己很难发现头发蓬乱了、衣物弄脏了，衣服的颜色搭配也比较难。普通孩子通过观察和模仿大人就可以掌握这些知识和技能，但是对于视障孩子来说，家

长必须加强指导。比如，养成定期换洗衣服、洗澡的好习惯；即使孩子看不清，也要教会孩子衣服搭配的一般规律，以便孩子住校或长大独立生活后处理这样的问题。在个人不能确定的情况下，要及时求助于他人。

2. 注意教授孩子社交基本礼仪

很多普通儿童不需要特别关注的礼仪问题可能会成为视障儿童的问题。有的视障儿童在和他人谈话时不会把握合适的距离，会出现过近或过远的情况。还有的视障儿童为了聆听对方说话，会用一侧耳朵对着对方而不是面向对方。不少视障儿童在说话时缺少必要的表情和手势配合，显得不够自然。家长要教会孩子交谈的正确姿态和表情，要面向谈话者，距离适当，表情配合语气，见面必要的时候要握手，要学会运用点头、摇头、摆手等最基本的身体语言，要多用礼貌用语。

3. 要注意公共礼仪

在有些公共场合，如公共汽车上，有时会发现有些视障人士会旁若无人地大声交谈，这一方面是由于视障人士和他人的交流很难通过表情等辅助手段进行，另一方面是由于视障人士难以看到别人的眼神而不能及时矫正自己的不当行为。这给我们一个启发：视障儿童在公共场合的礼仪也要注意指导。大部分情况下，这些要求是和普通孩子一样的。比如，不大声喧哗、不影响他人；尊重讲话者，认真倾听；遵守公共秩序，学会等待和排队；注意公共卫生，不随地扔垃圾等。在公共场合的文明礼仪不是一个简单的个人习惯问题，它会直接影响一个人的形象。视障儿童由于眼睛的关系往往不容易做好，这样会加深人们对残疾人的一些固有的偏见，但是如果做得好，则会让人们刮目相看。这对视障儿童成功地融入社会、得到他人的欢迎和尊敬非常有帮助。

三、视障儿童社交能力培养的方法

(一)营造一个和谐健康的家庭氛围

在家庭中应创造一种民主、平等、亲切、和谐的交往氛围，以父母为中心和以孩子为中心的家庭氛围都是不可取的。要想让孩子有一个和谐、健康的人际交往关系，家长就必须为孩子创造一个和谐、健康的家庭环境。父母作为孩子的第一任老师，在很多方面对孩子有潜移默化的影响。孩子的模仿能力很强，常常把父母的一些语言、行为、习惯带到自己的生活中。家庭成员之间应尽量避免当着孩子的面发生争执，因为这种争执的局面，不仅会让孩子感到紧张、恐慌，还会使孩子在不知不觉中学到一些负面的交往方式，如恶语攻击对方、动手攻击对方等。

(二)家长为孩子树立良好的交往榜样

父母在子女心中具有较高的权威，加上孩子从小就与父母朝夕相处，父母对孩子的影响的时间是最长的，也是最深刻的。由于父母的言行举止往往是孩子学习交往的最好榜样，因此父母要注意以身作则，做到言传身教。有关专家指出：孩子是在模仿成人的过程中习得交往的。孩子从出生起，就一直感受着父母对己、对人的态度，并从中模仿家长待人接物的态度与方式。因此，父母应在孩子面前以身作则，要求孩子做到的，自己一定也要做到，否则就无法使孩子信服。

(三)给孩子创设交往的环境和机会

给孩子创设交往的环境和机会，激励孩子交往的兴趣和欲望。现在的独生子女从小就在“四二一”(四位老人、二个大人、一个小孩)的环境中长大的，其实他们很渴望和同龄的伙伴们一起玩，家长要经常给孩子创设孩子与孩子交往的环境和机会。同时家长应鼓励孩子花费一定的时间和精力去和同龄人聊天、游戏、出游，绝不能借口文化学习而忽视孩子在这方面的学习。比如，多带孩子串门，支持孩子带同伴到家里来玩，不要对孩子的游戏做过多的限制，更不能以家庭的整洁卫生为由将孩子的朋友拒之门外。

家长在节假日拜访亲友时，不要总将孩子自己留在家或推给老人看着，能带孩子的场合尽量带着孩子。一来可以培养孩子的礼貌用语，丰富孩子的语言，如见到别人问声好，离开时说声再见。二来可以丰富孩子的交往经验。比如，到别人家做客时，引导孩子进门前先敲门，得到允许后再进入；和小伙伴一起玩耍时想玩什么玩具前要先礼貌地请求，得到允许后再玩耍。这样一来，见了生人就知道说什么、怎么说、怎么做了，孩子便不再怕见生人了。

(四)积极教给孩子交往的技能

孩子的社会交往包括孩子与同伴的交往以及孩子与成人的交往。孩子与成人交往比较容易，因为成人一般能猜出孩子的意图。家长主要要教给孩子与同伴交往的技能。所谓交往技能，是指采用恰当方式解决交往中所遇问题的策略和技巧。比如，友好地与同伴交谈，用别人喜欢的名称招呼他人；理解同伴的兴趣和爱好，既能服从别人的兴趣，但又不盲从；更多地注意他人的优点而不是缺点；喜欢分享玩具、活动场地，能给游戏中暂时离去的同伴留下位置并愿意让新同伴随时参加进来；乐于帮助遇到困难或缺乏经验的同伴；在游戏中既能积极地提出建议，又尊重别人的意见，不强迫别人接受或服从，能平等地与他人交往，愉快地与同伴合作等。儿童之所以会在交往中表现出不恰当的交往行为，往往是因为缺乏相应的技能。在交往中，懂礼貌、会合作、乐分享、守规则的孩子往往受同伴欢迎。

(五)不用成人的标准来要求孩子

父母总是急于让孩子尽快掌握成人交往的技巧。其实，孩子的发展需要一个过程，在社会交往方面的能力，一方面需要具备相应的心理成熟度，另一方面要不断地学习和积累经验。父母要保持平常心，用宽容的态度看待孩子在社会交往方面的表现，不要用成人的标准来要求孩子。

(六)正确面对孩子的交往冲突

家长要清楚，孩子在一起时不可避免地会产生摩擦，切不可把孩子间的一些争执、冲突等同于成人之间的矛盾，切忌以“不吃亏”教育孩子，甚至强行干涉孩子，如不让他们碰面交往。当孩子之间争吵时，首先，家长不要大惊小怪，而是要引导孩子正确认识交往中的各种矛盾，让孩子“独自”去学会如何面对交往上的问题；其次，应该适时公正地加以引导，教给孩子一些正确的交往方法，如分享、交换、轮流、协商、合作等，让孩子学着自己解决问题；最后，应该培养孩子勇于改错的精神，能原谅他人，在交往中互相帮助，具有同情心。

(七)尊重交往个性，给孩子充分的自由

尊重孩子的交往兴趣，让孩子明白与同伴交往是自己的权利，处理同伴交往中出现的问题也是自己的责任和义务。这是对孩子独立人格的肯定，也是培养孩子独立性的重要一步。

尽管良好的交往能力对孩子的成功非常有益，但请不要过分干涉孩子交往的方式。实际上，每个人都有自己的个性，交往能力的提高也不只是朋友数量上的增加。家长应该知道，即使是个人独处，也可以成为一种很好的生活方式。

如果孩子愿意用他自己的方式与人交往，就应该尊重他。一些孩子不愿意主动结交朋友，需要一定的时间去和同伴熟悉、友好相处，而另外一些孩子天生喜欢结伴，喜欢和一大堆朋友玩。无论他选择什么方式，只要孩子愿意、喜欢就可以了。家长只在必要的情况下给予指导，过多的介入会使孩子害羞、拘束，妨碍他们更好地增进彼此间的了解。

(八)给孩子留有充足的玩耍时间

有些家长在假期里除了让孩子写作业外，还让孩子参加各种特长班，将孩子的每一天安排得满满的，孩子根本没有时间找同伴玩耍。家长还认为这都是为孩子好。这弄得孩子苦不堪言，长此以往容易导致孩子形成孤僻内向的性格。

因此，家长应合理安排自己和孩子的时间，给孩子留出充足的玩耍时间，让孩子

有时间和机会去找同伴玩耍。家长也应经常带着孩子走出家门，走向大自然，让孩子接触大自然的山山水水，认识花鸟鱼虫，初步了解社会上的一些常见的事物和社会现象，开阔孩子的视野，陶冶孩子的情操，培养孩子的社会责任感，养成开朗的性格，提高孩子的社会交往能力。

孩子的行为除了从父母、老师等成人那里学习模仿以外，绝大部分是从同伴那里学来的。他们通过同伴之间的交往，可以产生认知上的冲突。鼓励、赞许、奖励等外部激励方法，能强化孩子的利他行为，克服消极的行为。

在实际生活中，孩子有时不仅依靠外部强化，还要依赖自身的强化来支持自己的行为。自我强化是孩子在活动前自己先设立一些行为和活动的标准。在活动过程中将自己的活动情况与这些标准进行对照。如果是达到标准的，孩子就会感到愉快、自豪、满足，从而加强自己的行为。这种自我强化对孩子利他行为的发展具有十分重要的作用。

（九）鼓励孩子的每一点进步

家长要及时去发现孩子的每一点进步，如课堂上勇敢地举手发言，第一次主动与老师打招呼，热情邀请同学来自己家，向一个陌生人微笑致意，购物时学着讨价还价，同情弱者，帮助他人。所有这一切，家长要随时看在眼里，记在心里，并持续不断地鼓励孩子。如此坚持下去，家长一定能看到孩子的良好表现而备感欣慰。

（十）克服胆小和羞怯心理

有很多家长发现，自己的孩子在家里很能说会道，但是在外面或陌生的环境里会面红耳赤，原来会说的也说不清楚，甚至干脆闭口不言。究其原因，主要是因为孩子有胆小、羞怯的心理。只有少部分的胆小是天生的，大部分是后天造成的。父母一向对孩子过于严厉，或是父母对孩子过于保护，都会使得孩子在陌生场合过于紧张，无所适从。父母平时不妨给孩子多一些自由，在一定的范围内听一听孩子自己的意见，多带孩子到人多的场合或陌生的场合，鼓励他们主动接触一些人，鼓励孩子自己去解决一些能解决的事情，培养孩子的胆量和与人交往的能力。

（十一）让孩子充满自信

自信来自孩子的天性，但往往在后天生活中，有些孩子的自信由于种种原因被削弱。在人际交往中，自信非常重要。一个人也许不是很漂亮，也许没有很动人的声音，但是只要他充满自信，总会不知不觉地打动别人的心。自信就是在不经意中，由内而外发出的一种信息。这种信息充满力量，让人在人际交往中充满魅力。自信从哪里来？自信从实践中来。父母应抓住每一个让孩子学习知识的机会以及每一个让孩子得到锻炼的机会，让孩子的生活丰富起来，不断地积累知识，不断地实践和锻炼，这样孩子才会更加自信并充满智慧。

（十二）教孩子学会欣赏别人

这其实是人际交往的交互原则的一个相对面。每个人在交往中都希望得到对方的支持和认同，孩子也一样。在交往中，孩子总会对向自己示好的一方抱有好感。我们应当教育孩子：既然我们内心对交往的朋友有这样的要求，对方必然也会对我们有这样的要求。这就要求我们在期望得到更多赞美的同时能够去赞美别人，让孩子学会欣赏别人。这一点对很多孩子非常重要。我们现在很多家庭的孩子是独生子女，孩子往往在娇生惯养的家庭环境中，享受着赞美，却忽略了如何去欣赏别人。

四、视障儿童的青春期教育

青春是充满激情和梦想的岁月，是人一生中最具活力的时期，也是充满矛盾和困惑的时期。当孩子进入十一二岁的时候，像所有的家长一样，视障儿童的家长要给予孩子特别的关注。要注意观察他们身体和行为的变化，以开放、宽容的心态和孩子谈论有关的问题。

（一）教会孩子正确的青春期知识

在学校，生物和心理教师会教授青春期的生理和心理知识，但是，教材在很多方面本来就不详细，加上学校对这样的课程往往不太重视，教师对有关内容往往一带而过。因此，很多视障孩子的有关知识是非常缺乏的。现在网络非常发达，普通孩子自己就可以学到很多知识，而且同伴之间可以互相传播。相比之下，视障孩子了解的渠道就局限多了。因此，家长要更多地负起责任。对于有关的性知识，父子、母女之间可以多说说“悄悄话”。

（二）应对青春期的变化

由于缺乏恰当的知识和指导，有的视障孩子到青春期时会出现一些令人尴尬的现象。有的女孩子来月经时把衣服弄脏了还没有发现；有的男孩子在不恰当的场合有自慰行为。发生这样的事情时，家长不必大惊小怪，更不必气恼。对于孩子来说，这是很正常的现象。关键是要加以指导，教会他们正确处理这些情况。特别是女孩子的卫生问题，做母亲的必须手把手地细心指导，因为这样的事情别人往往是很难帮助的。还要教会孩子学会必要的回避，如不能在他人面前暴露身体等。

(三)注意孩子青春期的安全

孩子进入青春期后，心智还远没有成熟，面对残疾带来的压力和身心变化带来的困惑，孩子很容易出现心理问题。例如，有个盲校的初中男孩，在一段时间里表现出情绪低落、上课走神，甚至表现出厌世的想法。幸亏老师及时发现，经过反复做工作终于搞清楚原因。原来，这个男孩暗恋上了同班的女生，可是他没有勇气说出来，又不能告诉老师和同学，因此差点酿成悲剧。进入青春期后，妈妈要传授女儿保护自己的知识，教会她避免和应对一些可能的情况。

(四)正确处理男女交往

要让孩子明白，男孩和女孩互相产生好感甚至爱慕是很自然的事情，爱情和婚姻是人生美好的事情。然而，两性的交往涉及很多社会规范，男孩子要学会尊重女孩，要有绅士风度；女孩要自爱。必须强调的是，父母要注意指导孩子正确处理和异性的感情，掌握必要的和异性交往的技巧，培养个人魅力，赢得爱情和幸福的婚姻。这对于孩子来说是极其重要的事情，对他们的一生影响重大。目前孩子在学校里很难学到这样的知识。家长应该充分重视，给孩子以必要的指点。

(五)培养孩子丰富的生活情趣

家长非常关心孩子的眼病治疗、学业和身体健康，因为这些的确对孩子很重要。其实，还有很多因素会明显影响孩子的生活质量和幸福感。

一方面，要让孩子掌握必要的技能和知识，能独立生活和自立；另一方面，要让孩子有丰富的精神世界。人生的大敌是寂寞空虚，这不是金钱能够解决的。很多负面的社会现象已经充分说明了这个道理。视障人士活动范围受到局限，但可以用丰富的心灵来弥补。因此，需要从小培养孩子丰富的生活情趣。

第一，要培养孩子积极乐观的人生态度，这样才能体会到大自然和社会生活中的美，才能体会到家长和他人的爱；相反，如果把一切都看得很消极，就很难体会到生活的美好。家长要身体力行，以乐观开朗的态度对待孩子，多带孩子参加社交活动，在活动中注意培养孩子的观察力和欣赏能力。比如，带孩子参加朋友的聚会，并和孩子一起讨论聚会中的趣事和朋友的优点；带孩子到郊外感受四季的变化，感受鸟语花香。

第二，要多培养孩子的爱好，如体育、音乐、棋类、演讲等，这些爱好不一定能像有些家长期望的那样能直接帮助他们就业，但对于培养他们的信心、丰富生活情趣是有很大作用的。

本章小结

本章从视障儿童家庭教育的重要性谈起，重点介绍了视障儿童的定向行走训练、视障儿童生活能力的培养和视障儿童的社交能力。这几种能力是视障儿童应该具有的核心技能。独立生活能力是视障儿童一切的基础。对于全盲儿童来讲没有定向行走能力就没办法独立生活。社交能力是处理人和人之间关系必备的能力，没有社交能力未来就很难与人相处。家长作为视障儿童的第一任老师，应该尽早担任起引导及教育的角色，加强早期干预与指导，加强对视障孩子的培养和教育，为视障孩子的健康成长奠定基础。

复习思考题

1. 谈谈你是如何认识视障儿童的。
2. 视障儿童家庭教育的重点是什么？
3. 为什么在日常生活中很少能够看到视障儿童？
4. 定向行走技术主要有哪些？如何让家长在社会环境道路中对孩子进行训练？
5. 视障儿童的生活能力应如何培养？
6. 视障儿童的社交能力应如何培养？

本章阅读书目

(一)推荐拓展书目

1. 李庆忠，李晶．视障儿童家长指导手册．北京：中国盲文出版社，2013.

2. 李季平．视障学生心理健康与辅导．北京：中国盲文出版社，2005.

3. 刘全礼．特殊教育导论．北京：教育科学出版社，2003.

4. 刘全礼．特殊儿童的家庭教育．天津：天津教育出版社，2007.

(二)补充读物

1. 刘全礼．儿童行为塑造及行为问题矫治．北京：中国妇女出版社，2009.

2. 彤宇．视障人士定向行走技能训练．北京：求真出版社，2011.

3. 刘全礼．特殊教育专业概论——我国特殊教育教师职前培养的问题与对策研究．北京：中国轻工业出版社，2016.

4. 刘全礼．临床家庭教育学导论．天津：新蕾出版社，2008.

5. 刘全礼等．教师行为概论．北京：中国轻工业出版社，2016.

本章主要参考文献

1. 李庆忠，李晶．视障儿童家长指导手册[M]. 北京：中国盲文出版社，2013.

2. 彤宇．视障人士定向行走技能训练[M]. 北京：求真出版社，2011.

3. 陈云英等．中国特殊教育学基础[M]. 北京：教育科学出版社，2004.

4. 李季平．视障学生心理健康与辅导[M]. 北京：中国盲文出版社，2005.

第三章

听力障碍儿童的家庭教育

导 读

听力障碍儿童的家庭教育怎么进行？主要有哪些内容的教育？如何进行教育？听力言语训练的内容有哪些？交往能力教育的内容有哪些？青春期教育的内容又有哪些？本章主要是针对这些内容展开的。

学习目标

1. 明确听力言语训练对听力障碍儿童发展的重要作用。
2. 掌握听力障碍儿童听力言语训练的内容和方法，并能指导家长实践。
3. 明确听力障碍儿童交往能力训练对听力障碍儿童发展的重要性。
4. 掌握听力障碍儿童交往训练的内容和方法。
5. 掌握听力障碍儿童青春期教育的内容和方法。

学习重点

1. 听力障碍儿童听力言语训练的内容和方法。
2. 听力障碍儿童交往训练的内容和方法。
3. 听力障碍儿童青春期教育的内容和方法。

学习难点

1. 听力障碍儿童听力言语训练的内容和方法，及其如何指导家长实施。
2. 听力障碍儿童交往训练的内容和方法，及其如何指导家长实施。
3. 听力障碍儿童青春期教育的方法。

第一节
听力障碍儿童的家庭教育概述

一、听力障碍的类别

我国特殊教育界基本上把听力残疾和听力障碍看成是等价的概念。听力障碍是指两耳听不到或听不清外界声音的现象。怎么才叫听不见或听不清呢？我国把听力损失超过 41 分贝的都归到这个范畴。

根据我国残疾人抽样调查的规定，我国的听力残疾分四级(如表 3-1-1 所示)，一级听力残疾最重，听力损失大于 91 分贝；二级次之，听力损失为 71～90 分贝；三级听力损失为 56～70 分贝；四级最轻，听力损失为 41～55 分贝。

表 3-1-1 我国听力残疾的标准①

类别	级别	听力损失程度(dB)
聋	一级听力残疾(一级聋)	＞91
	二级听力残疾(二级聋)	71～90
重听	三级听力残疾(一级重听)	56～70
	四级听力残疾(二级重听)	41～55

在表 3-1-1 中有三点要明确。

第一，表中的听力损失的数值是指语言频率分别为 500 Hz、1000 Hz 和 2000 Hz(赫兹，即振动频率)时听力损失的平均值。

第二，聋和重听均指双耳，如两耳的听力损失程度不同，则以听力损失轻的一只耳朵为准。

第三，如果一只耳朵为聋或重听，而另一只耳朵的听力损失等于或小于 40 分贝，就不属于听力残疾。

二、听力障碍儿童家庭教育的内容

(一)听力障碍儿童家庭教育的常规内容

听力障碍儿童(以下简称听障儿童)和其他各类儿童一样，首先是儿童，然后才是有特点的儿童。既然是儿童，其家庭教育首先就应该按照一般儿童家庭教育的内容展开。例如，培养听障儿童的生活自理能力、培养他们的行为习惯、培养他们的身体动作能力等。

(二)听力障碍儿童家庭教育的非常规内容

除去要按照普通儿童的标准培养听力障碍儿童的上述身心要素外，还要针对听障儿童的特点进行特殊内容的教育，包括以下内容。

第一，听力言语训练，也就是听能言语训练。因为听力是没法训练的，听力损失是多少就是多少，没法训练听的损失。但是，听懂声音是可以训练的，就是听懂声音

---

① 本表的标准综合了 1987 年和 2006 年中国残疾人抽样调查两个标准。

的能力——听能是可以训练的。人们习惯把这称为听力言语训练，本书也就交叉使用这两种说法。可以肯定地说，三级、四级听障儿童，经过早期的听力语言训练，是完全可以掌握母语的口语的；二级听障儿童佩戴助听器后，经过语前培训，也是完全可以获得口语的；一级听障儿童佩戴助听器效果不好，但不能因此就说，他们没法掌握口语。实际上，即使是一级听障儿童，经过艰苦的语前听力训练，也有可能掌握口语。当然，即使是一级听障儿童，对于那些可以填埋电子耳蜗的儿童来说，在填埋耳蜗后，他们也是可以获得较好的口语的。

第二，手语。手语也是听障儿童尤其是听力完全损失的儿童的一种重要的交流的手段或工具，自然也是听障儿童家庭教育的重要的特殊内容之一。手语是那些一级听障儿童必要的交流工具，也是其他损失级别儿童可以用来交流或者帮助掌握书面语的重要的工具或者手段。

第三，社会交往能力。听障儿童的言语往往存在障碍，而言语是重要的交流工具或者手段。一些听力障碍者，由于交流手段的限制，往往存在社会交往的一些问题，因此，本书把社会交往能力作为一个重要的特殊的家庭教育内容。

第四，婚姻家庭教育。听力障碍者能否结婚？结婚后能否生育常态的非听力损伤的子代？他们的青春期如何度过？这是一些家长，也是一些听障者所关心的。因此，本书安排了这个内容。

三、听力障碍儿童家庭教育的途径与方法

听障儿童家庭教育的途径和方法与第一章所讲的没有大的差异，但针对听力障碍的特殊性，其方法主要集中在三个方面。

一是讲解。这是最基本的方法。

二是示范。无论是发音训练，还是行为动作，都需要家长的示范。

三是练习。要时时事事练习。唯有练习才能使听障儿童获得口语，提高交往能力。

当然，从教育途径来讲，教育时时有，教育处处有，家庭、学校、社区都是重要的可以利用的教育场合。就听障儿童来讲，全面交流才是正常的教育途径，包括口语、手语、书面语、身体其他动作(体态语言)等。

第二节
听力障碍儿童的听力语言训练

一、听力语言训练

(一)听力训练

普通儿童，如果没有学习过外语，虽然他能听到外语的声音，但是听不懂外语的意思。同理，听障儿童通过佩戴助听器或植入人工耳蜗，虽然能听到声音了，但是还听不懂声音的意思。一丁点儿声音也没有听见过的听障儿童甚至还不会有意识地听声音。这就需要对听障儿童进行听觉训练。

听力训练是指充分利用听障儿童的残余听力、补偿听力或重建听力，通过专门而系统的训练，提高听障儿童的听觉能力。听力训练包括如下四个阶段。

1. 听觉觉察阶段的训练

听障儿童通过助听或重建听力后，在开始阶段还不能准确地捕捉声音信息，不会有意识地听。这一阶段的训练就是让孩子听家里各种各样的声音。比如，敲击锅、碗、瓢、盆的声音，炒菜声，门铃声，敲门声，电话铃声，水龙头流水声，马桶冲水声，油烟机声，热水器声，电视机声，脚步声，洗衣机洗衣服时的声音、甩干衣服时的声音、衣服洗好之后蜂鸣器提示音，听障儿童玩耍的有声玩具(大鼓、小鼓、木鱼、响板、笛子、三角铁)发出的声音，家里人说话的声音，林氏六音。当声音出现时，父母要对声音表现出注意的姿态，用手指指耳朵，示意孩子倾听，并注意观察孩子是否有眼神寻找、转头、停下正在进行的活动、突然变得安静、吃惊或者喊叫等行为表现，以判断孩子是否觉察到了声音。另外，要及时用口语描述声音，如“宝宝听到水龙头流水声了”。

2. 听觉区分阶段的训练

听觉区分是区分声音异同的能力，包括区分两种不同的声音，以及区分同一种声音的方向、大小、长短、高低、快慢、语音的因素和音调。这一阶段要训练听障儿童对不同的声音做出不同的反应。比如，孩子在客厅里玩时，家长在孩子没看见的情况下，先后打开厨房的油烟机、卫生间的洗衣机和卧室的空调。油烟机打开之后让孩子听，告诉孩子这是油烟机的声音，过一会儿再让孩子看到油烟机，然后关掉油烟机，让孩子回到客厅。过一会儿趁孩子不注意的时候，打开洗衣机，观察孩子朝向油烟机的方向张望，还是东张西望寻找声源。如果是东张西望寻找声源，就说明孩子区分出了这两种声音。打开卧室空调也是同样的操作过程和判断方法。

3. 听觉识别阶段的训练

听觉识别是指能够把声音与实际事物相结合的能力，能够标记声音信号。这个阶段要训练听障儿童指认出家长说的东西。比如，家长说："宝宝的鼻子。"孩子能指着自己的鼻子。

4. 听觉理解阶段的训练

能够理解言语的能力表现为能够回答问题，能听从语言的命令或者是能参与交谈。这个阶段的训练又细分为听觉记忆训练、听觉描述训练和进阶听觉技巧训练。

(1)听觉记忆训练

听觉记忆训练是让听障儿童对听到的口语信息进行加工处理，将听到的内容储存在大脑中，并回忆听到了什么。家长说一句话，让孩子回答或者做出相应动作。比如，家长对孩子说："妈妈要袜子。"孩子给妈妈拿来袜子。这里的关键词只有一个(袜子)，是听觉记忆一项，如果有两个就是两项，依此类推。家长可以根据孩子的情况逐渐增加句子中的关键词，增加句子的长度。比如，家长在厨房做饭，快要做好时，家长对孩子说："宝宝，拿三个碗、两双筷子、一把勺子摆在饭桌上。"宝宝拿取餐具摆上饭桌后，家长检查孩子是否拿对。如果孩子拿对了，家长要立即表扬孩子并致谢："宝宝，你拿对了，帮了我大忙，谢谢你！"如果孩子拿错了，就让孩子再听一至两遍。这里训练的是听觉记忆六项——三个数词＋三个名词。

这样的听觉记忆训练活动可以贯穿在每天的家庭日常生活中，家长给孩子下达各种各样的指令。比如，大扫除时，对孩子说："宝宝，你帮忙搬椅子、擦桌子、扫地。"(听觉记忆三项——三个动词)晚上睡觉前对孩子说："宝宝，摘下你的助听器。"(听觉记忆两项——动词＋名词组合)

(2)听觉描述训练

听觉描述训练指的是教师和家长用描述性语句叙述所要表达的人、事、物，而不直接说出所描述事物的名称，引导听障儿童通过听描述句子，推理出教师和家长所表述的事物的名称。听觉描述根据是否有呈现物，分为闭合式和开放式两大类。闭合式需要呈现相关的物品，有视觉线索提供给听障儿童；相反，开放式不呈现相关的物品，不给听障儿童提供任何视觉线索。闭合式和开放式都有从易到难的四个阶段。

家长和孩子在客厅里玩耍，一起说说客厅的沙发、饭桌、椅子、电视机等物品的形状和用途。家长告诉孩子要玩你说我猜的游戏。把孩子带到没有椅子的房间，或者就在客厅，但是把孩子的眼睛蒙上。家长说："它有四只条腿，身体很大，可以坐在上面，请问这是什么东西?”孩子猜并回答。如果孩子还不会回答，就用手指认。这是不给孩子提供视觉线索的开放式听觉描述活动。如果孩子猜不出来，则降低难度，摘掉蒙在眼睛上的布条，或者把孩子带到客厅，让孩子看见客厅的物品，将视觉线索提供给孩子，把活动变成闭合式的听觉描述活动。

(3)进阶听觉技巧训练

生活需要孩子发展进阶听觉技巧，随着听障儿童听觉理解能力的提高，家长可以进一步指导孩子学习开放式的倾听，如远距离倾听、在背景噪声下倾听、倾听录音带或光盘的内容、在团体对话中倾听、接听电话以及在团体中不经意听取别人谈话。训练的内容和方法与前面一样，只是训练的环境或者要听的声音的来源不同罢了。

听力训练的注意事项包括以下几点。

第一，关于看口型。以前的训练，强调看口型。现在随着听力补偿和听力重建技术的发展，听障儿童听得越来越清楚了，于是在听力训练中，越来越强调完全排除视觉的作用，提倡不让孩子看口型，以充分发展其听觉注意能力，充分使用听觉接收信息，养成注意聆听的习惯，从而发展听障儿童进阶听觉技巧。

不让孩子看口型，先前是采取用手遮口的方式，后来发现用手遮口后，声音会受到影响，尤其是高频音，又提倡通过下列方法，自然避免孩子看口。家长与孩子平行而坐，坐在孩子听力较好的耳侧。另外，家长可利用不同的语调起伏、教具呈现，引导孩子将注意力放在活动或教具上，降低孩子对于口型视觉线索的依赖，使其自然专注在学习目标上，从而达到强化听觉的目标。

家长要特别注意的是，训练时让不让孩子看口型，必须根据孩子的具体情况来定。不让看口型，主要针对太晚佩戴助听器或者太晚植入人工耳蜗并养成依赖视觉的听障儿童。他们常常忽视听到的声音或者不注意聆听。对于这样的听障儿童，要不让他看口型，减少视觉线索，以鼓励他运用听觉，逐渐退出原来的视觉依赖，转而发挥其听觉潜能。对于婴幼儿、本身并没有依赖视觉线索习惯的听障儿童，或者当孩子能自然以听觉与他人互动沟通时，家长不需要刻意避免孩子看口型。对于补偿听力或重建听力比较差的听障儿童，就需要鼓励他看口型来帮助其理解语音了。

第二，关于重复性。重复是开始学习语言时常用的自然策略之一，对于听障儿童而言尤其需要。

听障儿童和普通儿童一样都是在千百次的重复中，把声音和所指的事物情景联系起来，听懂这个声音的意义的。家长应在不同的情景中重复新词或短语，保持听障儿童在不同情景下重复听到相同语言时的兴趣。比如，“汽车”这个词。家长和孩子在马路上见到汽车时，家长说：“你看，汽车跑得多快!”看到堵车时，家长说：“汽车太多了，堵车了。”在小区停车场看到汽车时，家长说：“汽车停在停车场。”如果孩子有汽车玩具，先将玩具汽车藏在盒子里，然后告诉孩子：“盒子里有汽车。”下一次则将玩具汽车放在沙发后面，并告诉孩子：“汽车躲在沙发后面。”为避免听障儿童不专注聆听或者习惯性地略过第一次听到的内容，而总是一再请对方重复信息内容，当听障儿童能在第一次就成功听取信息内容时，家长应立即予以鼓励。

第三，关于语句的内容长度与复杂度。对于听障儿童而言，简短、复杂度低的语句固然容易理解，然而，由于基本的语言结构乃是语句，因此在给听障儿童输入语言时宜避免只输入单词。例如，当请听障儿童关掉电灯的按钮时，要说：“把电灯关掉。”避免简短地说：“关掉。”随着听语能力逐渐增强，家长应逐渐增加语句的长度和复杂度，如在刚才的例子中，可以扩展说：“请把卧室角落的落地灯关掉。”

第四，关于说话速度与强调关键字词。在训练的早期，要放慢速度，以较大的音量、加重语气，或高低起伏的声音，强调句子当中的关键字词。随着听障儿童听能发展，该策略的使用频率应该逐渐降低。然而，在学习新的词汇或者新的语言结构时，仍然要用到该策略，比如，在学习代名词“他”感到困难时，可通过加重语气的方式说：“他——去公园。”

第五，关于语句目标语的位置。研究记忆的实验发现，最先和最后呈现的项目，回忆的正确率最高。在训练的初期，可把需要听障儿童听辨的目标词语放在句首或者句尾。再根据听障儿童对目标语的理解、听取的表现，调整目标语的位置，以保持听障儿童听取信息的专注力，也避免听障儿童养成只听取特定位置信息的习惯。

第六，关于说话者声音的熟悉度。经过训练，听障儿童听家人的熟悉声音比较容易，但是听陌生人的声音比较困难。这是因为家人在说话的时候会用到上述策略，如放慢说话的速度、在片语和句子中加入多一点的停顿、加入多一点的高低音、重复关键字词、强调关键字词、多一点夸张表达、多一点声音的变化。为了使听障儿童能听辨陌生的声音，家长需要逐渐减少上述策略的使用，并且加入练习听陌生人声音的训练。

第七，关于背景噪声。背景噪声会干扰所有听障儿童的信息接收和对语言的理解。以前都强调要在安静的环境中训练，甚至要求教室加装隔音材料以减少噪声。现在助听技术发展了，经过听力补偿或重建后听障儿童能听得更清楚了，又要求逐渐加入噪声。笔者的看法是还是要看训练的时机。在刚开始训练时，应该尽量减少背景噪声，以便于听障儿童理解语音。随着听障儿童理解能力的提高，可以逐渐加入不同程度、不同类型的背景噪声，鼓励听障儿童在背景噪声下发展适当的聆听技巧。另外也要根据听障儿童补偿或重建后的听力情况来决定是否增加背景噪声。如果比较差，就不能加背景噪声。总之，在训练过程中，要千方百计地让听障儿童听懂，只有听懂了才有意义，才有兴趣和信心，才能坚持训练下去，才能获得更好的语训效果。

第八，关于训练的距离远近。对听障儿童而言，听取他人较远距离的说话内容并不容易。为提升听障儿童的远距听力，一开始可以让听障儿童在声源旁边听，建立成功的听能经验后，再逐渐调整距离声源到150～180厘米，甚至从另一个房间发出声音。这样来建立听障儿童不同距离的聆听习惯与技巧。

(二)呼吸训练

呼吸训练是为了让听障儿童掌握正确的呼吸方法，锻炼呼气肌肉群和吸气肌肉群的力量，锻炼听障儿童说话用气和控制气流的能力，改善发音质量。听障儿童先学习腹式深呼吸(深呼吸)。吸气时肚子鼓起来，呼气时肚子瘪下去，再进一步学习言语呼吸，吸气深而时间短，呼气缓而时间长。言语呼吸的训练包括快速用力呼气练习；缓慢呼气练习，快吸慢呼练习，长音练习，声气结合练习，数数、数花、数枣练习；停顿、换气练习等。

家长可以每天坚持和孩子一起做如下的呼吸锻炼操。第一节——扩胸运动(二八拍)：两臂弯曲平举至胸前，然后把两臂伸开向后甩，注意不要缩脖子和端肩。一拍一个动作。第二节——呼吸运动(四八拍)：两手缓缓向上吸气，然后两手缓缓向下呼气。两拍一个动作。

家长可以多和孩子一起闻闻花香，让孩子掌握正确的吸气方法，学会腹式深呼吸，锻炼吸气肌肉群的力量。家长闻花时，让孩子的一只手放在家长的口鼻前，另一只手放在家长肚子上，让孩子感觉到家长在吸气闻花香时，口鼻前没有气体，肚子鼓了起来；呼气时，口鼻前有气流，肚子瘪了下去。然后角色对换，让孩子学会深呼吸。还可以躺在床上玩鼓肚子游戏，让孩子坐在家长肚子上。家长吸气时肚子鼓起来，呼气时肚子瘪下去。换孩子鼓肚子时，可以让洋娃娃坐在孩子肚子上，也可以让家长轻轻坐孩子在肚子上。

家长可以和孩子一起吹各种东西，让孩子学会呼气，控制气流，锻炼呼气肌肉群的力量。可以吹的东西很多，如蜡烛、小纸船、纸青蛙、纸鸭子、糖纸、小纸片、气球、羽毛、乒乓球、泡泡。开始教孩子吹气时，把他的一只手放在家长嘴前，让他感觉呼出的气流。吹气前，让他知道要深深地吸一口气，才能吹得时间长。家长吹的时候，孩子把一只手放在家长的口鼻前，另一只手放在家长肚子上，感受家长在吹之前的吸气和吹时呼气的气流和肚子的鼓瘪状态。

可以变换要求，达到不同的训练目的。比如，要求"一口气把蜡烛吹灭"做的是快速用力呼气练习，也可以变成缓慢呼气控制练习，要求孩子对着蜡烛缓慢呼出气流，要保持火苗不灭，且一直随着呼出的气流而不断晃动。要求吹的气匀、细、长，持续时间越长越好。

(三)构音、发音器官训练

语音的产生是发音器官各肌肉组织共同作用、相互协调的结果。构音、发音器官训练包括颈部的放松训练、声带的放松训练、构音器官的放松训练、口唇的训练和舌头的训练。

1. 颈部的放松训练

颈部的放松训练是通过颈部肌肉群紧张和松弛的交替运动，使颈部肌肉群(喉外肌肉群)得到放松，从而影响喉部肌肉群，使之逐渐达到协调和平衡，进而改善声带的功能。

2. 声带的放松训练

声带的放松训练是指通过有效的训练，使声带得到按摩和休息。这可以起到保护声带的作用，并让听障儿童体会发声过程中声带的放松，同时放松整个发声器官乃至颈部肌肉群。声带放松训练可以很好地改善由听觉障碍引起的用声不当现象，如声音嘶哑粗糙、硬起音和音调异常或单一等。

(1)打嘟训练

深吸气后，紧闭双唇，气流从肺部发出，双唇振动并带动声带振动，从而持续、平稳地发出“嘟”音。待孩子可以自然地发出“嘟”音后，可以尝试一边旋转头部，一边发音；或者在发音的同时改变音调，如升调打嘟、降调打嘟；或者改变打嘟的速度，如快速打嘟、慢速打嘟。

(2)哈欠练习

引导孩子模仿“打哈欠”的动作。打哈欠时首先引导孩子尽可能深吸气，感受张大嘴巴慢慢呼气的舒适。在呼气的同时可发出轻轻的叹息声，也可在呼气的同时发“h”。发音时要注意放松，引导孩子感受这种轻松自如的发声方式。然后在“h”音后面加上单韵母进行练习，引导孩子在呼气的同时轻松缓慢地发出“ha”音，再慢慢过渡到以“h”为声母的单音节词的练习。

3. 构音器官的放松训练

孩子的构音器官在进行语言康复之前，主要用于满足日常的饮食需求或者参与面部表情的形成。因为言语的产生需要构音器官在放松的状态下进行灵活、协调的运动，所以构音器官的放松训练在语言康复中尤为必要。

(1)咀嚼训练

此运动可以很好地缓解孩子下颌和口唇的紧张，并增加其灵活性。让孩子想象自己在用力嚼一块口香糖，开口咀嚼和闭口咀嚼交替练习，舌头自然放平。也可以让孩子进行真实的食物咀嚼。在具体练习时，要根据孩子下颌的实际开合能力选择适合的食物，并随着孩子口唇能力的提高逐渐增加所选食物的体积，提高食物的硬度和韧度，并延长训练时间。

(2)按摩训练

第一，面部按摩。孩子背靠在家长的身前，家长用双手掌心顺时针按摩孩子面部，反复数次；然后再用同样的方法进行逆时针按摩，反复数次。这样能改善孩子口唇的紧张度，并提高其灵活性。

第二，舌部按摩。可以使用压舌板或比较圆润的勺子轻轻拍打孩子的舌尖、舌的两侧、舌面等，反复刺激，以达到改善舌面紧张度、提高灵活性的目的。也可用舌苔专用牙刷，在刷牙的同时，轻刷舌尖、舌的两侧及舌面等。

4. 口唇的训练

口腔的开度及口腔容积的大小，在发音过程中非常重要。

(1)口腔的开度练习

张嘴像打哈欠，闭嘴如啃苹果。开口的动作要柔和，两嘴角向斜上方抬起，上下唇稍放松，舌头自然放平。多做这个练习，可以使下颌更有力量，口腔开合更自如。

(2)咬的练习

用上下齿咬住压舌板或筷子等，将嘴角向两边用力拉伸，尽量不让双唇碰触到所夹物品。视孩子的实际情况，逐渐增加练习的时间。反复练习，在提高口唇肌肉力量的同时，也能提高口唇的灵活性及对口唇的控制能力。

(3)吸吮的练习

引导孩子使用较粗的吸管吸食较稠的粥，或用双唇吸吮较长的面条。反复练习，提高双唇的力量和灵活性。

(4)表情模仿的练习

结合“变鬼脸”游戏，引导孩子面对镜子进行表情模仿的练习，如将嘴巴用力打开，模仿大老虎(吓唬人状)；将双唇闭紧，尽力向前噘起(生气)；将嘴角用力向两边伸展(咧嘴微笑)；手放于嘴角，将嘴唇收紧并微微嘬起(模仿吃到很酸的东西的样子)。反复练习，引导孩子在自然放松的状态下进行训练。

(5)双唇力量的练习

双唇紧闭，将力量集中于唇中部，唇齿相依，不裹唇，阻住气流，然后爆破送气，发出“p、p、p”的音。也可将轻薄的纸片夹于双唇之间，在爆破送气的同时将纸片喷出，喷得越远越好。练习时要注意：孩子的声带一定要处于放松状态。

(6)口唇控制的练习

可结合游戏，练习如下发音内容。“a-i-a-i-a-i”“a-u-a-u-a-u”“i-u-i-u-i-u”“a-i-u-a-i-u-a-i-u”“i-a-u-i-a-u-i-a-u”，以提高双唇的灵活性及对双唇的控制能力。

5. 舌头的训练

舌头是活动最积极、对发音影响最大的构音器官。

(1)压舌尖

将压舌板(或较圆润的勺子)的一头轻轻放置在孩子舌尖上，并引导孩子将舌尖向上运动，将压舌板顶起。也可在放置的同时微微用力向下压，再让孩子用力将压舌板顶起，根据孩子舌尖力量的变化，慢慢增加下压的力量。反复练习，可以提升舌尖的力量。

(2)伸舌

把嘴巴张开，尽量张大，将舌伸出唇外，舌体集中，舌尖向前；然后向左右、向上、向下尽力伸展，伸到最大的程度；最后缩回来。伸舌时舌尖越尖越好。这一练习可以使舌体集中，使舌尖集中用力。

(3)顶舌

闭唇，舌尖用力顶住左内颊，做嘴里有糖状，然后用舌尖顶住右内颊，做同样的练习。左右交替，反复练习。

(4)刮舌

舌尖抵住下齿背，舌体用力，用上门齿的齿沿刮舌尖和舌面。这样反复练习，可提高舌面的力度和灵活性，使舌面能逐渐上挺隆起，舌面音(j、q、x)发音有问题的孩子可以多练习刮舌。

(5)绕舌

闭唇，把舌尖伸到齿前唇后，向顺时针方向环绕 360 度，然后向逆时针方向环绕 360 度，交替进行。

(6)弹舌

先将力量集中在舌尖，抵住上齿龈，堵住呼出的气流，然后突然打开，爆发出“t”音。练习时，可将纸片放于口前。发音时，观察纸片的状况，纸片摆动的幅度越大越好。

(7)卷舌

嘴巴张开，将舌尖用力向下伸，尽可能靠近下巴底端，然后把力量集中于舌尖，从舌尖开始慢慢卷起，慢慢将舌头收回口腔内，直至舌尖接近硬腭。

(8)舌打响儿

舌尖和上齿龈接触打响儿以及舌尖和软腭接触打响儿。

(9)舌位控制练习

用舌尖用力抵住上齿背，坚持数秒，再用舌尖用力抵住下齿背，坚持数秒。交替反复练习。

家长和孩子一起做舔嘴唇和舔糖游戏，以锻炼孩子舌头伸缩及转动的灵活性。舔嘴唇游戏的做法如下。孩子的嘴唇上涂一些蜂蜜，家长的嘴唇上也涂一些蜂蜜。家长用舌头舔上嘴唇和下嘴唇，笑着说：“真甜!”然后要求孩子也像这样舔嘴唇并说“甜”。这样可以锻炼孩子舌头上下活动的灵活性。舔糖游戏的做法如下。用绳拴一块糖，吊在孩子面前，高度与孩子嘴基本持平。孩子伸出舌头舔那块糖，并说“甜”。家长不断变换糖的位置，分别把糖放在孩子嘴巴的正上方、正下方、正左方、正右方、左上方、左下方、右上方、右下方，全方位锻炼孩子的舌头。

家长和孩子一起玩游戏发声音，锻炼孩子舌头的灵活性，使舌部肌肉转动灵活。比如，家长与孩子一起穿着拖鞋，故意在地板上走得很响，发出踢踏声。家长一边提示孩子听这个声音，一边模仿发出“踢踏、踢踏、踢踏”的声音。又如，家长和孩子各拉绳子的一头，玩拔河游戏，口中发出“拉、拉、拉”的声音。再如，天下雨了，让孩子听雨的滴答声，同时发“滴答、滴答、滴答”的声音。

(四)声母训练

韵母的发音比较容易，声母的发音比较难，下面给家长介绍声母训练的引导技巧及注意事项。

1. 声母训练的引导技巧

(1)声母 b 训练的引导技巧

以下情况时提供触觉提示很重要。

b 与 p 混淆：由于两者之差别是有无送气，因此可以让孩子感受 b 为不送气的发音。

b 与 m 混淆：两者发音位置相同，而发音方法不同，由于 m 属于鼻音，因此可以让孩子摸鼻翼去感受发 m 音时鼻翼有没有振动。

此外用手轻捏住孩子的双唇再放开，练习闭唇。还可以用 a 引导出 b 的发音，如发 b-a。

(2)声母 p 训练的引导技巧

建议在孩子先稳定发出 b 后，再练习 p。若孩子无法闭唇后发音，可准备一张纸片让孩子用双唇夹住后再吹掉。

(3)声母 m 训练的引导技巧

家长示范时，可缓慢地发 m，将音拉长，让孩子感受 m 的语音特点。提供触觉提示：摸鼻翼感觉振动。利用发出的自然的声音，如吃东西时发出的“am”的音，或大便时发出的“嗯嗯”(闭唇)的音，引导孩子发出 m 音。提供视觉提示：让孩子看家长的嘴唇紧闭后张开。在孩子发音前，提醒他先轻轻合上下嘴唇，再发音。

(4)声母 f 训练的引导技巧

提供视觉提示：家长示范像小松鼠一样，上门齿咬住下唇，发出“fu”的音或吹气。使用镜子，让孩子通过镜子，矫正自己的唇齿位置。分解动作：将 f 的发音分为两部分，一先咬住下唇，二发声。用手将上唇轻往上提，并提醒上齿仍要咬住下唇。

(5)声母 d 训练的引导技巧

提供视觉提示：对于年纪较小的孩子可以夸张地示范舌头往前伸，用牙齿咬住舌头。帮助孩子正确发出 d 的声音后，再引导孩子将发音方式转为由舌头抵住上牙龈。

(6)母 t 训练的引导技巧

可结合韵母 u 和 a 引导 t 音，如 tu、ta。提供视觉提示：示范先将舌尖放在上齿背，然后快速弹回。

(7)声母 n 训练的引导技巧

提供触觉提示：让孩子感受鼻翼振动。提供视觉提示：舌头慢慢地平放。

(8)声母 l 训练的引导技巧

进行舌头体操，舌头快速发音，如“啦啦啦”。提供视觉提示：将舌尖向上翘起碰到硬腭，再发音。若有鼻音，可练习重述“哈拉哈拉”一词，利用“哈”发音时软腭向上的特征，避免气流进入鼻腔产生鼻音共鸣，以去除鼻音。

(9)声母 g 训练的引导技巧

提供触觉提示：摸喉咙，感觉声带振动。g 发音时，声带振动较前/中位音明显。引导发音位置在舌根的活动，如含水说话、咳嗽、头往后仰、捏鼻子学猪叫。

(10)声母 k 训练的引导技巧

若孩子将 k 发成前位音，则可用漱口、咳嗽的方式，让孩子感受舌根用力发音的感觉。此外，孩子或家长也可将手洗干净，把手指放到口腔中(或压舌)，让孩子感受舌根用力的感觉。若孩子容易将 k 发为 g，则提醒孩子要送气。请孩子将头往后仰，利用舌头自然往后的拉力，发出 k 的音。

(11)声母 h 训练的引导技巧

提供触觉提示：对镜子吐气，发“哈”的音。利用声学技巧，把 h 的音延长。提醒孩子发音的时候，嘴巴打开一点。提供触觉提示：若将 h 发成鼻音时，让孩子摸鼻子，哈气，感受鼻子是没有振动的。

(12)声母 j 训练的引导技巧

可利用已会发的音引导不精熟的音，如用 a 引导 j。将 z 和 i 连续快速念，合成 j 的音。

(13)声母 q 训练的引导技巧

提供触觉提示：让孩子感受气流。提供视觉提示：①用手势动作强调气流快速地从口腔冲出来。②舌尖在下门牙后齿背，舌面靠近硬腭。

(14)声母 x 训练的引导技巧

建议让孩子先稳定发出 j 的音后，再引导发出 x 的音。提供视觉提示：嘴型成大大的微笑状，然后耳语式地吹气发音。提供触觉提示：可利用触觉的方式感受气流。

(15)声母 zh 训练的引导技巧

练习卷舌的方法：在上腭涂果酱或将海苔黏在上腭，让孩子用舌头去舔。

(16)声母 ch 训练的引导技巧

若孩子将 ch 发成 sh，则提醒加上送气。若孩子将 ch 发成 c，则提醒要卷舌。若孩子将 ch 发成 zh，则提醒要送气。

(17)声母 sh 训练的引导技巧

提供视觉提示：提醒孩子舌头的位置，要往上卷。练习卷舌的方法：在硬腭上贴海苔，请孩子卷舌舔下。

(18)声母 r 训练的引导技巧

注意卷舌，利用 sh 拉长音，再用力发出 r。

(19)声母 z 训练的引导技巧

提供视觉提示：舌头摆放的位置是舌尖在下齿背，舌面前靠近上齿背。

(20)声母 c 训练的引导技巧

舌头伸出一点点轻咬，发 s 音后，舌头慢慢伸回即可发出 c 音。可结合易发声的韵母搭配使用，如 u，引导发出 cu。也可利用 t 和 s 合并在一起，快速念出 c。

(21)声母 s 训练的引导技巧

提醒孩子发音时，舌尖要紧紧地顶住牙齿送气。利用蛇叫声、瓦斯漏气声，让孩子了解 s 的语音特色。提供触觉提示：用手或靠近孩子感受气流。提供视觉提示：上下排牙齿咬合、舌头往前顶，轻轻地吹气；若孩子不知道舌头的位置，可先将舌头伸出，在牙齿中间，轻轻地吹气。待孩子具有稳定的成功发音经验后，再提醒其将舌尖后缩至上齿背。

2. 声母训练的注意事项

(1)结合词语、句子等进行综合训练

发音训练要结合词语、句子、儿歌和故事进行综合训练，不能只就单个的拼音进行训练。比如，要教孩子声母 k 的发音时，可教孩子说包含 k 发音的词语(烤箱，看，开门)；可教孩子说包含 k 发音的句子(爷爷咳嗽了，宝宝哭了，妈妈在开空调)；可教孩子说包含 k 发音的儿歌(小蝌蚪，细尾巴，哭哭啼啼找妈妈。东瞧瞧，西看看，看见一只大青蛙)；还可给孩子讲故事，故事中很多词句包含 k 的发音。

(2)根据音素可见性，循序渐进地进行训练

音素可见性从高到低分别是：单韵母到复韵母，再到声母。音素可见性越高，听障儿童越能从说话人的发音动作中观察出说话人是如何发音的，从而越能模仿出正确的发音。因此，家长可以根据音素的可见性和孩子的实际情况决定先教哪些音。后教哪些音，先给予孩子较容易达到的练习，让孩子有成功的经验，才能引发孩子继续练习的意愿和动机。

(3)遵循健听儿童的发音规律，正确处理听障儿童的正音问题

耐心等待听障儿童长大，不要急于纠正发音。儿童发音的正确率与年龄增长呈正比，普通儿童到 4 岁才能掌握全部语音。例如，笔者的女儿在 1 岁半左右时，总把“阿姨”叫成“阿呀”。儿童的声母发音错误主要集中在 zh、ch、sh、z、c、s 这些音上。

(4)鼓励听障儿童多说整段话，而不是反复纠正单音和音节

在实际的语言交流中，可以根据对话情境和上下文猜测话的意思。我们听方言口音很重的人说话时，听他说单个的音时很难听懂，但是听他说一段话时就基本能听懂了。再者，普通人适应不标准、不清晰的发音比较快。家长不用太纠结听障儿童的每个字的发音问题，要多鼓励听障儿童说整段话，而不是反复纠正其单音和音节。

(5)不要总纠正听障儿童的发音

家长不要在孩子说错或者说得不是特别标准的时候，总说“错了”之类的话，以免孩子因为一直被纠正而丧失开口说话的信心。在《无声世界的骄傲》中，海丝总是叫姐姐梅丽莎“蒙蒂”，并且持续了好几年，后来蒙蒂成了姐姐梅丽莎的昵称。海丝的母亲没有总是纠正她，给了她无穷的自信，使她能够在竞选美国小姐的舞台上侃侃而谈。

(6)一次只纠正一个目标音

刚开口说话的听障儿童，常常一串话都说不清楚。在矫正孩子发音时，为了顾及孩子的信心、降低其挫折感，建议一次只纠正一个目标音，而非只要听到不清晰的音就立即纠正。例如，此次训练的目标为声母 b，在孩子将“抱抱小狗”说成“到到小斗”时，只需要将“到到”矫正为“抱抱”，“小斗”则先不纠正。

(7)利用镜子帮助练习发音

家长和听障儿童一起对着镜子发同样的音，让听障儿童观看自己的口型是否与家长示范的口型一样。镜子给听障儿童提供了视觉反馈，使听障儿童能够调整自己的发音动作。

(8)摸家长的发音器官帮助练习发音

有些字音很难听到，也不能从说话者的嘴唇运动中看到其发音方法。此时，听障儿童可以利用自己的触觉去弥补听觉和视觉上的不足。例如，试着把手放在喉头，然后发“啊”，会发现可以感受到自己声音的震动。听障儿童用手按住家长的喉部，能感到家长说话时喉头的振动，体会声音的高低、强弱。把发强声时要吸足气后发音，而发低声时就可少吸气。有位家长回忆：“他把‘g’念成‘d’，把‘哥哥’说成‘得得’；把‘k’念成‘t’，把‘科学家’说成‘特学家’；把‘n’念成‘l’，把‘难过’说成‘蓝过’。我让他的一只手放在我的喉部、一只手放在我的嘴前方，分别体会发音时喉部的振动和气流振动的差异，帮他掌握发声的准确部位。一个月的练习取得了成效”。前面所说的“声母训练的引导技巧”中就包含了大量的摸家长发音器官的触觉提示。

(9)在日常生活中自然练习发音

家长要熟知孩子哪些音发得不准，有目的、有重点地在日常生活中引导孩子练习发音。如果孩子分不清 b 和 d，就可以利用倒水这个生活细节来设计一些涉及这两个音的谈话。家长说：“宝宝，我们喝水，要用什么呢？”孩子说：“水杯。”家长说：“宝宝，把水杯拿来吧。”等孩子拿来水杯后，家长提着倒水的水壶问孩子说：“妈妈拿水壶干什么啊？”孩子回答：“倒水。”家长一边倒水一边说：“妈妈倒水，宝宝喝。”让宝宝跟着重

复这句话。家长可以通过这样的交谈，引导孩子练习发音。

(10)使用手机上的发音软件练习发音

手机上的一些发音软件也可以用来帮助儿童发音练习。例如，重庆师范大学的研究生使用 Speak Up 和 SpeakUp Too 这两个发音软件对听障儿童进行发音训练，在提高听障儿童发音的音量方面效果显著。

(五)词语和句子的训练

家长和孩子在相应情景中的谈话，最能促进孩子对词语和句子的理解和表达。家长在和听障儿童谈话时，采用策略可以让听障儿童知道如何使用词语和句子描述正在发生的事情。

1. 自我谈话策略

家长使用口语描述自己当下正在进行的事情。例如，妈妈正在分蛋糕给大家，便大声清晰地说："我正在分蛋糕哦！先把蛋糕切一切，再分一分。我来分蛋糕，一块给你，一块给爸爸，最后一块给我自己。你看，我正在分蛋糕。"家长这样的自我动作描述给听障儿童提供了示范。他把家长的每个动作与家长说的每一个词语和句子建立联结，知道这样的动作可以用这样的词语和句子去描述。

2. 平行谈话策略

家长使用口语的方式描述孩子当下正在进行的事情。例如，当孩子正专心地玩玩具车时，家长便可及时地替他的一举一动加入旁白："你在玩车呀！你在玩红色的车呀！对呀，这是车的轮胎，是圆圆的、会转动的轮胎。"孩子的专注力正集中于当下的情景，这样同步的口语输入可以强化孩子对于此情景和相关口语的联结。

3. 扩展策略

家长将孩子口中不合语法的句子，以正确完整的方式扩展后，再次陈述给孩子听，使其能够及时获得如何正确使用口语的反馈。例如，当孩子指着公园里的狗说"狗狗球球"时，家长便应实时扩展孩子的话，合乎语法地再说一次"狗狗在玩球球"或者"狗狗正在追球球"。如此的口语扩展能帮助孩子以后说出符合语法的句子。

4. 延伸策略

家长添加孩子说话的语意内容。例如，当孩子指着床说"睡觉"时，家长就以这件事为轴心，接着延伸它的前因后果："小明要睡觉啦！小明因为刚刚去公园玩了，所以很累，现在想要睡觉了。睡完午觉后，小明的精神就会变好了！"如此的口语延伸能给予孩子完整的口语输入，并能增加孩子表达语句的长度。

5. 建构与分解策略

使用建构与分解策略，孩子将可以练习如何拆组不同的口语元素，加强合法切割句子的能力。例如，能成功地将名词和动词从一句话中抽取出来。当孩子指着果汁说

“果汁—喝”时，家长由此进行语句的建构与分解：“对，小明想要喝果汁。果汁冰冰的、甜甜的。小明想要喝果汁。是果汁，妈妈也想要喝果汁。”通过这样频繁的练习，孩子可以了解名词“果汁”和动词“喝”在语句里出现的位置，以及它们和其他口语元素组合的方式。

二、手语的学习和使用

(一)听障儿童学习手语的必要性

手语也是听障儿童交流的重要手段。首先，听力补偿或重建失败的听障儿童需要手语。这部分儿童因为难以像普通儿童那样自然获得口语。没有了口语手段，手语就成为必要的手段。其次，那些听力语言训练效果不好的听障儿童需要手语。部分儿童尽管听力损失的补偿较好，但语言训练效果不好，这时，手语也是必要的。最后，手语实际上在听障儿童的口语获得中有重要的作用。听能较好的听障儿童也可以学习手语并使用手语进行交流。尤其是对于一些从普通学校回到聋校的学生来说，学习手语是很必要的。

(二)手语的含义

手语是手势语、手指语的统称。手语的“语形”实际上就是口语的“语音”，这是由其视觉特性决定的。手语中，也存在“手势”“手语词”和“句子”的区别。由单个手势组成的词是单纯词，如“太阳”“领导”等。由两个或两个以上手势组成的词是合成词，如“丈夫＝结婚＋男”。

手语有许多完全不同于口语的独特的语法现象和规律。首先，从认知上来说手语更具有和客观世界的相似性。这决定了它的语序和口语必然有很大差异。比如，口语说“猫抓老鼠”，而手语却打成“猫/老鼠/抓”。这是因为打手语者的意识中先有了一只猫，然后这只猫看到了老鼠，随后才做出“抓”这个动作。其次，主题在前，说明在后。主题往往是打手语者最关注的东西，因此将它放在前面加以强调，其他次要的修饰语、疑问词等都放在后面。再次，空间在手语中是重要的语法手段。手语里的动词是有方向性的。以“看”为例，同一个动作加上不同的方向，可以表达很多含义：你看我、我看你、他看你、你们看我、我看大家、彼此对看等。在交谈时，话题的转换也可以通过手势空间的变化来实现。最后，在手语中，手势之外的表情、体态、口动等元素是不可或缺的语法手段。强调、否定、疑问等语气，都可以通过这些元素得到完全表达。手语没有音调和语调，但信息的传递却是多通道的。不仅可以通过手，而且可以通过脸、头、肩、躯干、腿和脚来传递。

（三）学习手语的建议

1. 学习如何按手语语法打出手语句子和手语段落

手语和口语是完全不同的两种语言，有完全不同的语法，就好像英语和汉语的语法完全不同一样。普通人学习手语就是学习第二语言，好像中国人学习英语。学习英语时，如果只学习英语单词，不学习英语的语法，用汉语的语序来说英语，那么说英语的外国人是听不懂的。同理，用口语的语序来打手语，使用手语的听障人士也是看不懂的。因此，听障儿童的父母学习手语时，应该在学习手语词汇的同时，学习手语的语法，即学习用手语语序打出手语句子和手语段落。

2. 在与手语族听障人士的交流中学习手语

任何一种语言的学习都要在相应的情景中把语言和情景相对应，手语也不例外。那些手语打得好的普通人都泡在手语族听障人士群体中，在相应的情景中看到听障人士打的手语，把手语动作和相应的情景对应起来。听障儿童的父母需要做到：与社区里的手语族听障人士多交流；经常参与手语族听障人士的社群活动；请成年手语族听障人士做家庭保姆照顾听障儿童；请手语族听障人士当家庭老师，教听障儿童和家人学习手语。

3. 学习国家通用手语

手语也有普通话和地方话的差别，家长和儿童应该学习国家通用手语，这样便于交流。因为篇幅的限制，本书不做过多介绍，读者可以参考《国家通用手语常用词表》等。

三、书面语训练

书面语训练包括阅读训练和书面语表达训练，是听障人士听力语言训练的重要内容之一。书面语主要是在学校里进行的，家长可以更多地采取配合的措施。例如，结合学校的课程，每天检查孩子的学习效果，巩固每天的学习内容，包括字词的意义掌握、使用和发音等。再如，可以选择与学习内容相关或者词汇量相当的绘本等，每天陪孩子一起阅读，或者给孩子讲故事，这是提高儿童书面语能力的一个好途径。又如，可以让孩子写日记，哪怕每天一句话，都对儿童的书面语表达有重要的促进作用。日进一步，必有大进步。

四、听力语言训练的总体注意事项

（一）抓住语言发展的关键期训练

儿童出生的前几年是语言发展的关键期，听障儿童的语言训练尤其是口语训练要在这个阶段完成，否则会事倍功半。例如，有两个听力损失都是70分贝左右的姑娘，幼年时期没有助听器和听力口语训练，导致她们很长时间不会说话，连爸爸妈妈都不会叫。在她们17～19岁时，对她们进行了3年的听力口语训练，但她们只学会听和说简单的话，且仅仅限于看得见、摸得着、有具体形象的事物，如你吃饭了吗？吃的是什么？复杂的事情，特别是思想感情方面的事情，就无法交流了。原因就在于没有在语言发展的关键期内训练。

（二）尊重儿童的个体差异

个体差异是普遍存在的。如果家长忽视听障儿童之间的个体差异，总是把自己的孩子和别的听障儿童进行比较，总是在想：同样是听障儿童，为什么自己家孩子不如别人家孩子？这样的比较和质疑会让家长产生急躁的情绪，埋怨甚至训斥孩子，导致孩子对听力口语训练产生抵触情绪。训练的效果就更差了。

如果听障儿童口语理解困难，就重点实施听觉训练与读唇训练；如果是声音与构音异常，就重点实施声音异常与构音异常矫正；如果是学语后聋，就重点实施说话能力保持训练。如果听力补偿或者重建都失败了，就赶快采用手语训练。家人和听障儿童一起学习手语，用手语来沟通和交流，通过手语来学习书面语和文化知识。

（三）让孩子多听

不要以为孩子听不懂，就不让他听。相反，不管听不听得懂，都要多听。多听才是获得口语的不二法门。

对听障儿童输入的口语越多，即听障儿童听得越多，理解的语音就越多，就越能开口表达。初期的听力口语训练有没有成效，不是看听障儿童是否开口说话，而是看听障儿童对语音的理解是否逐渐增多。尤其要注意的是，给听障儿童的口语输入要比普通儿童的更多才行。一方面，听障儿童在听力补偿或重建之前有一段时间没有听到声音；另一方面，即使听力得到补偿或重建了，仍然有好多音听不到或者听不清。听障儿童实际接收到的口语输入比普通儿童少。要赶上普通儿童或者缩小与普通儿童的差距，听障儿童家长就必须更多地跟孩子说话。

坚持多听，应该做到以下几点。多对听障儿童输入口语，少要求听障儿童输出。不要期待听障儿童能立刻对声音或单词做出反应，要给听障儿童时间去聆听和积累。要学会等待听障儿童说话，勿急躁催促，千万不能因为急于见到听障儿童说话能力的发展而给孩子造成压力，要避免听障儿童抗拒说话。当听障儿童与别人交谈时，要给予听障儿童充分的时间聆听，切勿急忙代替听障儿童作答。要了解听障儿童戴上助听器后的补偿听力是多少，植入耳蜗后的重建听力是多少，以听障儿童能听见的音量来不停地给听障儿童说话。见到什么就说什么。所有见到的事情、碰巧发生的事情都要说，甚至连吵架也当着听障儿童的面吵，因为这也是给听障儿童输入语言的机会。另外，想怎么说就怎么说，千万不要以为听障儿童听不懂就不说。事实上，对普通婴儿，我们常常会说各种他根本不明白的事情，对听障儿童也要这样。全家总动员，除了听障儿童的母亲以外，父亲、兄弟姐妹、祖父母、外祖父母、叔叔、伯伯和阿姨等都要多和听障儿童说话。

(四)多鼓励、多激励

在听障儿童的语言没有达到家长预想的效果时，家长需要给听障儿童耐心的鼓励和启发，不能流露出一点不满的情绪。听障者周婷婷说："即使我说话再不清楚，甚至有时连前一天学的是什么词都忘记了，他们也不会指责我半句，而是非常有耐心地继续教我识字说话，所以我识字的兴趣从来没被打击过。"(周婷婷，2006)听障者姚登峰的妈妈说："尽管他发音还不清楚，我也及时伸出大拇指表扬他'说得好'或'真不错'。""每一个细微的进步，都表扬他，还经常奖给他一些小红花，请小朋友一起为他鼓掌、欢呼。"(姚登峰、杜在新，2017)

对听障儿童发音的错误不加批评，而是用正确的示范来强化正确的印象。有一天，周婷婷的爸爸让周婷婷认字。第一行字是"那些人在划船"，第二行字是"那些人在跳皮筋"。周婷婷指着第一行的"那些人在划船"说"那些人在跳皮筋"。婷婷的爸爸怕女儿灰心，没有指出女儿说错了，而是指着第二行"那些人在跳皮筋"几个字对婷婷说："婷婷太棒了，婷婷说这是小朋友在跳皮筋!"接着，他又指着第一行"那些人在划船"几个字对女儿说："婷婷，再想想看，爸爸说这是什么呢？爸爸当时指着湖面上那些人说什么来着？爸爸也忘了，婷婷一定能想起来。"婷婷眼睛一亮："那写的是'那些人在划船'。爸爸，你难道也忘记了?"婷婷天真地说。爸爸笑了，伸出大拇指，对婷婷说："婷婷真棒!"

(五)在现实情境中训练

现实情境是最好的语言训练情境，有利于儿童掌握言语语言。例如，姚登峰是这样学习、理解"累"和"故意"的。姚登峰和妈妈一起把蜂窝煤从一层搬到五层，每次搬五块，连续二十多趟后，两人都气喘吁吁、满脸通红、浑身是汗。在这种情景中，妈妈说："登儿累了，休息。"登峰说："我不累!"接着登峰找来一条毛巾，一边说"妈妈累了"一边给妈妈擦汗，结果擦得妈妈满脸黑乎乎。他哈哈大笑起来，说："妈妈——脸——黑的!"妈妈跑回屋子拿出镜子一看也笑起来，趁势把登峰脸上也擦了一块黑的，他想还击，妈妈一溜身他没摸着。他们追赶着，嬉闹着。妈妈对登峰说："你是故意的。""什么叫故意?"登峰问妈妈。妈妈回答："你不是想给妈妈擦汗，是想把煤灰弄到妈妈脸上!""不是!"过了一会儿登峰接着说："妈妈——故意的!"在劳动中，在愉快的嬉闹玩耍中，登峰理解了"累"和"故意"的含义。

再如，听障者梁小昆的妈妈这样教他理解"死"和"活"(万选蓉，1993)。为了教他理解

“死”和“活”这两个词，妈妈买了一些活虾，准备了几个大口瓶，瓶里放了水，把活蹦乱跳的虾一只一只捉住放在瓶子里。看见虾在瓶子里游动，梁小昆高兴地直拍手。等玩够了，妈妈带他把其他虾放进热水锅，虾在锅里挣扎一会儿，变红了，也不动了。妈妈表情沉痛地告诉他说：“死了，虾死了。”他睁大眼睛好奇地望着妈妈，妈妈重复着说“死了”。他用锅铲拨动了几下锅里的虾，若有所思地自言自语。他突然放下锅铲，跑出厨房把养在瓶子里的虾拿来给妈妈看。妈妈告诉他：“这是活的。”梁小昆难过地看着锅里已经变红的虾，掉下了眼泪。过去午睡时，妈妈闭上眼睛说“我死了”时，梁小昆无动于衷。从此，妈妈只要闭上眼睛说“我死了”，梁小民就用小手摇妈妈，扒开妈妈的眼睛看看，甚至还会哭起来。这说明孩子已经理解了“死”和“活”这两个词的含义了。

又如，周婷婷理解“依依不舍”。周婷婷的爸爸带着她在上海。妈妈来看他们，一家人一起待了两天。之后，妈妈要返回南京上班了，在火车站分别的时候，周婷婷追着已经开动的火车，哭喊道：“妈妈，妈妈。”火车驶出了视野，周婷婷还在呆呆地看着火车离去的方向。这时，周婷婷的爸爸用笔在婷婷的手心里写下四个字：依依不舍。在这种情景下，周婷婷很自然地明白了依依不舍的含义。

我们一直强调，教育时时有，教育处处有。语言训练更是这样的。例如，早上起床时可以说：戴助听器、戴耳蜗、醒了、穿毛衣、穿外衣、洗脸、刷牙、吃饭、拿书包、上幼儿园、太阳升起来了。

吃饭前，有意识地让孩子帮忙摆碗筷时可以说：三个碗、三双筷子、三把勺子、三张凳子；问孩子“你洗手了吗”。吃饭时，告诉孩子各种菜的名称以及从哪里来的，同时可以说：吃饭、吃米饭、吃菜、喝汤；让孩子尝各种食物的味道，说：酸、甜、苦、辣。吃完饭后，问孩子：“你吃饱了吗”。只要抓住一切机会训练，听障儿童就更有可能获得口语。

第三节 听力障碍儿童的交往能力训练

一、和谁交往

(一)交往始于家人

和家人的交往是听障儿童交往的开始。从出生时的哭泣、尿床、妈妈喂奶开始，听障儿童就已经和外界交往了。等进入专门的语言训练的关键期后，家里的所有成员，包括父母、兄弟姐妹、爷爷奶奶、姥姥姥爷，都是交往的对象。

(二)交往要扩大到家庭外

听障儿童能够独立行走后，就要和普通儿童一样，把交往的范围扩大到家庭外，与社会人学习交往。这时在幼儿园(普通幼儿园随园就读或者专门的听力语言训练幼儿园)与小朋友的交往、上学后与同学的交往、和社会上其他人的交往，都是听障儿童的交往范畴。

二、交往什么

除了社交礼仪不允许的、相关的隐私和禁忌之外的内容，都是可以交往的内容。各种文学作品、影视人物，甚至游戏人物等，都可以是交往的内容。下面以生活自理为例，列举一些交往的内容。

第一，衣着。本部分内容很多。有关衣服的知识，包括各种衣服，如裤子、褂子、鞋子等的名称功能，衣服各部位的名称，男士衣服与女士衣服，区别自己的衣服与他人的衣服，不同季节穿不同的衣服，不同场合穿不同场合的衣服，不同工种(如警察)的衣服等。衣服的整洁与保护，包括衣服怎么穿合体，衣服怎么清理干净，衣服怎么洗涤，衣服怎么折叠等。

第二，饮食。本部分内容也丰富。餐具的使用技能，包括餐具的名称和功能，如勺子、筷子、碗、盘子等的名称和功能；餐具的使用，如勺子、筷子等的用法；其他餐具的认识和使用，如暖水瓶、水杯等的认识及使用。食物的知识，包括知道可吃与不可吃的东西；一般食物的名称，如米饭、面包、馒头等；水果的名称，如苹果、香蕉等；蔬菜的名称；主要食粮和杂食；动物和植物性食物；常见的海产食物，如鱼、虾等。

第三，如厕。本部分内容也丰富。公厕的基本知识，包括公共厕所的标志，认识公共男厕所和女厕所，知道男女应到不同的厕所排便，男童知道到小便池排小便，人多时要按顺序如厕，会使用厕所的设备，如会冲厕所等。如厕的基本技巧，包括便后整理好衣服再出来，手纸的使用，便后洗手。

第四，睡眠与住宿。睡眠和住宿也是重要的交往的内容。卧具的知识，包括睡眠房间的知识，如大房、小房等；床的知识，如木板床、钢丝床、席梦思床等；床上用品的知识，如被子、褥子、床单、枕头、枕巾、床罩、蚊帐、被套、凉席等。睡眠习惯的养成，包括关灯睡觉，睡前刷牙、洗脚、上厕所，睡前将脱下衣服放好，睡前不吃过量的食物，睡前不喝过量的水，不带玩具上床，起床先穿好衣服，起床后整理床铺等。

第五，外出。这是交往知识教育中最重要的内容。外出的基本知识，包括家门的知识；回家道路的知识；交通工具的知识，如公共汽车、公共电车、自行车、飞机的知识等；外出地点的知识，如走亲访友、上学、去商店等的地点；交通的基本知识，如认识交警、靠右边走、红灯停绿灯行、在路口走人行横道等；社会上常用的标牌知识；常用的公共场所知识，如影院、公园、儿童乐园、少年宫等。交通工具的使用，包括自行车的使用，如骑车靠右边走、走非机动车道等；公共交通工具的使用，如排队上车、上车买票、为老人和小孩让座等。

此外，交往的信息也可以以个体为中心展开，具体如下。

第一，关于自己的信息(与自己有关的资料)，包括自己的姓名、性别、年龄、身高、体重及家庭地址，爸妈的姓名、年龄及职业，其他家人如兄妹的姓名、年龄及职业，自己所在的学校、班级或工作单位等。

第二，自己喜爱的东西，包括自己喜爱的玩具、书籍、歌曲、电视、食物、衣服，自己最喜欢的朋友及其名字、性别、住址和工作单位，自己最喜爱的家人。

第三，自己喜爱的活动，包括自己喜爱的游戏、体操、爬山、游泳、逛公园、看画书等。

第四，关于人体的信息，包括身体各部分的名称和功能，如眼、耳、手、脚、脾、胃、心脏、肝等的名称及功能；身体各系统的名称和功能，如呼吸系统、血液循环系统、排泄系统、神经系统；生育知识，如生殖器官的知识、精子的知识、卵子的知识、月经的知识、遗精的知识、青春期身体发育的知识、婚后生育的知识等。

第五，关于家庭的信息，包括家中的关系、称谓、自称，家庭方位的知识，住房及房内设备的知识，家庭收入和消费的知识，恋爱婚姻的知识等。

第六，关于学校的信息，包括学校设备及其周围环境的知识，如学校名称、位置、地址、学校内的环境；学校内设备的名称和用途，如课桌的名称、用途等；学校附近的公共设施的知识；上、下学路线及乘车的知识；学校有关的人物，如校长、班主任、任课老师、医护人员等的名称、责任以及他们与自己的关系等。

第七，关于社会的信息，包括关于国家的信息，如国旗的知识、国徽的知识，中国人的知识；社会上各种节日的知识，如国庆节、儿童节的知识；社会公共设施和机构的知识，如学校、医院、图书馆、青少年宫、公园、商店、街道的知识；各种职业的知识，如老师、警察、医生、护士、司机、工人等的知识；各种礼仪习俗的知识；社会法律、法规的知识。

第八，其他普通的知识，包括关于太阳、月亮等的知识，语文、数学、音乐方面的知识和技能等。

三、怎么交往

听障儿童的交往有时可能需要手语，其他的内容，如怎么交往，和普通人完全一样。

(一)发出信息的技巧

1. 主动与他人打招呼的技巧

第一，体态语言的运用，如主动与人微笑，主动向人点头，脸部的表情，手的动作，身体的动作；第二，口头语言的运用，如讲清晰的话，逻辑的表达自己的意愿；第三，书面语言的运用，例如，写信，写字据等。

2. 向他人索要物体的技巧

第一，说明索要的物体；第二，说明索要的必要性；第三，求得他人的同意。

3. 主动与他人活动的技巧

第一，请示加入活动的技巧；第二，邀请他人活动的技巧；第三，合作的技巧。

4. 主动与人交谈的技巧

第一，插话的技巧；第二，邀请人交谈；第三，申请与人交谈；第四，主动协助他人的技巧。

(二)接收信息的技巧

1. 留意他人的体态语言

第一，留意他人的面部表情；第二，留意他人的目光；第三，留意他人的动作和手势。

2. 做出反应的技巧

第一，接受他人的逗弄和善意的抚摸；第二，以微笑、点头回报；第三，以招呼、目光回报的技巧；第四，接受邀请的技巧；第五，回答提问的技巧；第六，表示同意的技巧。

(三)保持与终止交往的技巧

1. 保持交往的技巧

第一，模仿他人动作；第二，依从指示；第三，模仿他人社交行为(如衣着、言行等)；第四，主动与人交谈和对话；第五，与人共同游戏、活动的技巧(如做游戏打篮球等)；第六，主动拜访的技巧(到朋友家、到学校等)。

2. 终止交往的技巧

第一，终止与人谈话的技巧(如表示话题已尽，表示歉意)；第二，离开交往地点与人打招呼的技巧；第三，退出活动的技巧(如说明理由的技巧)。

(四)独立社交的技能

第一，自我需求的了解知识与认识；第二，自信心的认识、知识与发展；第三，社会化行为的知识，如被人接纳的人格特征、公共场合应该有的适当行为等；第四，维持良好人际关系的能力，如交友之道、密切人际关系的方法等；第五，解决社交问题的能力，如会寻求忠告、预料行为后果、认识解决问题的各项可能性；第六，语言沟通能力，如阅读、书写、表达等；第七，求职能力，如寻找工作、面谈工作等。

四、交往能力的培养途径与方法

听障儿童的交往能力培养的途径与方法和言语训练的途径与方法没有什么区别。听障儿童可能没法及时地对交往信息进行反馈；使用手语的听障儿童和普通人交往，而普通人不懂手语时，会有些障碍。总体而言，家长在对他们进行交往训练时要注意以下几点。

(一)根据交流情况，调整交流方式

如果交谈双方都只会口语、不会手语，那就用口语交谈。在交谈的过程中，如果重复了好几遍，听障儿童仍然听不懂，也看不懂普通人的口型；或者普通人听不懂听障儿童的语言，也看不懂听障儿童辅助的面部表情和动作姿势，听障儿童就要及时调整交流方式，掏出随身携带的纸和笔，采用书面语进行交流。

如果交谈双方都会手语，就用手语交流。如果普通人会自然手语，听障儿童就使用自然手语交流；如果普通人不会自然手语，听障儿童就使用手势汉语和普通人交流。实际上，在聋校就读的听障儿童，在长期和老师交往的实践中，已经养成了这样的交流习惯。如果遇到手语表达不了的情况，就采用书面语。

如果听障儿童只会手语，而普通人不会手语，那双方就采用书面语进行交流。

如果交谈双方口语和手语都会一点，但都不太熟练，那双方就采用综合交流法，即同时使用口语、手语和书面语。

因为不论哪种交流情况，都有可能要用到书面语，所以听障儿童要努力学会书面语，加强笔谈的能力。听障儿童应该随时准备好纸和笔或者能写字的智能手机，万一需要用到书面语交流时，可以立即进行。在采用书面语进行交流时，有时不需要写整句话，只需要告诉对方哪个词没有听懂，让对方写下那个词即可。这里也用到了证实

或澄清的语用策略。

(二)巧用现代信息技术帮助交流

如果听不懂电话，可以加对方QQ或者微信，在QQ或者微信里交流，比较灵活。如果对方有耐心输入文字，就用文字交流。如果对方没有耐心输入文字，可以让对方用语音。听障儿童把接收到的语音转换成文字。除了QQ和微信，很多手机软件都有语音识别功能，可以把语音转换成文字，但是这种转换会有识别不准的时候。最保险的还是自己手写或者打字，所以随身携带纸和笔，或者画板、沟通板、手机、平板电脑非常必要。

(三)开门见山，多次提醒

因为绝大多数普通人不知道应该如何与听障儿童说话，所以听障儿童要根据自身的实际情况，在每认识一个新朋友时，就告诉他用什么样的方式说话最适合自己，然后在说话过程中，不断提醒普通人，别忘了用这种方式说话，以保持交流的顺利进行。这样也能给那些和听障儿童说话时不知所措的普通人吃一颗定心丸。

(四)见机行事，适当打岔

交往时，当对方滔滔不绝、口若悬河时，你只要其中某一段内容听不懂，就可能造成对整个下文的不理解，这是听障儿童经常遇到的情况。这时，是打断别人说话好呢还是不去打断好呢？这确实是很难下结论的。这要根据对方是一个什么样的人、话说内容是什么和当时是什么样的场合等多种因素确定。

如果对方很乐意为你重复刚才的话，你就应该主动去打断他说话，否则人家会很扫兴，认为你不信任他，对他的话题不感兴趣；反之，最好不要打断对方。当对方说的话题是很重要的并且对你是很有用的，你就应该立刻打断他，请他再说一遍你没听懂的，以免错过吸收新知识的大好机会；当话题无关紧要时，你如果打断得太多，别人也会嫌烦。在正式场合中，是不能随便打断别人说话的；反之，在很随便的场合中，打断对方的话是完全可以的。总之，要知道，听障儿童因为听不见，才最有权利去打断。一般正常人都不会生气，反而认为这是很正常的事。

当然，在打断的时候，也要讲点技巧。比如，“停停！你再说一遍”和“请等一下，我没听懂，麻烦再说一遍好吗”这两句话，同样是打断，但效果却是截然不同的。有时用说话的方式打断会比较突兀，影响交流的气氛，那么可以事先和所有说话人商量好，自己听不清的时候用相应手势来提醒。比如，在嘴边用双手做成喇叭的手势表示希望说话人提高说话的音量；一只手慢慢地上下移动表示希望说话人说得慢一些。

(五)清楚自身情况，灵活使用各种语用策略

听障儿童在与普通人交流时，要清楚自己哪些没听懂，哪些音是自己说不准确的，然后主动使用各种语用策略，保证交流双方的信息都能完整准确地传达。语用策略很多，大概有 27 种。此处只介绍以下几种。

1. 重复策略

如果听障儿童完全没有听清楚别人说的话，可以很客气地说："请等一下，我没听懂，麻烦再说一遍好吗？"

2. 证实或者澄清策略

如果听障儿童只是某个地方没有听明白，就应该针对自己没有听清楚的那部分内容，进行证实或者澄清。因为在交谈时，不能总是要求对方重复，对方不一定有耐心整句重复。证实或者澄清比整句重复更好，一方面，普通人知道听障儿童在认真听，乐意回答；另一方面，采用证实或者澄清策略，便于普通人知道听障儿童没有听清楚的是哪个部分，以便重点说那个部分，让听障儿童听清楚，否则，普通人没有重点地重复一遍，听障儿童也许仍然听不清楚。

3. 要求说明与解释策略

听障儿童对不懂的字词，应该要求说明与解释，如应该立即提问："什么是废弃物呀？""什么是板凳呀？"家长在说明与解释时，可以做听觉描述："要丢弃、不要的物品，是什么？""和椅子、沙发一样，可坐在上面休息，但比椅子还小，是什么？"

4. 等待策略

适时等待听障儿童回应。家长与孩子说话或者互动时，记得要等一等，让孩子回应。等待的目的之一是自然而然地建立孩子与人沟通的基本概念，特别是对话的轮替概念，也就是你一言我一语，你说完话再换我说的概念。即便孩子的口语尚未发展成熟，孩子也可以用动作、手势等非语言的方式回应家长，沟通互动仍然是一来一往的。家长应让孩子知道自己也有表达的权利，使孩子感受到被了解。等待的目的之二是给予时间，鼓励孩子回应，让孩子思考自己应该如何说、怎么做，让沟通策略内化为孩子自己的能力，而非依赖成人的指示而动作。等待的方式通常是心中默数到十，稍微转向听障儿童或抬起眉毛，身体前倾，期待地看着孩子。让孩子有机会引发互动或投入某个活动。

听障儿童学会等待策略之后，就可以更好地和别人交流，知道别人说话时不能随便插话(当然自己没听明白除外)，知道自己说话时不能滔滔不绝地说个不停，要给予别人说话的机会。

5. 倾听策略

注意倾听是一种很重要的交流策略，当对方发现你没有注意听时，就不想再说了，

交流就中断了。因为听对于听障儿童来说非常累，有部分听障儿童坚持不了多长时间就不愿意继续听了，长期下来没有养成注意倾听的习惯。

这时候，可以通过玩扑克牌(只有注意倾听才能赢牌)等游戏方式促使听障儿童注意倾听，让其逐渐形成注意倾听的习惯。还可以设计一些情景，让听障儿童承担没有注意听的后果。听障儿童小明经常不注意听别人说话。有一天，小明的妈妈一改往日吃点心的习惯。平常点心是放在餐桌上的，吃完饭的人都可以吃点心，但今天妈妈特别说："今天的点心只有一份，只有最快吃完饭的人才能吃点心。"小明没有注意倾听妈妈在说什么，吃饭的速度很慢，妈妈就没给他吃点心，让他承担没有注意倾听的后果，促使他以后在别人说话时注意倾听。

一方面要求听障儿童注意倾听，另一方面家长也要注意倾听。当孩子发音不清楚，家长很难听懂时，更要注意倾听，千万不能因为听孩子说话费劲就不愿意听。这样的积极倾听也是在给孩子做榜样，让孩子学会注意倾听。只有这样才能让听障儿童在听不清健听人说话时，尽最大努力仔细倾听，促使交流进行下去。

6. 说问候语策略

在公园里，带着听障儿童和其他小朋友互动前，家长先示范礼貌问候："早安！你好!"再引导孩子说："姐姐，你好!"离开公园时，训练孩子主动与小朋友说再见。如果孩子还不能用口语说再见，可以让孩子用手语、摇手的动作表达再见。如果孩子已经有能力说再见和你好，家长就不要每次都提醒孩子："你跟姐姐说再见!"而应改成引导的方式，例如，"我们要走了，你要跟姐姐说什么?"让孩子形成主动说问候语的习惯。

7. 主动表达想法策略

在公园里玩游乐设施之前，要训练孩子主动表达需求的习惯。尽量要求孩子先表达，家长再协助。千万不要孩子还未表达，就满足其需求。如果孩子还不会用口语表达，可以询问孩子：要玩什么游乐设施，要抱上去玩吗，要求帮忙摇秋千吗？让孩子点头、摇头，或者用手指要玩什么，让孩子形成主动表达需求的习惯。

8. 了解隐含意义策略

听障儿童虽然能够表达自己的感觉和想法，但是仍然难以掌握人与人之间微妙的语言互动。比如，听障儿童很容易把玩笑话当真。最近，一位体型比较魁梧的听障儿童跟同学玩时用身体压住同学，老师出来打圆场："你把同学压坏了，要把你妹妹嫁给他当老婆哦!"明明只是一句玩笑话，听障儿童却非常认真，在座位上不断地流眼泪。老师只好赶紧向他道歉。这就需要家长在平时和孩子的沟通互动中，多输入一些包含隐含意义的话语，多和孩子开开玩笑，锻炼听障儿童了解隐含意义的能力。有的听障儿童的家长把包含隐含意义的话语专门收集起来教给听障孩子。

(六)教给听障儿童交往礼仪

交往礼仪很多，下面这些是常见的。

1. 尽力不发出影响别人的声音

听障儿童有时会发出一些声音(听障儿童自己听不到也意识不到)。在公共场所应力求避免从身体内发出的各种异常的声音。咳嗽、打喷嚏、打哈欠时，均应侧身掩面再为之。在与别人说话时，有些听障儿童只打手语不发声，有些听障儿童则不由自主地发声。发声者中有些声音较柔和，有些声音很刺耳但自己却毫无察觉。因此听障儿童需要把握好发音的场合，注意尽量避免发出刺耳的声音，特别是在重要集会或召开会议的场所应避免发出刺耳声。听障儿童在公共场所走路要轻；放东西、搬移桌椅等物品时要轻移轻放；电视机声音不要开得过大；开关门时要轻，不能用力撞门，也不能用力摔门；敲门的时候不能猛敲；敲完门后，不能直接推门进入，要等待对方来开门。

2. 说明适合自己的交流方式

手语族听障儿童随身携带一张小卡片，上面书写：“我是听障儿童。我不会说话，但能笔谈，希望能得到您的帮助，十分感谢!”这真诚的话语自然能拉近听障儿童与普通人的心理距离。

3. 打手语时不妨碍别人

尊重他人，不影响、妨碍他人是礼仪的根本原则。手语族听障儿童聚集在一起用手语交谈时，应特别注意不要大幅度打手语妨碍他人。比如，在路上遇到朋友用手语交谈时，不要影响其他行人和车辆；在展览馆聚集交谈时，不要影响别人观看展品；在影剧院与朋友交谈时，不要影响别人观看演出；等等。

4. 手语交谈要考虑别人的感受

听障儿童打手语时常需配合面部表情，以协助表达或强调手语中的含义。与会手语的人交谈时，还应注意谈话内容不要涉及疾病等不愉快话题；不谈对方不愿触及的问题，特别要注意避讳隐私；不用过多过于夸张的手势，更不能拉拉扯扯，拽着健听人不放，避免引起他人的误解。

5. 事先说明在手语交谈中是允许用手指着对方的

在一般的社交礼仪中，说话时不可用手直接指着对方，在说“你”时，最多也只是扬扬下巴表示。然而听障儿童手语中：“你。”表情平淡，配之以点头动作；“你?”嘴微张，眼睛睁大，眉毛挑起；“你!”嘴咧开，眉头皱起，眼睛略微睁大，眉毛略微上挑。以上三个手势皆是面对面直接指着对方说的，这是由手语视觉语言直观的要素决定的。因此听障儿童需要事先向对方说明在手语交谈中是允许用手指着对方的，以免引起对方的误会。

6. 引起对方注意的动作的幅度不宜过大

听障儿童喜欢用拍打对方的肩膀、胳膊或跺脚震动地板等方式引起对方的注意。在交流时，做此类动作时要轻柔，切忌力度、强度过大，导致对方感觉不舒服。

7. 手机短信要署名并注意礼貌用语

听障儿童收发手机短信也应注重用语的文明，要注意在信息末尾标明自己的名字。给领导、老师或长辈发信息时一定要使用礼貌用语“您”。

8. 交谈时表情要适当

人的喜、怒、哀、乐、恐惧、厌恶、蔑视等都是通过表情来传达的。表情中使用频率最高的是人的眼神和笑容。很多听障儿童都是通过眼神与别人交谈的。为了表示自己重视对方的谈话，在交谈时，应面带微笑注视对方，不要漫不经心或总看手表。切忌直勾勾地盯住对方、上下打量、左顾右盼。此外，微笑的听障儿童总是不容易让对方拒绝的，在交往中要多露点笑容。

9. 不要随便打断别人的讲话

听障儿童在与别人交谈时，注意不要随便打断别人的讲话或者不顾时机地插话。

10. 会议中不随意使用手语

听障儿童参加会议时，对会议上的发言要专注而认真地“倾听”，即专心地看字幕或手语翻译，不要左顾右盼，更不能旁若无人地在下面与他人用手语交谈。总之，专心致志地听讲，对发言人是一种尊重。

第四节 听力障碍儿童的性教育与婚姻教育

性与婚姻是人生的重要事情。然而，听障儿童的性教育如何开展、听障儿童的婚姻教育怎么做却没有被好好重视。本书选择几个主要的，和性教育、婚姻教育有关的内容，供家长参考。

一、听障儿童的性教育

(一)听障儿童性知识的缺乏

听障儿童对遗精、月经、性交、怀孕以及性卫生这些知识了解多少呢？

何文明的调查显示，不了解什么是遗精和月经的听障儿童的比例是73%(何文明，2005)，李彦群2013年调查出的比例是44.4%(李彦群、姚晓静，2013)，陆艳在2016年调查出的比例是46.3%(陆艳、邢明明，2016)；在何文明与陆艳的调查中认为遗精或月经对身体有害的听障儿童的比例分别是30%和29.3%。

2003年，代秀琴的调查显示，68.6%的听障儿童不知道胎儿在哪儿成长，75.4%的听障儿童不知道婴儿在哪儿出生，61%的听障儿童不知道女性会怀孕的原因，只有18.6%的听障儿童知道性交会导致女性怀孕。2005年，何文明的调查显示，83%甚至更多的听障儿童不知道女人是如何怀孕的。2005年，昝飞等人的调查显示，62.5%的听障儿童不知道自己是从什么地方来的。2013年，李彦群的调查显示，对于妊娠、卵子、子宫、分娩等词语，68.9%的听障儿童只听说过部分词语，而且对这部分词语的真正含义并不知道。2016年，陆艳的调查显示，对于“胚胎发育成熟的场所”正确的选择占46.3%(子宫)，有偏差的选择占53.7%(阴道和卵巢)。

2013年，李彦群的调查显示，66.7%的听障儿童认为没有必要清洗性器官，33.3%的听障儿童认为有必要清洗性器官。调查数据说明大部分听障儿童对性卫生的重视程度不够，没有意识到保持性卫生对身体健康的重要性。

上述调查结果表明，接近一半的听障儿童不了解什么是遗精和月经，大约1/3的听障儿童认为遗精和月经是有害的；大约2/3的听障儿童对性交和怀孕的知识不了解；大约2/3的听障儿童不重视性卫生。

一方面是大部分听障儿童对性知识的不了解，另一方面是大部分听障儿童渴望了解性知识。2005年何文明的调查显示，83%的听障儿童表示希望了解性知识，其中男生占74%，女生占94%。因此，关于遗精、月经、性交和怀孕的性知识，家长要在听障儿童青春期到来之前如实告诉听障儿童，让听障儿童有心理准备，避免听障儿童产生不必要的烦恼。

(二)如何开展听障儿童的性知识教育

1. 诚实回答听障儿童提出的性问题

当听障儿童向家长询问性问题时，家长要尽量如实回答，要直截了当，不要拐弯抹角，不要难为情。家长越是遮掩，听障儿童就越是好奇。听障儿童的好奇心在家长这里得不到满足，就会自己私下去寻找答案，而一旦找到不当信息，就可能会导致听障儿童误入歧途。回答听障儿童提出的性问题时，家长要尽量使用医学上通用的名称。例如，说月经的时候，直接说月经，不说倒霉、例假、生理期和大姨妈；说阴茎的时候，直接说阴茎，不说小鸡鸡、小弟弟等。家长和听障儿童交谈性问题时，尽量多使用直观图片和视频，发挥听障儿童的视觉优势，从而加深其对性知识的理解。

下述两个案例的就值得肯定。

案例一：小孩从哪里生出来？

儿童：小孩从哪里生出来？

父母：是妈妈生出来的。

儿童：怎么生出来？

父母：妈妈的子宫。那就是小宝宝住的皇宫。小宝宝住了九个多月，他长大了，要出来时，就会从妈妈的子宫出来了。

儿童：开刀把宝宝拿出来的吗？

父母：只有小部分人是这样，其他的宝宝都是从妈妈的阴道出来的。阴道的头连着子宫，它的出口就在妈妈的两腿中间、很靠近尿尿的地方(可以自绘简图配合说明)。

案例二：什么叫“性交”(或“做爱”)？

儿童：怀孕的人为什么肚子会大起来呢？

父母：因为有个小宝宝在她的子宫里慢慢长大了。

儿童：小宝宝怎么跑进妈妈的子宫里呢？

父母：是他的爸爸放进去的。

儿童：爸爸怎么样放进去？

父母：爸爸妈妈决定要更相亲相爱的时候，爸爸就把阴茎放到妈妈的阴道里。妈妈的身上有卵子，爸爸的身上有精子。精子从阴茎进到妈妈身体里面，就有机会和卵子结合。这全部的过程就叫“性交”(或“做爱”)。

儿童：爸爸妈妈什么时候做爱？

父母：当我们单独相处的时候。

儿童：我可不可以在旁边看？

父母：不可以。全世界的爸爸妈妈都希望他们做爱的时候不要被打扰。

儿童：我又不会吵你们！

父母：(温和而坚定地)还是不行。爸爸妈妈有时候会喜欢单独在一起。你长大以后也会这样的。

2. 听障儿童进行关于遗精的教育

关于遗精的知识，最好是由父亲与儿子做如下的交流。

(1)告诉孩子第一次遗精时的过程

每个男人到了一定的年龄都会有精液产生，精液会从尿道流出来。某一天，你会在早上醒来的时候发现自己的内裤有点黏黏的白色液体。这些精液是你在夜里睡着后流出来的，这就是遗精。这样的交流让孩子心理有了准备，一旦有遗精也不会感觉难堪和不知所措。

(2)告诉孩子遗精后的卫生常识

遗精后要换内裤，并要清洗生殖器，这样才能够保持生殖器卫生。如果不换内裤也不清洗，细菌很容易在精液上滋生，使生殖器受到感染。

(3)让孩子明白遗精是正常的

身体自然感到有性的压力而出现的遗精，是顺应了身体自然节律的遗精，只要不影响到生活、学习和工作，无论几次都是正常的。每个孩子的身体发育状况不同，所以每个孩子遗精的频率不一样。不要对孩子一味强调“遗精次数多了会伤身体”。这样不明不白的话语让孩子不知道如何判定自己的遗精次数是否“超标”，给孩子带来心理压力。父亲可以从自己的经验来谈身体有了性压力的感受是什么，让男孩更清楚地了解这种压力给自己带来的身体感受，帮助男孩接纳自己的这种性压力感受。这是孩子自我认知发展的重要环节。

(4)让孩子明白什么情况下的遗精对身心健康不利

通过看色情小说、色情视频、色情图片等方式来刺激身体的性冲动而引发的遗精，是违反身心节律的性行为，会对身心健康不利。

3. 关于月经和怀孕的教育

有的听障女生来了月经很害怕，不敢告诉老师和妈妈，躲在女厕所里和其他女同学一起商量怎么办。甚至有的听障女生在经期，下课时不敢去女厕所换卫生巾，怕被同学笑话，结果弄得裤子上、椅子上一团糟。家长必须教给听障女生月经的知识。有的听障女生两个月没有来月经，就惊慌失措，担心自己是否怀孕了。关于月经和怀孕的知识，最好由母亲和女儿交流，交流内容如下。

(1)要密切关注月经的情况

月经每个月来一次，每次持续3～7天。月经的情况和身体健康状况紧密相关，最好从第一次来月经开始，就准备一个小本子，专门记录月经的起始时间、持续天数、血液量(可以用每天使用卫生巾的条数来估算)，便于生病时，尤其是生妇科病时，供医生参考。

(2)要注意经期卫生

卫生巾要使用正规品牌的。要及时更换卫生巾以保持阴部干爽。每天换内裤，认真清洗阴部，保证阴部清洁。月经期间不能游泳，不干净的泳池水可能会导致盆腔炎。

(3)要知晓月经和怀孕是怎么回事

子宫——人类胎儿生长发育的地方，是作为母亲时才用的生殖器官。为了使新生命能在子宫中生长，子宫的内膜必须周期性地更新与变化。进入青春期的女孩，卵巢开始分泌两种激素，即雌激素和黄体酮(又称孕激素)，刺激子宫内膜产生变化。如果卵子在排出后未能受精，黄体就会慢慢萎缩。这时候，卵巢只能分泌小量的雌激素和黄体酮，使子宫内膜不能维持现状而剥落。血液与破碎的黏膜由子宫腔经阴道排出。

这就是月经的由来。

生命之神就是这样一次次地在子宫里耕耘、清理，等待着孕育生命的种子降临在这块松软潮湿的“土地”上。这样的周期在女性一生中反复400次左右，也就是说，一个女人一生要排出400颗左右的卵子。人与人之间又有差别。卵子可以存活48小时。在此期间，如果精子和卵子能够相遇就会形成受精卵，最后到子宫里去定居，这就是通常所说的怀孕的过程。

正常情况下，每一次排卵后如果未怀孕就会出现一次月经。通常育龄期女性判断自己有无怀孕的最简单的方法就是看是否停经。其原理很简单，上面讲过月经是子宫内膜的脱落，如果怀孕以后子宫内膜就不会再脱落了，血用于养胎儿，因此就会出现怀孕后停经的现象。

虽然怀孕后就会停经，但停经并不一定就是怀孕，也可能由众多疾病因素导致，因此千万不能把两者混为一谈。月经是健康女孩的首要标志，正常情况下应每月来一次。如果不来月经而且排除了怀孕的可能性，那就可能由妇科疾病所致，此时家长应带孩子到医院的妇科进行诊断治疗。

(4)要正确看待月经

家长要给孩子讲明白月经的血是干净的，不要认为来了月经就倒霉了。月经排出来的血与我们身体其他部位流出来的血是一样的，不是身体里的脏东西，但是血液会有一种轻微的气味。只要勤换卫生巾，而且注意清洗阴部，就不会有臭味。每个女人长大后都会来月经，妈妈也会，同学也会，但她们的身体上并没有发出臭味。

二、听障儿童婚前性行为的教育

2011年，毛荣建的调查显示，认为“婚前不能发生性行为”的听障学生仅占28.8%；认为“相爱或准备结婚就可以发生性行为”的占47%；还有10.6%的听障学生认为“即使没有相爱也可以发生性行为”。2015年，熊文琴的调查显示，30.5%的听障大学生表示在恋爱中有过性行为，其中男生占比为34.4%，女生占比为25.9%。这些数据说明听障学生对婚前性行为缺乏正确的认识，而且他们中有不少人因为控制不住性冲动而有了性行为。

女生的状况更加令人担心。2015年，熊文琴的调查显示，听障女生在性行为中的主动性呈现出“双增高”的趋势。一个增高是在恋爱关系中女生主动向恋爱对象要求发生性行为的比例增高，另一个增高是指在恋爱对象不愿意发生性行为时，女生坚持发生性行为的比例也增高了。

前述调查结果表明，大约2/3的听障儿童对性交和怀孕的知识不了解，不知道性交后可能会导致女生怀孕。笔者认为这是导致听障儿童对婚前性行为缺乏正确认识和敢于偷尝禁果的一个重要原因。家长要想让听障孩子真正明白结婚之前不能发生性行为，必须给孩子讲清楚相关的性知识。对于听障女生，家长更要花心思给孩子讲明白、讲透彻。

对于听障男生，父亲要明白地告诉孩子，遗精意味着男生的身体开始有了精子，如果与女生发生性行为，就可能会使女生怀孕。对于听障女生，母亲也要明白地告诉孩子，月经意味着女生的身体开始有了卵子，如果与男生发生性行为，自己就可能怀孕。不论是男生还是女生，都要对生下的宝宝负责，要把宝宝抚养大。但是自己还未成年，还没有工作，也没有经济收入，拿什么来抚养宝宝呢？既然没有抚养宝宝的能力，就只能打掉胎儿。打胎对女生子宫有很大伤害。如果打胎操作得不好，有可能会导致女生以后很难怀孕。女生长大了想要做妈妈的时候却再也不能怀孕了。女生要懂得保护自己；男生要对女生的一生负责，要保护好女生。

三、听障儿童避免遭受性侵犯的教育

(一)听障儿童尤其容易遭受性侵犯的原因

听障儿童用身体接触进行交流。比方说，为了获得某人的注意，听障儿童可能认为别人的触摸是没关系的，即便事实上不是这样的。

比起普通儿童，听障儿童得到的信息少，但是他们和普通儿童一样充满好奇。他们可能被隔离或感到孤独，这使得他们更容易成为性侵犯者的猎物。

很少与人交流的听障儿童可能学会了按别人的要求行事而不问为什么。

沟通技巧有限的听障儿童可能不能完全理解家长对他说的安全事项的全部含义。

有限的沟通技巧也使得听障儿童更难把受到虐待的事情告诉别人。2013 年，李彦群的调查也显示，在假设听障学生遇到性侵害时，66.7%的听障学生不会告诉他人，只有 0.3%的听障学生会选择报警。某些人可能正因为知道听障儿童不能把遭受的经历告诉他人，才侵犯他们的。听障儿童可能只能和他们的家人或照顾他们的人交流。如果施暴者也是家里的成员，或者是照顾他们的人，那么这个孩子可能就更不敢告诉其他任何人了。

(二)帮助听障儿童了解有关性侵犯的知识

1. 多种手段相结合向听障儿童讲清注意事项

听障儿童更容易理解眼睛见到的事。手语、肢体动作、面部表情、图画卡片、木偶展示和角色游戏，能够帮助家长教听障儿童如何远离性侵犯。家长要试图帮助听障儿童理解如下注意事项。某些接触是不可以的。握手可以，拥抱也许可以，但是触摸性器官是不可以的，把阴茎放到孩子嘴里也是不可以的。如果听障儿童身上发生了其不喜欢的事，让听障儿童一定要告诉家长。如果有人试图以性的方式摸听障儿童，听障儿童可以拒绝。

“私人的”“秘密”“信任”“安全”等这些概念以及这些概念的手语很难解释给听障儿童，但是家长必须一遍遍地给孩子解释这些概念。家长可以用不同的手势、肢体动作、图画和词语向孩子解释，直到孩子懂了为止。和孩子一起表演这些情景，或者使用木偶、图画尽可能多地向孩子展示这些概念。

2. 学习一些关于性侵犯的手语，和孩子更好地交流

与性侵犯有关的词汇包括身体、私人的、摸、秘密、帮助、伤害、暴力、好的、坏的、阴道、阴茎、性、强暴。家长应该学会这些词汇的手语，便于更好地和听障孩子交流什么是性侵犯以及怎样避免遭受性侵犯。

3. 帮助孩子指认和描述侵犯者

家长要告诉孩子生活在他们周边的人的手语名字；让孩子注意人的长相和地点的特征，并和孩子交流这些观察；教孩子一些描述性语言，如高、矮、多毛、胖、瘦等。当孩子可以描述一个人时，他就能描述侵犯者了。

给周围每个人起一个手语名字是帮助听障儿童指认和描述侵犯者的好办法。非洲赞比亚的一个听障中心提供了这样一个案例。一个 6 岁的听障女孩被人强暴了。警察问她是谁强暴了她。她说不出来。原因之一就是她没有周围每个人的手语名字。父母为孩子生活中所接触到的每个人都起一个手语名字。这样的话，不管是谁伤害孩子，都会被指认出来并受到惩罚。

四、听障儿童的青春期教育

10 岁或者 11 岁时，青春期开始来临，孩子们开始形成一种新的自我意识，并开始体验友谊的魅力。他们更多的是通过与伙伴间的相互影响，而不是与父母的接触，来体现自身的价值和地位。一些女生开始意识到男生的存在，与男生结伴进进出出。就连与海丝·怀特斯通从二年级起就亲密无间的知心朋友克劳迪亚也不例外(葛雷，1997)。这不免使海丝感到有些孤单，她比从前更体会到自己与其他孩子之间的差别。海丝有一天哭着对她妈妈说：“男孩子不喜欢我，不想和我做朋友，因为海丝与别人不一样，海丝听不见。”她妈妈对她说：“我们所有人都不是完全一样的，你班里的每个孩子也不一样。任何一个人都不可能十全十美，我们自己和周围的人都有残疾或者缺陷。比如，有的人听不见，有的人看不见，还有些人腿瘸不能跑。我们中还有许多人的残疾或者缺陷是别人看不见的。比如，我们也许会自私自利，对别人缺少爱，刻薄吝啬。如果你们班有人仅仅因为你听不见，就不喜欢你，不想和你做朋友，这正表明了他们的残疾之处。这种残疾比起不能像常人一样听见声音的那种缺陷，更加严重。”海丝这个案例体现了听障儿童到了青春期和其他孩子一样渴望异性的友谊，希望有异性喜欢

自己。当遇到挫折时，听障儿童容易把异性不喜欢自己的原因归结于自己的耳聋。海丝的妈妈对她的教育非常值得听障儿童的家长学习。

五、听障儿童的恋爱教育

早恋，也叫作青春期恋爱，指的是未成年男女建立恋爱关系。2015年，熊文琴的调查显示，听力障碍高职大学生初恋发生较早，31.5%的女生和23.5%的男生初恋发生在18岁之前。早恋常常以失败告终。2009年，杨云娟对天津理工大学某学院听障大学生的调查结果证明了这一点。该院听障大学生在初中、高中、大学期间有过恋爱经验的比例达到66.0%，但是大学期间有恋爱对象的学生比例较低，只有16.3%，低于同一时期天津理工大学普通学生恋爱交友的比例(43.8%)。早恋会影响青少年的身心健康和学业成绩。家长发现孩子有早恋倾向时要及时与孩子交流，讲明早恋的危害和婚姻的责任。一位父亲曾经这样对早恋的儿子说："你想想看，一个男人没有经济基础，不能为他的爱人提供必要的物质保障，如果你是女孩，你会怎么看待这样的男人？儿子，我告诉你，我一直认为一个男人，如果不能自食其力，哪怕他到了40岁甚至50岁都不配谈恋爱。"(昕悦，2010)

在姚登峰上大学期间，有好几个女孩追求他。他已经上大学了，算不上早恋。其母亲对他的恋爱教育很值得听障儿童的家长学习和借鉴。姚登峰的母亲给他写了一封很长的信，限于篇幅，笔者在此仅呈现几小段内容："你被几个女孩追求，说明你有很多可爱之处，妈妈为此感到欣慰。""更难得的是，在健听人群的竞争中，你赢得了女孩的芳心。她们是在了解你的情况下，不计较你身体的缺陷，而被你的容貌、气质、才华、品质、能力和成绩等方面所吸引，这是对你的全面认可和赏识。""你要有思想准备。虽然现在是女方追你，随着时间的变化，她会不会有变化？她家里的人同不同意？如果她家里反对，她对你的感情是否坚定？你们相处后，你和她志趣是否相投？事情不一定全是向好的方向发展，对这些要有足够的思想准备。""你说目前没有时间和精力谈情说爱，最好能做一般朋友，今后的发展顺其自然。如果过早交女朋友，只会让自己被动，况且你对她也并不完全了解。再过几年，你们工作稳定了，也更成熟了，选择的正确性就大一些，成功和幸福的把握也大一点。""你同学不是因为恋爱，精力分散，成绩一落千丈吗？更有甚者，有的本来很优秀，恋爱后整日陶醉在绵绵的爱情之中，过早地过起小家庭生活，无心学业，双方没能学到生存发展的本领，最终还是含泪分手。还有的因一时感情冲动，丧失理智，造成了终生遗憾。"(姚登峰、杜在新，2017)除了给听障孩子讲上述道理，家长平时就要多关爱听障孩子。如果孩子是手语族，家长要学习手语和孩子深入交流，减少听障孩子从同学那里寻求感情安慰而发展成早恋的机会。这是最关键的，比任何教育措施都有用。

六、听障儿童的婚姻教育

(一)听障人士的婚姻组合模式

听障人士的婚姻组合模式有如下三种：听障人士和听障人士、听障人士和健听人、听障人士和其他类别的残疾人。2007 年，高蕾的调查显示，86.4%的听障人士与听障人士结婚，仅有 13.4%的听障人士与健听人结婚。手语族听障人士多数和手语族听障人士结婚组合家庭。听障人士社群中约 90%的成员与同群体的其他成员结婚。口语族听障人士的婚姻组合情况比较复杂。部分与手语族听障人士结婚，部分与口语族听障人士结婚，部分与健听人结婚，部分与其他类别的健听残疾人结婚。

(二)听障人士的择偶教育

听障人士的上述种种婚姻家庭模式是否适合听障人士的情况，最根本的就是看夫妻双方的语言沟通是否顺畅。听觉障碍对于听障人士的最大影响就是语言沟通，而婚姻生活中，夫妻之间需要深入沟通。语言沟通是否顺畅是第一位的，它关系着婚姻生活的质量。因此听障人士择偶时首先要考虑的是双方的语言沟通是否顺畅。

听障人士择偶也有几种不同的组合模式。第一，手语族听障人士与手语族听障人士的组合模式。如果自己的孩子是手语族，家长应该赞同并支持孩子与手语族听障人士结婚。会手语的双方都使用手语交流。这样的交流是最自然最轻松的，能够使交流变得很顺畅、很充分、很深入。第二，口语族听障人士与健听人的组合模式。如果自己的孩子是口语族，孩子又想与健听人结婚。家长应提醒孩子恋爱时注意如下方面。正视自己的听说沟通障碍，清楚意识到自己与健听恋人沟通时可能会出现沟通不畅的问题。谈恋爱之初，就要向健听恋人坦承自己的耳聋，在整个恋爱期间始终要多多考察健听恋人是否能够容忍自己说话不清晰、不能接听电话、嘈杂环境听不清话，取了助听设备之后发出的声音比较大等问题；是否有足够的耐心重复自己说的话；与自己的沟通是否顺畅；面对沟通不顺畅时，能否积极寻找办法解决。第三，手语族听障人士与健听人的组合模式。如果手语族听障人士和健听人谈起了恋爱，家长要提醒孩子多考察对方是否真心喜欢自己。如果对方确实是真心喜欢，而且手语水平非常高，能深入交流，就可以把这段感情继续下去。家长可以和孩子一起阅读相关的文章，了解这样的聋听结合会面临哪些问题，以及相应的解决办法。比如，杨华撰写的《我嫁给了聋人》以及罗雪松撰写的《父母的婚姻观》分别对男性听障人士与健听女性、女性听障人士与健听男性的婚姻经验进行了阐述。他们相信“爱情催生勇气面对困难”“生活需要经营”“婚姻就像是一份合伙经营的产业”，只要坦然自若地迎接平淡的生活、享受平淡的幸福，懂得知足常乐，就能掌握自己手中的幸福。第四，口语族听障人士与手语族听障人士的组合模式。还有一种情况，经过艰苦的听力口语训练成功的口语族听障人士，学会了手语之后，愿意和手语族听障人士结婚。这种情况，口语族听障人士的家长开始时可能会不赞同，觉得自己的孩子好不容易能听会说了，最后却要和使用手语的听障人士过一生。家长可以从孩子的角度去思考，孩子虽然听力口语康复成功，但是与健听人之间的听说沟通还是很累的，还是有障碍的。用手语这种视觉语言与听障人士沟通非常轻松自然。家长还可以学习使用手语和孩子及其配偶交流。

(三)听障儿童的婚姻教育

听障人士的离婚率比较高，有研究者通过对 194 名已婚听障人士调查发现，离婚的占 21.1%，高于同一时期全国比例(11.4%)。对于“什么是结婚”这一问题，有研究表明，只有 36.5%的听障学生知道结婚要先登记注册，得到法律的认可；34.8%的听障学生认为两个人相爱在一起就是结婚；高达 21.2%的听障学生不知道结婚的具体含义；还有 7.6%的听障学生认为结婚就是举行典礼、在一起生活等。看来，大部分听障学生对结婚的看法比较浅，只看到婚姻的表面，没有看到婚姻的实质，没有看到恋爱和婚姻的差别。这也是导致听障人士的离婚率比较高的一个原因。

家长应该和听障儿童交流如下内容。结婚不是一件简单的事情。结婚是要登记注册的。只有登记注册了，婚姻才能得到法律的认可，才能受到法律的保护。婚姻不只是夫妻两个人相爱就行，还包含着彼此之间的诸多责任和义务：夫妻相互抚养的义务；对双方父母赡养的义务；计划生育的义务；保护与教育未成年子女的义务等。婚姻和家庭需要用心经营。婚姻和恋爱是有差别的。恋爱的时候彼此看什么都顺眼，结婚之后可能看什么都不顺眼了，会发生不少冲突。产生冲突最常见的原因是两个人不同的生活习惯。生活习惯是在各自的原生家庭中自小培养起来的。既然是习惯，当然是不知不觉就做出的事或者说出的话。夫妻两人生活在一起之后，小小的习惯差异也会显得十分尖锐。这就需要夫妻共同面对问题，共同调适；需要夫妻高高兴兴地接纳配偶与自己不同的地方；需要夫妻之间经常好好沟通并适当调整自己的行为。

(四)家长鼓励成年听障子女参加相亲活动

据调查，听障人士的恋爱对象是以同学为主的，50%的听障人士的配偶是自己的同学；同事也是听障人士恋爱的主要对象，17.5%的听障人士与同事结为夫妻；21.1%的以相亲为结识途径并结为夫妻；1%的听障人士的婚姻是由父母包办的。此数据说明听障人士的社交面狭窄，寻找配偶的机会少。

相亲大会为听障人士婚姻搭建了平台，其中影响最大的是全国听障人士相亲节。该活动是由中州大学(现郑州工程技术学院)特殊教育学院院长孟繁玲发起的，自 2013

年 12 月 12 日由原中州大学特殊教育学院指导创办，至 2018 年年底已经成功举办了九届，吸引了来自 25 个省市区的 3000 余名听障人士参加，最终有 150 对听障人士当场牵手成功。随着近几年网络征婚平台的发展，有些公司还专门举办听障人士征婚专场。诸如此类的相亲活动打开了听障人士的社交圈。父母要鼓励成年听障子女多参加这样的相亲活动，扩大社交面，增加寻找合适配偶的机会。

本章小结

本章在宏观上论述了听力障碍家庭教育的内容、方法和途径后，详细介绍了听力障碍儿童听能训练、言语训练、语言训练和手语学习的内容，进而对听障儿童的交往训练，包括和谁交往、交往什么、怎么交往、交往能力的培养途径与方法进行了详细介绍，最后对有关的性教育和婚姻教育等进行了介绍。

复习思考题

1. 听力障碍儿童的听能能改变吗？为什么？
2. 听力障碍儿童的言语听能训练主要训练什么？
3. 听力障碍儿童的言语训练主要训练什么？
4. 听力障碍儿童的交往能力的培养主要有哪些内容？
5. 在听障儿童的交往能力的培养上要注意什么？
6. 怎样开展听障儿童的性教育？

本章阅读书目

(一)推荐拓展书目
1. 刘全礼．特殊教育导论．北京：教育科学出版社，2003.
2. 刘全礼．特殊儿童的家庭教育．天津：天津教育出版社，2007.
3. 刘全礼．残障儿童的早期干预概论．天津：天津教育出版社，2007.
4. 雷江华．听觉障碍学生唇读的认知研究．北京：中国社会科学出版社，2009.
5. 中国聋儿康复研究中心．聋儿家庭康复教材．北京：华夏出版社，1993.
(二)补充读物
1. 刘全礼．临床家庭教育学导论．天津：新蕾出版社，2008.
2. 刘全礼等．实用聋校问题教学法．长春：东北师范大学出版社，2016.

3. 姚登峰，杜在新．登峰——从无声世界走来的清华博士．北京：中国社会出版社，2017.

4. 国家基础教育实验中心．中国家庭子女教育——特殊儿童家长读本．北京：中国法制出版社，2000.

5. 刘全礼．特殊教育专业概论——我国特殊教育教师职前培养的问题与对策研究．北京：中国轻工业出版社，2016.

本章主要参考文献

1. 林宝贵．听觉障碍教育理论与实务[M]．台北：五南图书出版股份有限公司，2006.

2. 林桂如．以家庭为中心的听觉障碍早期疗育：听觉口语理论与实务[M]．台北：心理出版社，2014.

3. 刘金花．儿童发展心理学(第三版)[M]．上海：华东师范大学出版社，2013.

4. 孟繁玲．聋人与社会[M]．郑州：郑州大学出版社，2010.

5. 昕悦．子女性教育有方(2版)[M]．北京：中国纺织出版社，2010.

6. 袁洋，朱湘枝．听障儿童听觉言语训练五大领域康复教学游戏活动集．听能发展[M]．武汉：华中科技大学出版社，2018.

7. 姚登峰，杜在新．登峰——从无声世界走来的清华博士[M]．北京：中国社会出版社，2017.

8. 张宁生．听力残疾儿童心理与教育[M]．大连：辽宁师范大学出版社，2002.

9. 张宁生，李玉影．听力障碍儿童心理与教育[M]．郑州：郑州大学出版社，2018.

10. 中国聋儿康复研究中心．聋儿家庭康复教材[M]．北京：华夏出版社，1993.

11. 陈帼眉，冯晓霞，庞丽娟．学前儿童发展心理学[M]．北京：北京师范大学出版社，2013.

12. [法]游顺钊．手势创造与语言起源：离群聋人自创手语调查研究[M]．游顺钊，译．北京：语文出版社，2012.

13. [美]达芙妮·葛雷，[美]格雷格·刘易斯．无声世界的骄傲——'95美国小姐海丝·怀特斯通[M]．康蕊，等译．北京：华夏出版社，1997.

14. 梅芙生．聋教育，我有话要说[M]．北京：中国轻工业出版社，2015.

15. [日]金山千代子．从零岁开始的聋儿家庭指导[M]．汪建成，陈淑云，编译．北京：华夏出版社，1999.

16. [美]桑迪·尼尔曼，[美]德沃尔·格林斯坦，[美]达琳·戴维．聋童早期教育指南：家庭和社会共同帮助听障儿童成长[M]．吴安安，译．南京：江苏教育出版社，2009.

17. 陈淑云．让听障儿童轻松学发音[M]．南宁：接力出版社，2017.

18. 陈雅蓓．漂亮女儿：一个失聪儿母亲的成功教育[M]．上海：文汇出版社，2002.

19. 刘全礼．智力落后儿童的特点与教育纲要[M]．天津：天津教育出版社，2008.

20. 张宁生．残疾人高等教育研究[M]．沈阳：辽宁人民出版社，2000.

21. 高宇翔．无声世界：中国聋人史略[M]．郑州：郑州大学出版社，2018.

22. 贺荟中．听觉障碍儿童的发展与教育[M]．北京：北京大学出版社，2011.

23. 胡萍．善解童贞2——6～13岁孩子的性发展与性教育[M]．南宁：广西科学技术出版社，2011.

24. 姜广平．重塑生命——一位父亲与聋女的双重奇迹[M]．北京：北京出版社，2001.

25. 江汉声，晏涵文．性教育[M]．北京：中国青年出版社，2004.

26. 雷江华．听觉障碍学生唇读的认知研究[M]．北京：中国社会科学出版社，2009.

27. 李慧聆．听力残疾儿童随班就读工作手册[M]．北京：华夏出版社，1993.

28. 万选蓉．一个母亲和聋孩子走过的路[M]．李慧聆．听力残疾儿童随班就读工作手册．北京：华夏出版社，1993.

29. 周婷婷．墙角的小婷婷[M]．海口：南海出版公司，2006.

30. 刀维洁．如何让聋儿学会聆听[J]．中国听力语言康复科学杂志，2005(3)：57-61.

31. 高慧．呼和浩特市听障儿童家庭亲子沟通现状的调查研究[J]．内蒙古师范大学学报(教育科学版)，2014(12)：65-67.

32. 高蕾．聋人婚姻质量的社会学研究——对武汉市江汉区聋人的实证研究[D]．武汉：华中农业大学，2007.

33. 贺利中，易立新．汉语重度听障儿童与其健听母亲语用交流行为之比较研究[J]. 教育理论与实践，2012(33)：43-45.

34. 何文明．聋生性教育调查与思考——以湖南省株洲聋校为例[J]. 中国特殊教育，2005(6)：32-34.

35. 蒋丹林．W 市聋生家庭教育现状调查及对策研究[J]. 绥化学院学报，2011(6)：33-36.

36. 郎倩倩．基于 iPad 软件对聋儿口语沟通的干预研究[J]. 重庆：重庆师范大学，2018.

37. 李昌亚，师国军，赵厚育．影响语前聋患儿人工耳蜗植入术后前语言交流能力的因素分析[J]. 听力学及言语疾病杂志，2017(4)：415-418.

38. 李彦群，姚晓静．邯郸市聋校性教育现状调查[J]. 河北民族师范学院学报，2013(3)：97-101.

39. 梁巍．听觉训练[J]. 中国听力语言康复科学杂志，2005(1)：62-63.

40. 刘俊飞，许梦杰，杨亦鸣．聋童早期语言干预：究竟是口语还是手语[J]. 南京师范大学文学院学报，2018(3)：10-16.

41. 龙墨，龙江．家长在聋儿接受人工耳蜗植入过程中的作用[J]. 听力学及言语疾病杂志，2003(3)：219-220.

42. 陆艳，邢明明．聋生性教育的现状调查与分析——以铜仁市特殊教育学校为例[J]. 教育现代化，2016(36)：211-212.

43. 毛荣建，栾涛．听障学生青春期性心理现状调查[J]. 中小学心理健康教育，2011(1)：12-15.

44. 熊琪．高等融合教育背景下听障大学生与健听人的人际关系研究[J]. 武汉：华中师范大学，2014.

45. 熊文琴．聋人高职大学生恋爱情况的调查与分析——基于 S 学院的调查[J]. 现代特殊教育，2015(8)：50-55.

46. 杨云娟．残疾人大学生校园教育状况研究——天津市聋人大学生的生活调查与思考[J]. 中国轻工教育，2009(2)：82-84.

47. 昝飞，刘青．聋生性知识来源及青春期教育现状调查[J]. 中国特殊教育，2005(3)：8-11.

48. 张静，苏娟，王铭歆，等．单侧人工耳蜗植入聋儿声电双模式下听觉康复效果分析[J]. 临床耳鼻咽喉头颈外科杂志，2016(22)：1774-1777.

49. 赵庆春．对 19 名农村新入学聋儿家庭交往及家庭手势的调查研究[J]. 中国听力语言康复科学杂志，2006(6)：42-46.

50. 郑璇．中国手语的语言地位(I)[J]. 听力学及言语疾病杂志，2009(6)：578-581.

第四章

智力障碍儿童的家庭教育

导　读

智力障碍儿童的家庭教育在内容、方法、途径和其他类别障碍儿童的教育有区别吗？智力障碍儿童的智力该如何培养？他们的生活能够自理吗？该如何培养他们的生活自理能力？他们能结婚吗？如果能的话，家长应该如何教育才能使之具有承担婚姻的知识和能力呢？

学习目标

1. 了解家长在智力障碍儿童教育中的作用、家长参与智力障碍儿童教育的模式、家长如何参与智力障碍儿童教育等。

2. 明确智力障碍儿童家庭教育的目标、内容和应注意的问题。

3. 掌握智力障碍儿童智力教育、生活自理教育和婚姻家庭教育的内容和方法，并能够指导家长开展工作。

学习重点

1. 明确智力障碍儿童家庭教育的可行性和可操作性。
2. 明确智力障碍儿童的可教育性。
3. 掌握智力障碍儿童智力教育的内容与方法，并能用于实践。
4. 掌握智力障碍儿童生活自理教育的内容与方法，并能用于实践。
5. 掌握智力障碍儿童婚姻教育的内容与方法，并能用于实践。

学习难点

1. 教育家长教育是有效的。
2. 掌握智力障碍儿童智力教育的内容与方法，并能用于实践。
3. 掌握智力障碍儿童生活自理教育的内容与方法，并能用于实践。
4. 掌握智力障碍儿童婚姻教育的内容与方法，并能用于实践。

第一节 智力障碍儿童的家庭教育概述

一、家长在智力障碍儿童教育中的作用

家长是儿童的第一任老师，也是儿童最好的生活老师。家长在智力障碍儿童教育

中的作用是任何其他人都不能代替的，他对儿童的终身教育具有奠基作用。学龄前的智力障碍儿童的大部分时间是在家庭中度过的，此时儿童的家庭教育主要以生活教育为主，使儿童养成良好的生活习惯、学习习惯及获得与他人交往的一些技能和技巧。在儿童进入学龄阶段后，家长除了根据儿童的实际情况进行必要的生活自理能力等的训练外，还要配合学校对他们进行文化知识的教育与辅导以及针对儿童的缺陷进行缺陷补偿和技能训练。家长在智力障碍儿童教育中的作用具体说来主要体现在以下几个方面。

首先，家长在家中对儿童进行家庭辅导和训练。要想使家庭教育取得好的效果，不管是在学龄前、还是在学龄期家长都必须根据儿童身心发展特点及他们的兴趣、爱好、特长，在家中对儿童开展有的放矢的教育与训练。学龄前的教育训练主要为儿童将来进入学校学习奠定基础。学龄期的教育训练则根据儿童实际情况进行：轻度的智力障碍儿童以文化知识的学习为主，以生活自理能力训练、缺陷补偿等为辅；中度以上的智力障碍儿童则以缺陷补偿与生活自理能力等的训练为主，文化知识的学习更多的是服务于技能的训练，围绕各种技能训练来组织知识的学习，即学习与技能训练相联系的有关文化知识。

其次，家长是儿童积极学习、完成学校教育目标的有力支持者。智力障碍儿童的教育目标的完成单纯依靠学校和教师很难实现。它离不开家长的支持与帮助，必须依赖家校的有机配合。离开家长的支持，完成教育目标将会成为一句空话。

再次，家长是参与学校教育的决策者。家长可参与学校的课堂教学及各项教育训练与活动，包括：参与对儿童的评估鉴定；参与对儿童个别教育（训练）计划的制订与实施等。同时家长又是家庭与学校的积极合作伙伴，是儿童与学校的联络者、协调者，家长起媒介和桥梁作用。通过家长的作用将家庭和学校密切联系在一起，使之成为不可分的一个整体。

最后，家长是学校教育与帮助的接受者。家长要想在家中对儿童进行更好的教育训练同样离不开学校和老师的支持与帮助，特别是家长要通过各种渠道从学校和老师那里学习教育训练的知识、技能与策略、方法，以便使教育训练更有针对性，从而达到最佳训练效果。

二、家长如何参与智力障碍儿童教育

（一）学校要提高家长的参与意识和能力

学校为提高家长的参与意识和能力，调动他们参与家庭教育及学校教育的积极性、主动性和能动性，要通过定期举办家长培训班、经验交流会等形式来进行。

(二)家长主动与学校联系，共同探讨教育问题

家长应通过多种方式主动与学校联系，及时了解孩子在校情况并将其在家中的表现向老师反映，以便共同探讨有关教育问题。联系方式有：电话联系、书面联系、家访校访、定期通知单、学期亲师会议、儿童作品成果展示等。

(三)家长要为儿童设置切实可行的教育训练计划

家长特别是父母是儿童教育的最佳合作伙伴，是儿童最信任的人。家长应根据儿童的爱好特长、发展特点选择最适合儿童的教育内容、教育模式和教育方法，设置切实可行的教育训练计划，促使其获得最大限度的发展。

(四)家长参与学校的教学活动

家长要参与学校的教学活动包括课程安排与设置、教学活动安排、听课、上课、出行、班级管理等。家长可以提出自己的建议和看法，共同决策。

(五)家长与学校之间建立组织

第一，家长协会。在学校的指导下，家长之间可自愿组织成立家长协会，让协会成员代表家长参与学校的教学设计和教学训练；同时家长之间也可通过协会活动达到互相交流、共同促进、共同提高的目的。

第二，家长会。学校可定期组织家长召开主题会议，在讨论儿童教育训练过程中存在的问题及采取的对策的同时，加强家长彼此之间的沟通与交流。

第三，家长学校。学校可通过成立家长学校的方式，定期对家长进行特殊教育业务培训。

第四，工作坊。家长之间可根据彼此的兴趣爱好、特长以及儿童自身的需求等情况成立各种工作坊。工作坊要围绕主题定期开展活动，相互交流，共同思考和探讨相关问题。

三、家长参与智力障碍儿童教育的模式

世界各国特殊需要儿童家长(包括智力障碍儿童家长)参与儿童教育的模式都经过了从袖手旁观、较少参与到积极主动参与的过程。家长参与儿童教育的模式由低级到高级概括起来主要有以下四种模式。

第一，专家模式。这是家长参与教育的传统模式，也是最初的一种参与模式。这里的“专家”是指学校的教师。教师在教育训练中起决定作用，家长作为一名旁观者基本

上不参与儿童的教育训练。这种模式不利于教师与家长之间建立起真正的合作关系。

第二，移植模式。该模式通过教师与家长之间的信息交流与反馈，让家长参与到儿童的教育中来。教师将教育训练的技能技巧传授给家长，对家长进行指导培训，充当家长顾问，为家长提供咨询与帮助；同时从家长那里获取反馈信息，即家长为教师提供有关儿童的个人发展史、病史及家庭生活等信息资源，为儿童诊断、鉴定及教育安置等提供参考资料与依据。

第三，消费者模式。该模式将家长作为教育消费者。家长具有自由选择学校等的权利。教师仅仅向家长提供咨询指导与建议，具体是否采纳则由家长说了算，家长具有最后的决定权。

第四，协商模式。在该模式下，教师与家长在儿童的教育训练中存在不同看法、观点等问题时，需要双方共同协商、相互沟通。通过交流看法，达成一致意见，共同教育儿童。这不仅要求家长有参与教育的强烈愿望与要求，更需要具备一定的能力；同时对教师也提出更高的要求，要求教师要以更加开放的态度、胸怀和高度的热情来接纳和欢迎家长的参与。

目前我国的家长参与儿童教育的模式基本停留在第一、第二种上。

四、智力障碍儿童家庭教育的目标和内容

(一)智力障碍儿童家庭教育的目标

一般而言，通过对智力障碍儿童进行教育训练，主要完成以下四个方面的家庭教育的目标：一是促进智力障碍儿童身体的健康发展；二是提高智力障碍儿童的心理发展水平，促进他们的心理得到和谐、健康的发展；三是使智力障碍儿童的潜能得到最大限度的开发，能够较好地适应个人生活与社会生活；四是使智力障碍儿童能够遵纪守法，做一个合格的公民。

(二)智力障碍儿童家庭教育的内容

智力障碍儿童进行家庭教育包括矫正他们的缺陷和不良行为，帮助他们养成良好的生活习惯，同时对他们进行一定的文化知识教育及成家立业相关知识辅导，从而获得良好的社会需要的行为，为将来更好地走向社会奠定基础。具体说来，智力障碍儿童的家庭教育应包括以下内容。

第一，矫正儿童的不良行为，塑造社会需要的良好行为。智力障碍儿童都或多或少存在着一些不良行为。对于这些不良行为，家长应该根据社会道德规范要求加以矫正，同时使他们形成良好的社会认同的各种行为。

第二，围绕补偿儿童的身心缺陷选择教育训练内容。对儿童进行基本的感知能力、运动能力、语言理解与表达能力、生活自理能力、交往能力等训练，以补偿他们的心理缺陷及提高他们的社会适应能力和水平。

第三，养成良好的生活、学习习惯和方式。通过对儿童进行生活自理能力训练、良好的学习习惯训练、学习方式的训练等，使他们养成良好的生活、学习习惯和方式。

第四，文化知识的辅导及相应的学习能力的训练。根据儿童认知发展水平和能力对儿童进行一定的文化知识的辅导，同时使他们掌握一定的学习技能和技巧，为自主学习、终身学习奠定基础。

第五，成家立业相应知识的教育。对智力障碍儿童进行成家立业相应知识的教育，是对他们进行家庭教育的必不可少的内容，对他们将来的家庭生活起着重要作用。婚姻教育、理财教育、生儿育女教育、家庭关系处理教育、家庭义务教育等都是他们应该要了解和掌握的知识。

(三)智力障碍儿童家庭教育训练内容的选择

首先，依据儿童将来适应社会生活、走向自立的基本需要来选择。根据儿童的实际及教育培养目标的要求，重点进行一些基本能力和良好的个性品质方面的教育训练。这些内容包括：基本的感知觉和运动能力的教育训练，基本的语言和交往能力的教育训练，基本的生活自理能力的教育训练，简单劳动技能的教育训练，勤劳、有礼貌、遵纪守法等良好道德品质与习惯的学习与培养，情绪稳定、自尊心、自信心、责任心等良好个性品质的培养等。其次，依据儿童自身发展的可能性及规律进行选择。最后，对不同程度智力障碍儿童要选择不同的教育训练内容。如前所述，对轻度智力障碍儿童要以教育(科学文化知识)为主，以训练为辅；对中、重度以上智力障碍儿童要以基本生活自理能力训练及缺陷补偿为主，以教育为辅。

五、智力障碍儿童家庭教育的方法

智力障碍儿童家庭教育常用的训练方法有以下几种。

第一，游戏法。玩耍和娱乐是智力障碍儿童开发智力的第一位有效的方法。家长将教育训练的内容与游戏和娱乐紧密结合，寓教于乐，寓训于乐，使儿童在玩中学、做中学。以训练倒水为例，家长就可通过以下游戏方法进行。具体做法为：发给儿童一个茶杯(最好是塑料杯)和一个儿童用暖瓶，瓶内装上水(一开始是凉水练习，熟练后再用热水)；让儿童向杯内倒水，标准是既不要把水倒得太满，又不要把水洒落在地上或桌上，同时不要弄出太大的声响；家长和儿童一起做，可故意输给儿童，让儿童获胜并受到表扬和鼓励。

第二，演示与操作法。家长不仅要把训练的内容反复做给(演示给)儿童看，让儿童看得见、听得清，而且还要让儿童亲自动手去操作，让儿童摸到它、摆弄它、组装它，以此培养儿童动手操作的能力。

第三，提示法。当儿童在学习训练中遇到困难时，家长要及时给予指导与帮助(给予提示)，包括口头提示、手势提示、示范性提示、身体动作提示等。

家长在使用提示法进行教育训练时要注意：只有当儿童需要帮助时才做出提示，若提示过多会使儿童形成依赖性，并且应首先使用口头提示；应根据训练情况逐渐减少或停止提示。

第四，对比法。家长在指导儿童学习相关知识时，可引导儿童对所学知识进行比较，找出它们之间的异同点，从而加深对知识的理解和掌握。家长使用对比法时要注意：对比的内容要尽可能具体些；对比内容的差异要逐渐由明显到不明显；对比内容不宜一下子过多，应逐渐增加，并注意前后学习过的内容的联系与比较；对比时要注重口头语言的指导；应注重启发儿童充分利用对比法进行思考和学习，引导他们提出问题。

第五，强化法。强化法是指在教育训练过程中，对儿童的正确行为表现要及时给予奖励和表扬，使儿童感到愉快，从而激发其学习的兴趣，也称为正强化法。使用强化法时要注意：关键在于合理有效地使用奖励，明确奖励的是儿童的什么行为或做法，选择好适合儿童的奖励方式和内容：可对儿童喜欢的东西加以排序；应在要求学习的行为正确完成后立即给予奖励；在使用其他奖励方式时，应同时给予口头表扬；尽可能使儿童体验到对其行为的自然奖励。儿童口头表达了自己的要求，由于他语言表达正确，因此家长对他的口头要求给予满意的答复。这满意的答复就是自然奖励。当家长要求儿童做的行为已经相当巩固时就可以逐步减少人为的奖励，直到在完全没有奖励的情况下也能独立完成任务为止。

第六，惩罚法。惩罚法是指在教育训练过程中，当儿童出现某些严重的不恰当的行为时，家长采取惩罚的措施来制止和消除不恰当行为。使用惩罚法要注意：惩罚的形式要恰当，既不能太强而对儿童造成肉体伤害，又不能太弱，起不到制止作用；惩罚的时机要恰当，应在儿童不良行为出现后马上给予惩罚，使儿童明白这是对他刚刚发生的行为的惩罚，而不是其他某种行为(延迟惩罚会使儿童不知惩罚的是哪种行为)；惩罚时切忌加上个人的不正当情绪，使儿童成为家长发泄愤懑与不满的工具，要立足于爱与帮；不可滥用，切忌惩罚上瘾。

第七，消退法。家长撤去引起儿童某问题行为的强化物，从而使该问题行为逐渐减少直至行为消失。这也就是家长找出儿童的问题行为的功能所在，坚决不让该行为“得逞”，让儿童得不到从前靠问题行为得到的“好处”。例如，儿童做出某一不良行为后，父母对此可不加理睬，那么今后儿童发生这一行为的可能性就会逐渐减少。撤除家长注意绝非适用于所有问题行为，莫把“消退策略”当成“忽略策略”，不要凡是遇到问题行为就一概采取忽视的办法，这反而会增加问题行为。

第八，模拟训练法。家长通过创设一定的情境，让儿童在情境中扮演一定的角色，并模拟角色行为，从而使儿童养成良好的行为习惯。以训练懂礼貌为例，具体做法为：以家庭为背景，几个家长合作进行，有的扮演客人，有的扮演家庭主人。当听到敲门声后，主人马上迎上前去开门，接过客人手中的礼物，并主动问好，然后引客人到座位前，热情让客人坐下，倒上水，彼此问寒问暖等。当客人走时，主人站起送至门外，并与客人握手说“再见”。在儿童看后，让他模拟家长的做法做几遍，渐渐培养起懂礼貌的行为。要在训练中注意矫正儿童的不良行为，如翻口袋等。

第九，现场训练法。家长直接将儿童带到一定的生活场景当中，针对现场情况对儿童进行教育训练。以训练儿童排队上车为例，具体做法为：带儿童到车站，学习排队，按秩序上车，买票，到一定地点后再下车这一连续活动。几次训练后，可让儿童独自完成这一交往技能。这种方法不仅效果显著，而且还可以实现技能的迁移，以后买东西时也会养成自觉排队的好习惯。

第十，榜样法。又可称为示范法、家庭环境熏陶法，即要求家长在家庭教育中要以身作则，言传身教，做到教子与律己相结合。家长可做儿童以下各方面的榜样：

- 尊老爱幼、互相谦让、礼貌待人，做儿童交往的榜样；
- 遵纪守法、克己奉公，做儿童遵纪守法的榜样；
- 努力学习、积极向上，做儿童刻苦学习的榜样；
- 规律生活、文明生活，做儿童良好习惯的榜样；
- 开朗乐观、顽强拼搏，做儿童不怕困难的榜样；
- 积极关心、支持学校的工作，做儿童尊师重教的榜样。

第十一，说教法。该方法又可以被称为谈话法，即结合儿童思想实际，有针对性地摆事实、讲道理，进行分析、论述，以帮助儿童形成正确认识的方法。家长利用该方法进行教育训练时要注意以下几点：要有一定准备和计划性；安排设计好谈话内容；谈话态度要温和、诚恳，气氛要轻松；父母与子女地位要平等，不要盛气凌人。

第十二，实际锻炼法。通过指导儿童亲自去做，让儿童形成家长期望的品德、知识和能力的教育方法。家长利用该方法进行教育训练时要注意以下几点：给儿童提供力所能及的事情；鼓励儿童不怕挫折、持之以恒；给儿童适当的鼓励与奖励；教给儿童合适的方法、解决问题的技能和技巧。

第十三，因材施教法。家长要从儿童的年龄特征、个别差异出发，有的放矢地进行教学，使儿童能够扬长避短，在原有基础上能够提高，尽可能获得最佳发展。家长可根据儿童个性特征和爱好特长进行因材施教，以使儿童的身心得到最大限度的发展。

六、智力障碍儿童家庭教育的途径

家长对智力障碍儿童进行教育的途径较多，除了利用各种家庭设施在家庭环境内对儿童进行教育训练外，还可以利用其他各种途径对儿童进行教育训练。

(一)在家庭内对儿童进行教育

家长在家庭内对儿童进行教育训练，这是对儿童进行家庭教育的最主要途径。家长可以充分利用家庭内已有的各种设施对儿童进行有目的、有计划的训练，还可以根据儿童的实际情况对家庭环境加以改造，使训练更具有针对性和实效性。实际上家庭内的所有设施、物体和场景都可以作为对儿童进行教育训练的器具。

(二)在社区内对儿童进行教育

家长可充分利用所生活社区内的设场所对儿童进行教育训练。社区内的公共场所，包括超市、营业厅、邮局、医院、诊所、银行以及各种娱乐场所等都可成为对儿童实施教育影响的场所。这也是对儿童进行教育训练的宝贵资源，家长必须珍惜并恰当利用，让儿童不用走出社区就能够得到较好的康复。

(三)在娱乐活动中对儿童进行教育

家长可让儿童走出家门参加丰富多彩的活动，如参观、考察、郊游、远足、跑步、打篮球、踢足球、打羽毛球、打乒乓球、看电影、游泳等，在各种活动中让儿童开阔视野，发展智力，训练能力，补偿身心缺陷，从而全面提高其社会适应能力。

(四)通过参与学校的活动对儿童进行教育

家长可和儿童一起参与到学校开展的各种活动当中，在教师的指导和帮助下对儿童进行相应的教育训练。有条件的家长可参与学校开展的所有活动，了解学校的各种活动动态和活动内容，只要条件允许即可参与。

(五)通过参加一定的组织对儿童进行教育

家长可通过参加家长会、家长协会、家长学校等组织，从其他家长那里学得一些在训练儿童方面的好的经验、观点及做法，以便更好地对儿童进行教育训练，从而提高训练效果。

七、智力障碍儿童家庭教育应注意的问题

(一)家长要有“四心”

家长在教育训练儿童时必须具备“四心”，即一定要有爱心、耐心、信心和恒心，这四个方面缺一不可。爱心是基础，耐心是保障，信心是动力，恒心是希望。家长一定要做到持之以恒。

(二)将训练内容与游戏等活动密切结合

家长在选择教育训练内容时要从儿童的兴趣、爱好和特长出发，并且将教育训练内容与游戏等活动密切结合。将教育训练内容与娱乐相结合，做到寓教于乐，在学中玩、玩中做；教育训练内容与游戏紧密结合，寓教育训练内容于游戏之中；多利用直观教具进行教学，教具的选择一定要直观、形象、生动，切忌似是而非、模棱两可；多用启发式进行教学；充分调动儿童学习的积极性、自觉性和主动性。

(三)训练内容要具有实用价值

家长在选择教育训练内容时要突出内容的实用价值，避免形式主义；要有鲜明的生活方向，与实际生活紧密相连，注重生活情境的创设，做到从生活中来到生活中去，从实际中来到实际中去，为儿童现在和将来的生活奠定基础。

(四)充分考虑儿童已有的水平与能力

家长在教育训练儿童之前，要找准和确定教育训练的起点，再对教育训练内容进行分解。训练要做到由易到难，由浅入深，循序渐进，要小步子多循环。要给儿童提供更多的成功的机会，让他们充分体验到成功的喜悦，以培养他们的自信心与自尊心。

(五)充分练习和及时复习

为防止训练过的内容出现大面积的遗忘，家长要对训练过的内容做到充分练习和及时复习，对学习内容不断强化和巩固，并且为增强训练效果要做到“过度学习”。

(六)多使用正强化

为调动儿童学习的积极性、主动性，提升训练的效果，增强儿童训练的信心，家长对儿童的正确恰当的行为要多鼓励、多表扬，选择儿童喜欢的、有效的强化物，并且将原级强化物(非社会性强化物)与社会强化物有机结合。同时让儿童明白完不成任

务带来的严重后果是自己非常喜欢的强化物将被剥夺。让儿童明白完成某项任务的重要性与意义，以提高他们训练的积极性。

(七)将训练内容与缺陷补偿相结合

由于智力障碍儿童往往在身体运动能力、言语表达能力、理解能力、交往能力、认知能力等方面存在不同程度的缺陷，因此家长在对儿童进行教育训练时要将训练内容与缺陷补偿结合，矫正他们上述各个方面的缺陷，提高他们的能力。

(八)合理使用行为矫正原理与方法

家长在矫正儿童的不良行为时往往会使用相关的行为矫正的原理。这些原理包括正强化、负强化、惩罚、消退、相互抵制等；也会用到一些行为矫正的方法，如逐步养成法、系统脱敏法、代币制等。家长在运用上述原理与方法矫正儿童的不良行为时首先必须明白使用时应该注意的问题及基本要求，做到合理、恰当地运用，避免不合理使用或者误用，以免影响教学效果甚至给儿童造成伤害。

(九)采取密集型训练

家长要先保证训练的效果，必须增加训练的强度，实行密集型训练。要求每周训练的时间至少达到20小时，多者可达40小时；并且做到训练时间、内容要有计划性，避免随意性、不确定性。

(十)家长要做好榜样

言教不如身教。由于有的儿童的模仿能力强，因此家长必须在良好行为方面做儿童模仿学习的榜样。家长要教儿童学会通过观察来学习；对儿童不恰当的要求和做法不要轻易妥协和让步，要做到“温柔地坚持”，让儿童学会坚持和忍耐。

(十一)家长对儿童一定要有期望

实践表明，家长对儿童的期望不仅直接影响家长对儿童的信心与态度，也直接影响儿童对自身的认识和价值判断。罗森塔尔效应(期待效应)留给我们这样一个启示：赞美、信任和期待具有一种能量，能改变人的行为。当一个人获得另一个人的赞美、信任时，他便感觉获得了社会支持，从而增强了自我价值，变得自信，获得一种积极向上的动力，并尽力达到对方的期待，以避免对方失望，从而维持这种社会支持的连续性。赏识教育也充分说明家长对子女的态度将直接影响儿童的一生。除此之外，家长在进行家庭教育时还应做到以下几点：

- 根据儿童特点设置专门的训练项目，确定适合的训练内容，制订训练计划；

- 要走出去，多给儿童创造正常的社会交流的环境；
- 充分利用家中生活场景对儿童进行训练；
- 对儿童的行为做出恰当的反应。当然对某些行为也可置之不理、不予理睬，让其自然消失。

第二节 智力障碍儿童的智力教育

一、智力的含义

关于什么是智力，不同的学者有不同的观点和看法。一般认为智力就是指人认识、理解客观事物并运用知识、经验等解决问题的能力，如记忆力、观察力、想象力、思考力、判断力等。至于智力包含哪些内容，学者的看法也不一致。我们国家有一种比较有代表性的观点：智力主要包括五个方面的内容，即智力的五因素说。智力包括：记忆力、观察力、想象力、思维力和创造力。这五方面的能力互相促进、相辅相成，而其中思维力为智力的核心能力。

加德纳在1983年提出智力的多元智能理论。他认为人的智力包含多种因素，具体包括：语言智能、数学(逻辑)智能、空间智能、肢体动觉智能、音乐智能、人际智能、自省智能、自然观察智能、生存智能等。他认为每个人的智力倾向都是不同的。几乎所有个体都体现出多种智能的不同方式、不同表现形式的有机组合，个体之间的差异在于个体所拥有的多种智能的表现方式和表现程度不同，通过教育可以使其得到不同程度的提高。用多元智能理论看待特殊需要儿童，有助于帮助他们树立自信心和形成积极向上的人生观。教育的起点不在于一个儿童有多聪明，而在于怎样变聪明和在哪些方面变聪明。

在多元智能理论中，不存在所谓特殊需要儿童，每一位儿童都各具潜能，通过教育都可以得到不同程度的发展；每一种智能在个体身上都具有同等重要的地位，都有独特的表现形式；每一位特殊需要儿童除了自身的弱势智能之外，还有其他智能，甚至还会有优势智能。因此，儿童的差异仅仅在于哪些方面聪明和怎样聪明。家庭教育不应只看到儿童的弱势智能，更要发现并促进儿童优势智能的发展，并把优势智能的特点转移到弱势智能，使弱势智能尽可能得到补偿。关注智能强项，开辟替代通道，设计多元策略，挖掘儿童潜能。对此家庭要正确地看待智力障碍儿童，选择适合他们的课程和教育训练方法，把他们的发展作为教育训练及教育内容的起点。

二、对智力障碍儿童智力的培养

(一)智力障碍儿童观察能力的培养

通过对智力障碍儿童观察能力的培养可提高他们的智力水平，提高他们的认知能力，补偿智力障碍儿童的缺陷，促进他们身心机能协同发展，从而促进整个心理过程的发展。

在对智力障碍儿童进行观察能力培养时要具体做到以下几点。

第一，向智力障碍儿童提出明确的观察目的和任务。

智力障碍儿童在进行感知和观察时往往更多地被观察对象的特征所吸引。例如，让他们观察一幅画面时，往往只被几个颜色鲜明、神态动人的形象所吸引，从而忘记观察的目的和任务。对此，家长在指导他们观察时，一定向他们明确提出要观察什么、要注意什么，并做到反复予以提醒。特别是要让他们从画面隐蔽的、细小的情节中，找到事物之间的联系。

第二，教给智力障碍儿童观察的方法。

智力障碍儿童在进行感知和观察时往往杂乱无章，分不清主次。家长要教给他们一些观察的方法，引导他们进行正确观察。先指导他们对观察对象有一个整体认识，然后再按顺序观察各部分的详细情况，在观察时要告诉他们先观察什么、再观察什么、最后观察什么。在观察时可让他们与自己已有的经验相结合、相联系，以加深对观察对象的印象。认识观察形状时，可让他们与日常见到的具体实物挂钩，以加深对事物的理解：三角形像一座山，圆形像张饼，正方形像手帕等。

第三，要调动智力障碍儿童的多种感官协同进行观察。

智力障碍儿童的感知速度慢、感知能力差、感受性低。如果想提高他们的感受能力，更好、更全面地对客观外界刺激进行感知，就必须做到以下两个方面。一是要对他们的各感知觉器官进行训练，提高各感知觉器官的感受能力和分辨能力。如果他们的触觉反应迟钝，家长就可以有意识地训练他们的触觉，可指导他们玩“猜名字”的游戏，即将苹果、桃子、梨、香蕉等水果放入一个从外边看不见的暗箱内，让他们去摸，边摸边猜自己摸到的水果是什么。二是在让儿童感知和观察物体时，引导他们调动自己的各种感知觉器官共同参与感知，让他们去看一看、闻一闻、摸一摸、尝一尝，通过视觉、嗅觉、触觉、味觉等多种感知觉器官的协同活动来认识物体。由于多种感官参与活动，因此大脑就可以从各方面对物体进行分析、加工，从而使智力障碍儿童对物体形成更加深刻和全面的印象。这样就会大大提高观察效果。

第四，按知觉规律给智力障碍儿童提供各种刺激。

家长呈现给智力障碍儿童的各种刺激要清晰明确，以便于儿童感知和认识。家长的发音要清晰准确，说话音量大小要适中；家长的板书要清楚工整，字的大小要恰当，对容易混淆的或重点的部位用颜色加以区分；家长在使用课件进行教学时，对课件的设计也应充分考虑儿童知觉的规律，注意感知对象的大小、静态与动态的处理、对象与背景的对比等。

(二)智力障碍儿童注意能力的培养

注意是心理活动对一定事物的指向和集中，或者说当人的心理活动指向和集中于一定的事物时就是注意。指向性和集中性是注意的两个基本特征。指向性是对一定事物的选择，是指心理活动有选择地反映一定的对象。而离开其余的对象；集中性是对所选择事物的贯注和坚持，是指心理活动停留在被选择的对象上的强度或紧张度。它使心理活动离开一切无关的事物，并且抑制多余的活动。注意的指向性和集中性表明注意具有方向和强度的特征。

智力障碍儿童在注意方面与正常儿童相比往往表现出以下特征：他们的注意范围明显小于同年龄的正常儿童；他们注意的分配能力低下，不能在同一时间内有效地将注意同时指向两种或两种以上的事物或活动上；稳定性差，不持久、不集中、容易分心；注意转移能力低下，要求他们把注意从一件事情转移到另一件事情上去时很困难，往往会有一个较长的过渡期；他们的无意注意明显优于有意注意，无意注意占绝对优势，有意注意发展缓慢。

根据上述特征在培养他们的注意力时应做到以下几点。

第一，在训练活动中充分使用直观的教具以吸引智力障碍儿童的注意力，调动他们感知的兴趣和积极性。

在教育训练中为吸引儿童的注意，提高训练的效果，家长所选用的教具要有精巧的造型、艳丽的色彩以及新奇性等特点。家长在选择和使用教具时不可追求过强的视觉刺激，以造型质朴、内容新颖并与教育训练内容联系密切为依据，要结合教育内容及时呈现和使用教具，并给予恰当讲解或提示。当发现儿童出现一些不良的行为时(如有的儿童盯着教具发笑、发呆，或自言自语，或交头接耳赞美教具等)，要及时用语言或其他方式提示儿童将注意转移和集中到教育内容上来；在让儿童自主操作教具时，家长要加强对儿童使用和操作教具的监督，及时发现并解决存在的问题，以防止儿童的行为偏离训练任务，影响教育效果。

第二，让智力障碍儿童明确学习活动的目的和任务。

智力障碍儿童因智力较低，理解能力越低，往往不善于对活动对象进行分析，不能较好地明确行为活动的目的，也难以理解家长安排的任务。为此，家长在教育训练过程中不仅要向他们讲清楚学习的目的，而且要将学习的任务进一步具体化和直观化，以便于他们理解和掌握。任务和要求越明确越具体，越能集中他们的注意力。

第三，恰当合理地组织安排教育训练内容。

针对智力障碍儿童注意范围狭窄和理解能力低等特点，家长在教育训练过程中要适度降低学习内容的难度并放慢学习速度。家长可按照学习内容之间的内在联系将内容分成若干有机联系的单元。在分单元讲解时，也要注意单元间的过渡方法，以保证将他们的注意力顺利地转移到新的学习单元上。

第四，激发儿童的学习兴趣，培养他们的有意注意。

心理学家皮亚杰认为：所有的智力方面的工作都要依赖于兴趣。兴趣是最好的老师，只有学习内容能让儿童感兴趣，才能更好地激发和吸引他们的有意注意。由于智力障碍儿童在注意的目的性和自我约束力等方面不如正常儿童，且他们的注意也主要受兴趣的支配，因此，在教育训练中家长要采取各种手段培养他们对学习的兴趣。例如，将教育训练内容与丰富多彩的游戏活动相结合；家长与儿童一起进行比赛；动用儿童的多种感官参与活动；认真设计活动过程，消除儿童在活动中的等待现象等，从而调动他们学习的积极性和主动性，提高学习效果。

第五，通过合理的反馈吸引和保持儿童的注意。

"反馈效应"实验表明：如果让儿童及时了解自己的学习结果，就会提高他们学习积极性，促进他们更加努力地去学习，大大提高学习效率。家长不仅要对儿童良好的行为及时给予表扬或加以肯定，而且对他们不恰当、不合理及错误的行为也要及时指出，令其改正。家长的反馈一定要做到及时并有针对性，让他们明确自己被肯定或被纠正的行为是什么，避免在认识上出现消极行为和积极行为的倒错现象，即把不好的行为认为是正确的，并不加分析地坚持它们，而好的行为反而被扼杀。

第六，通过提示培养智力障碍儿童的注意。

在教育训练过程中，家长要借助合适的提示引导儿童的注意指向和集中到学习内容上，并帮助他们完成学习任务。提示可包括口头提示、手势提示、表情提示、体态语提示和示范等。家长要灵活使用提示方法，既可针对不同的学习内容和儿童的特点单独采用一种提示方法，也可以综合使用几种提示方法。

(三)智力障碍儿童记忆能力的培养

记忆是人脑对过去经验中发生过的事物的反映，或者说记忆是人脑对过去经验的识记、保持、再认或回忆。记忆具体包括三个基本环节：识记、保持、再认或回忆。识记是记忆的第一个基本环节，是指获得和巩固知识经验的过程，它具有选择性的特点。保持是指已获得的知识经验在人脑中的巩固过程，它是记忆过程的第二个基本环节。再认是指能够识别和认识再现的经历过的事物；回忆是指经历过的事物不在眼前时，在一定条件下能将其重新反映出来。

智力障碍儿童在记忆方面与正常儿童相比往往表现出以下特征：记忆的联想功能差；逻辑记忆能力发展缓慢，甚至长期处于停滞状；短时记忆范围狭窄，远远达不到正常儿童的平均水平；记忆的容量明显低于正常儿童，并且记忆信息的质量也差；记忆的选择功能失调；组织处理识记材料的能力低下，组织过程也很不完善，不能对所识记材料进行有效的组织与处理。

根据上述特征在培养他们的记忆能力时应做到以下几点。

第一，增强识记的目的性和自觉性。

家长向智力障碍儿童提出的识记任务要恰当，并且在识记过程中经常提示儿童注意识记任务。家长在向儿童提出识记任务时应注意以下几个问题。首先，任务的提出要及时，即在儿童记忆活动开始之前就要提出识记任务，以引起儿童的注意，确保记忆活动不被无关刺激干扰。例如，在读一个故事之前告诉他们要记住故事发生的时间、地点、主要人物及其他必要项目。其次，提出的识记任务要明确具体并易于儿童操作或遵照执行。在布置作业时，不仅要告诉儿童做哪几个题，而且说明做题的步骤及方法等；在要求儿童背诵课文时，不仅要指明必须识记的篇目或段落，而且要说明识记的具体问题：先记住什么，再记住什么，最后记住什么等。最后，提出任务的方式要能激起儿童的兴趣。例如，让儿童背诵儿歌时可告诉他："背过以后，要背给妈妈和爸爸听"或"节日里我们还要举行诗歌背诵比赛"等，以增强识记效果。

在识记过程中，为避免儿童的注意不自觉地脱离识记任务，使识记活动失去应有对象，家长要适时地做出提示。例如，家长使用多媒体对儿童进行看图说话教学时，儿童的注意易被生动形象的画面吸引而忘记图画蕴含的意义，这时家长就要及时提醒他们注意识记的内容，并提出严格明确的要求，引导他们将识记活动集中于看图说话中识记的具体问题上。

教育训练中为帮助智力障碍儿童消除依赖感，提高他们独立分析识记材料的能力，树立起他们识记的信心，家长要逐渐培养他们自觉主动地提出识记任务的能力。例如，在阅读课文时，让他们自己找出生字词、人物、地点，自己分段等。

第二，合理安排教学内容和恰当处理识记材料。

合理安排教育训练内容包括：教学内容要适量，在教学中，不要一次试图让智力障碍儿童记住太多的东西，可将识记材料划分成几个信息含量较小的知识单元让他们逐一识记并且反复练习，直到熟练掌握为止；教学内容的难度要适当，家长可将抽象难懂的材料具体化和形象化，做到深入浅出，同时将学习材料的内容、含义与学习情境紧密结合，即创设与学习材料相联系的特定的教学情境。

恰当处理和加工识记材料。识记方法是影响记忆效果的主要因素。在教育训练中，家长要帮助儿童对识记材料进行分析和组织，让他们掌握识记的具体方法。首先，引导儿童正确观察识记对象。例如，在学习“太”字时，可引导儿童回忆前面已学习过的“大”字，让他们对二者在音、形、义等方面的异同进行比较，并分别组词造句。其次，指导儿童运用记忆技巧，建立材料之间的联系。一方面，在记忆有意义材料时，要引导儿童尽量找出材料之间的逻辑联系；另一方面，让他们学会为无意义材料赋予某些意义的方法。例如，在学习汉语拼音“j、i、t”时，可以引导儿童把它们分别想象成“伞把”“燃烧的蜡烛”“鱼钩”等实物的形象。在赋予材料意义时，家长重在引导儿童自觉地去联想，鼓励他们积极利用已有的知识经验，建立与新材料之间的特定联系；最后，让儿童充分合理地使用机械识记的方法，并将逻辑识记和机械识记结合起来。

恰当选择识记材料的显示方式。首先，选择恰当的直观物，家长要根据教学内容和儿童实际恰当选择直观教具，并将教具直观与语言直观密切结合。其次，充分利用游戏法组织教学，将教学内容寓于游戏之中。最后，调动儿童的多种感官共同参与对材料的感知，以便形成对事物的整体认识。

第三，正确运用练习过程。

练习要充分，要做到过度学习。过度学习是指在学习一种材料达到刚好完全正确背诵的标准以后仍继续进行的学习。过度学习可以使儿童在充分感知的基础上加深对识记材料的理解，可以使记忆保持的效果更好。研究表明，过度学习以原学习量的150％为最有效的限度，此时保持的效果最佳，过少不足以阻止遗忘，过量又会引起厌烦情绪。练习的方式也要灵活，并富有趣味性。

练习要及时，要做到随学习随练习。智力障碍儿童不仅短时记忆形成和保持困难，而且将短时记忆信息转入长时记忆信息也比较难。因此，为使短时记忆及时转化成长时记忆、增强记忆效果并提高记忆水平，就要组织儿童对学过的知识进行及时练习，做到学完即练，通过反复强化使儿童在头脑中形成较稳固和深刻的事物表象。

练习要正确，并随时纠正练习中的错误。要想保证练习的正确性，家长首先让儿童掌握正确的知识。家长要在对识记内容进行反复示范的基础上让儿童反复感知和识记，随时检查他们识记材料的正确性，并在确保他们形成正确的识记后再进入充分练习阶段；在具体练习时，家长要对练习中存在的问题及时进行纠正和指导。

第四，合理安排复习时间，并要做到及时复习。

将分散复习与集中复习相结合。为防止学习的材料出现急速或大面积遗忘，要组织儿童对材料进行及时复习。在组织儿童复习时，家长要依据材料的性质和内容将分散复习与集中复习有机结合。对于一次复习内容不是太多的知识可进行集中复习，反之可进行分散复习。适当分散复习的时间和内容，以避免因长时间复习造成材料之间的互相干扰而抑制积累，影响记忆效果。

尝试回忆与反复识记相结合。尝试回忆是一种积极主动的思维活动，就是引导儿童将所学的知识在大脑中"重现"，使其显得更加突出、显眼和深刻，从而强化所学知识，提高记忆效果。它需要儿童高度集中注意力并积极动脑加以思考。通过对识记材料的重现，除可以使智力障碍儿童发现自己识记过程中存在的不足和问题外，还可使他们看到自己识记的成绩，增强他们的成就感和自信心、提高学习的积极性。

设置新颖的复习情境。对于智力障碍儿童来说，他们的注意力容易受某种情境的暗示，在复习时采取多样化的方法和设置新颖的情境(不同于刚开始识记材料时的情境)有利于激发他们的兴趣，使他们的注意力集中到要复习的材料上来。

第五，培养儿童养成自我检查的能力。

为保证识记材料的正确性，家长要对识记材料进行及时合理的检查。在检查时要认真考虑检查的时间、内容以及具体的方式，并将检查结果及时向儿童反馈，同时逐渐培养儿童养成自觉地进行自我检查的能力和习惯，让儿童在自我检查中发现问题和解决问题。

第六，要最大限度地发挥智力障碍儿童无意识记的功效和作用。

针对智力障碍儿童无意识记占优势的特点，教师在上课时，言语表达要具体清晰、生动活泼、幽默风趣，教学方法要灵活多样，结合教学内容选择最为恰当的直观手段进行教学，让智力障碍儿童在轻松愉快的气氛中掌握知识、形成能力，充分发挥智力障碍儿童无意识记在识记中的功效和作用，同时及时将无意识记转化为有意识记。

(四)智力障碍儿童思维能力的培养

思维是事物的本质属性和事物之间内部规律性在人脑中的反映。它具有间接性和概括性两大特征。智力障碍儿童在思维方面与正常儿童相比往往表现出以下特征：智力障碍儿童在整个心理发展水平低下的情况下突出地表现为思维能力低下，这是他们的核心缺陷。思维低下又主要表现在思维的概括能力薄弱和思维内容缺乏深刻性；思维容易受具体事物和具体表象的影响，即具体形象思维占优势，抽象逻辑思维能力薄弱；思维常表现出迟缓、呆板和缺乏灵活性、敏捷性，思维脱离不开具体的情境，不会根据环境的变化而做出相应的判断和对活动进行调整，易受思维定势的影响而难以改变自己的思维；思维缺乏独立性，容易受别人的暗示和外界干扰；思维的调节功能薄弱，不会用思维调节自己的行动，经常不考虑自己的行为，不能预见行为的后果，行为具有冲动性和一时性。根据上述特征在培养他们的思维能力时应做到以下几点。

第一，利用日常生活内容加强对智力障碍儿童的思维能力训练。

家长针对日常生活内容对智力障碍儿童进行思维能力训练是培养他们思维能力的重要途径。例如，在给儿童切西瓜时可问他，我们两个人吃一个西瓜，每个人吃多少；如果我们四个人吃一个西瓜，每个人又吃多少。又如，吃饭时可问儿童在桌子上所摆的菜中，哪些是地里种的，哪些是水里游的；地里种的叫什么，水里游的叫什么。这实际上是对儿童进行“分类”和“概括”能力的训练。再如，下课时，两个儿童碰面，家长可问他们，你们两个谁比谁高、谁比谁矮，让他们说一说，这就是对他们进行“比较”的训练。

第二，在实践中加强对智力障碍儿童思维能力训练。

家长要给儿童提供多种多样的能够亲自参与实践的机会。在活动中要求儿童每做一件事前都要先想一想先做什么、再做什么、最后做什么。例如，早上起床后，首先让儿童自己独立把衣裤穿上，然后上厕所，其次梳洗，最后吃饭。实践机会多了，就会使他们逐渐形成良好的思考习惯，思维水平也会逐渐得到提高。

第三，在游戏或音乐活动中加强对智力障碍儿童思维能力训练。

家长要将训练内容与游戏活动紧密结合，要多组织开展丰富多彩的游戏活动，通过游戏训练儿童思维。为让智力障碍儿童学会正确认识和使用钱币，就可以组织他们到商店或超市购买所需物品。通过让儿童参与认识钱币、购买商品的一系列活动，培养他们的逻辑思维能力。

无论是轻度智力障碍儿童还是中重度智力障碍儿童大都喜欢听歌曲。家长可结合学习内容或在他们休闲娱乐时放一些经过特别编制的、比较轻松欢快的乐曲让他们听。通过音乐活动来训练儿童思维。实践表明，在经过一个阶段的音乐训练以后，他们在记忆力、注意力、理解力及音乐表现力等方面都会有明显的进步。

(五)智力障碍儿童语言理解能力与表达能力的培养

语言是以词为基本构成单位，按照一定的语法规则所组成的符号系统，是一种约定俗成的东西。它是以语音为物质外壳，由词汇和语法构成并能表达人类思想的符号系统。言语是利用语言材料和语法规则进行交际活动的过程，即指人们理解、掌握和表达使用语言的过程，它必须遵循语言的规范。人们通常将语言分为外部语言和内部语言，而外部语言又包括口头语言和书面语言。

思维与语言关系密切。一方面，思维离不开语言。语言不仅是思维的有力工具，也是促进思维发展的力量。语言发展受阻，必然会影响到思维的发展水平。另一方面，思维的内容和形式决定着语言的词汇的结构形式。

智力障碍儿童在语言方面与正常儿童相比往往表现出以下特征。智力障碍儿童言语的发生、发展要比正常儿童晚，并且发展速度迟缓，言语发展水平低于同年龄的正常儿童；对言语的理解能力发展缓慢；言语的表达能力差，常常言不达意，说话缺乏连贯性、条理性，颠三倒四，语无伦次，使别人无法理解；言语过程存在明显的缺陷，主要表现在构音障碍、声音障碍和节律异常这三个方面；他们掌握的词汇数量有限，而且他们所掌握和使用的词类，都是一些表达物体和动作的名词及动词，形容词、副词、连词等都是很少见到的。他们对词汇的理解也往往不深刻、不全面、不正确，因此往往不能正确地使用这些词汇。

根据上述特征在对他们进行言语训练时应做到以下几点。

第一，要及时纠正智力障碍儿童存在的言语问题。

当智力障碍儿童出现表达不正确的现象时，家长应立即加以纠正。例如，某一儿童说“这是一只小槐树”时，家长应马上纠正，让他说“这是一棵小槐树”。

第二，多种形式提高智力障碍儿童的言语表达能力。

当智力障碍儿童出现表达不完整或不充分的现象时，家长应加以适当的扩充。例如，当儿童说“我在玩”时，家长可进一步扩充为“我正在拿着皮球跟小明玩”。为了使儿童说话所表达的意思更加清楚明了，家长要对儿童说的话加以简单的说明。例如，儿童说“狗在叫”，家长可以简单地说明为“小狗见有人来了，在汪汪地叫”。家长给智力障碍儿童提供一些零散的句子，让他们把这些零散的句子自由结合成一个或几个句子。例如，下面三个句子“桃花开了”“桃花是粉红色的”“桃花在公园里”，可以让儿童把这三个句子结合成一个完整的句子，如“粉红色的桃花在公园里开了”或者“公园里开满了粉红色的桃花”。

第三，扩大智力障碍儿童的生活范围，增加他们的社会经验。

家长可组织儿童通过参观、访问等方式，让他们在直接与社会上各种人员打交道的过程中丰富言语内容，扩大词汇量。

第四，为智力障碍儿童创设特定的言语环境。

家长要创设一种友好、和谐、融洽的教学氛围，鼓励儿童大胆说话；根据他们的兴趣、爱好、特长组织开展丰富多彩的游戏、比赛等活动，在活动中引导他们积极说话。

第五，给智力障碍儿童提供适当的言语刺激和反馈。

家长要拿出尽可能多的时间创造更多的机会说话，在与他们交流时要认真仔细地倾听，并及时做出肯定的反应，如点头、微笑、表扬和鼓励等。

(六)智力障碍儿童创造能力的培养

陶行知先生非常重视儿童创造能力的培养，他曾经说过：“处处是创造之地，天天是创造之时，人人是创造之人。”“教育不能创造什么，但它能启发解放儿童的创造能力。”研究表明，人的创造能力的发展始于幼儿时代。创造能力是智力活动的一种表现，创造能力越高的人往往越具有较好的个性品质和积极的情感体验，表现为自信、自立、兴趣广泛、喜欢探索、情感丰富等。这些品质会对儿童今后的生活、学习、工作产生积极的影响。对于智力障碍儿童而言更是如此。因此，家长应高度重视对儿童创造能力的培养。

一般而言，智力障碍儿童的创造能力不如正常儿童。他们在创造欲望、创造思维、创造活动中的智力表现等许多方面明显落后于正常儿童。智力障碍儿童一般思维活动较呆滞，不喜欢追求多变的生活方式，要求改变现状的欲望不强烈，缺乏创造新活动方式的动机。他们发散思维能力低下，发散思维一般较难自觉产生。他们的理解和接受能力较差，较难掌握发散思维方法，不能理解发散思维的意义，不能围绕问题中心进行发散思维。培养智力障碍儿童的发散性思维已是培养他们创造能力的关键所在。实践证明，对智力障碍儿童进行创造教育又是可行的，而且是必要的。这有助于改善他们的心理状态，对于轻度智力障碍儿童的教育能收到较显著的效果。

第一，要注意培养智力障碍儿童的上进心、好奇心与热情，要对智力障碍儿童多一份期待。

尽管智力障碍儿童的创造能力远不如正常儿童，但家长也要对每一个智力障碍儿童多一份信心和期待，要以满怀期待的心理对待他们。这就家长在处理日常任何事情时都不要立即对儿童富有创造性的言行予以评判，而应延迟判断，给他们足够的时间、机会去想象、创造。有时对他们来说，想象创造的过程比结果更有意义。

第二，创设一个鼓励创造的环境，激发智力障碍儿童创造动机，让智力障碍儿童自由地探索周围的环境。

创造动机是创造性活动的能力，直接影响儿童从事创造活动的积极性和创造力的发展。创造动机在创造活动中具有激活、指向和维持调节功能。因此家长应善于激发智力障碍儿童的创造动机，使他们产生内在的、自主的参与创造活动的要求。激发创造动机可以从培养“问题意识”着手。家长可以经常向儿童提出一些启发性问题，让他们通过自己的想象和思考来解决问题，鼓励他们进行多样性、独创性回答。还可以从组织儿童进行讨论、交流入手，在讨论、交流甚至争论中引导他们积极地思考、大胆地想象。

家长要为儿童创造一个轻松、自由、愉快、融洽的家庭环境，使儿童感到安全、轻松而温暖，没有恐惧感和过重的精神压力。这非常有利于创造意识的产生和创造能力的发挥。相反，如果家长对儿童动辄斥责打骂，或父母之间经常争吵怄气，将会使儿童的精神处于压抑、紧张、恐惧、充满威胁感和手足无措的状态。经常处于压抑状态的儿童是很难产生创新意识的。

家长可以利用各种时间，在各种情境下指导智力障碍儿童理解创造的意义，指导他们创造性地提出问题、发现问题、开展各种游戏以及解决问题等。家长要极力保护智力障碍儿童日常闪现出的创造火花和创造萌芽，并及时给以指导和强化，让他们真正感到自己是有创造能力的，并为自己的创造思维成果感到自豪。家长对于智力障碍儿童产生的一点点的进步，都应及时加以表扬。实践发现，家长对智力障碍儿童创造言行的几次表扬，会给他们留下深刻的印象，而且也会激发起他们创造的兴趣和欲望。

家长应该把对儿童的创造期望渗透于家庭教育之中。这不仅表现在对待儿童创造力的态度上，更重要的是表现在对待儿童创新要求的支持和鼓励的实际中。对儿童的创新思想、创造行动和创造成果要给予关心、珍惜和恰当而充分的肯定。这样经常不断地强化，将会使儿童产生再次创造的愿望。相反，如果对儿童的创造活动表示冷漠，甚至讥笑的话，就会挫伤儿童创造的积极性，阻碍儿童创造力的发展。

第三，培养智力障碍儿童对事物的积极态度和理解能力，引导他们独立思考。

智力障碍儿童的依赖性和思维的惰性很强，常不喜欢独立思考，往往人云亦云，喜欢模仿。这种缺乏独立的个性给他们的创造能力的发展造成了极大的阻碍。因此，家长要利用各种情景培养他们独立发现问题、提出问题、表达问题、解决问题的能力。哪怕解决得不好，只要是通过努力完成的，家长都应给予最真诚的赞许。家长要通过各种活动使智力障碍儿童逐渐明白，通过努力去完成任务才是最重要的。由于智力障碍儿童往往需要较多的时间才能完成一项工作，因此家长一定要有极大的耐心等待他们自己完成任务，并且在等待的过程中随时关注他们完成的进度，多鼓励，在必要时进行引导。

第四，选择采用恰当的训练智力障碍儿童创造能力的方法。

发散思维是创造思维的最主要的特征表现，因此家长应重视对儿童发散思维能力的培养。在培养他们的发散思维能力时，家长可尝试使用以下几种方法。

类比训练法。类比思维是发散思维的基础，家长要注重培养智力障碍儿童的类比能力和习惯。对此，家长要经常让智力障碍儿童带着“它像什么”的观念去观察事物，引导他们发现事物的共性，逐渐学会通过类比来把握事物的本质特征，并创造、想象出新的类似的事物。

发现问题训练法。发现问题、认识问题的不足之处往往是创造的开始。家长可从引导智力障碍儿童关注日常生活入手来训练智力障碍儿童发现问题的能力。家长提出一些问题引导他们观察各种日常用品的合理与不合理之处。家长可以给出一些错误的言行，让儿童指出错误之处，也可以画一些有某种错误的画让智力障碍儿童找寻错误之处。

探究原因训练法。训练智力障碍儿童探究事物的原因，一方面可以训练智力障碍儿童正确地把握事物的因果关系，认识事物之间的联系，从而为创造思维提供必要的原始材料；另一方面还可以培养智力障碍儿童探究事物的好奇心，引导他们发展探究行为。

多途径完成任务训练法。家长要训练智力障碍儿童学会尝试和运用多种不同途径和方法来完成同一目标任务，培养他们学会从不同的方面去思考问题，并运用不同的方法解决同一问题的能力。例如，家长在桌子上放一杯水，要求智力障碍儿童想出各种喝水的办法。

多功能训练法。家长训练智力障碍儿童找寻某一物品的不同功能，从而达到训练发散思维、发展创造能力的目标。例如，家长要求智力障碍儿童说出“铅笔有哪些用途”，让他们通过思维去回答。

第五，给智力障碍儿童提供更多实践机会，丰富儿童的知识经验。

丰富的知识经验是创造能力发展的基本条件。家长应通过各种活动让儿童与周围世界进行积极接触和交往。家长要有目的、有计划地安排儿童去观察周围不断发展变化的自然现象和千姿百态的社会现象，体验丰富多彩的生活。要指导他们多看图书图画、多听儿歌故事、多欣赏音乐舞蹈，让他们增长知识，开阔眼界，为创造能力的发展提供信息资源，构筑感性知识的基础。

各种感知觉是儿童获取知识经验的重要途径。家长应引导儿童多用他们的感官来认识周围世界，如倾听各种声音、嗅辨各种气味、品尝不同的味道、触感物体的质地等，并引导儿童对各种感官获取的不同信息进行加工分析，从而形成对事物整体属性的认识。

第六，让智力障碍儿童多接触无结构性材料。

所谓无结构性材料，是指那些无既定形式或无固定使用模式的玩具材料，如积木、七巧板、橡皮泥、纸片、木头棒等。这些材料能促使儿童开动脑筋、大胆想象，从不同的角度去发现和重新组建材料之间的新的构成和联系。另外，绘画中的意愿画，作文中的自由命题作文，数学中的一题多解等也可看作无结构性材料，这些都十分有助于培养儿童的创造能力。

第七，善于发现智力障碍儿童的敏感区和闪光点。

如果家长能及时地捕捉住智力障碍儿童的敏感区和闪光点，并加以因势利导，就可以为儿童创造能力的发展和成才打开“通道”。家长要细心观察儿童，从他们日常生活中的语言、动作、眼神或所提问题中去捕捉他们的“敏感区”，从而为他们的成长、发展找到“突破口”，不能主观粗暴地将家长的意志强加于儿童。

(七)智力障碍儿童想象力的培养

想象是人脑改造已有的表象并创造出新形象的过程。想象在人类生活中起着重要的作用。儿童生活知识经验的多少将直接影响想象力的广度和深度，而想象力水平的高低又直接影响儿童智力发展水平和能力。家长要重视智力障碍儿童想象能力的培养。

第一，通过讲故事发展儿童想象力。

在家庭教育中，讲故事是发展儿童想象力的重要而有效的途径。家长要结合儿童心理发展水平与特点有选择地给儿童讲故事，特别是选择那些能够激发儿童想象力的故事讲给他们听，让他们结合故事内容展开自由想象的翅膀尽情想象。在讲故事时可仅将故事的前半部分讲给他们听，让他们自己去推理、想象后半部分将会发生的事情，从而对整个故事内容加以充实或完整。

第二，通过谈话发展儿童想象力。

谈话也是发展儿童想象力的重要途径，家长应创造机会经常和儿童进行热情而富有激励性的谈话，在具有启发性的谈话中促使儿童展开想象的翅膀，培养他们的想象力。在谈话前家长要精心准备好问题和谈话计划，要善于向儿童提出问题，要善于进行启发诱导，并且要引导儿童做好归纳、总结。

第三，通过鼓励儿童读写发展想象力。

在日常家庭生活中，家长要随时随地鼓励儿童进行读写，特别是要注重对儿童写作能力的培养，鼓励儿童随时将生活中的感受或发现的问题用文字的形式表达出来。

第四，通过启发儿童动脑思考发展想象力。

家长要鼓励儿童对现实生活中出现的问题多问几个为什么，多动脑进行深入思考，并鼓励他们找出原因所在。

第五，通过音乐、美术等活动激发儿童的想象力。

家长可播放适合儿童心理发展特点的音乐作品，并指导儿童对色彩斑斓的大自然、优雅别致的环境装饰、五彩缤纷的生活现象、端庄高雅的人类行为和高尚的道德情操、优秀的美术作品等进行欣赏。联系日常生活实际提出启发性问题让儿童进行思考，使欣赏与生活联系起来激发儿童联想，培养他们的想象力。

第三节 智力障碍儿童的生活自理能力教育

一、智力障碍儿童生活自理能力教育的内容

(一)饮水与进食训练

1. 饮水训练

拿带有吸管的瓶装饮料，教儿童用吸管去吸瓶子里的饮料，或者让儿童用吸管去吸茶杯、碗里面的水。在这当中，必要时可对儿童进行吸气、呼气练习。用吸气的方法就能吸到水，同时也可将训练寓于游戏之中，看谁吸得最快。当然为防止儿童呛水，开始可让他们少吸、轻吸水，以后慢慢地多吸，且吸得越快，越干净越好。

喝水的训练也是这样，同时把吸、喝水与咽水、吐水训练结合起来。开始训练儿

童少吸、少喝，然后让他慢慢吞咽，也可分成几次咽下。训练时可用带刻度的量杯进行。在训练中，要把家长的示范与儿童的练习有机结合。

2. 进食训练

训练儿童咬、嚼、吞、咽等进食方法。训练开始时家长先给儿童做咬、嚼、吞、咽的示范动作：把嘴张开，尽量大点，把食物放在上下牙齿之间，然后将嘴闭合用力将食物咬下，在嘴里咀嚼，等嚼细后(可让儿童看一下咀嚼后成粘状的食物)再慢慢咽下。儿童看明白后，给儿童食物，在家长的指导下先咬，后嚼，最后再咽下。较难的一步就是如何把食物咽下，如果学会了咽，那吞就容易完成了。大部分食物都需要嚼细后咽下去。吃药丸时就要吞，家长应教他不要嚼，要直接咽下。

为锻炼儿童的咀嚼能力，可给儿童一些耐嚼的食物，如橡皮糖或者较硬的食物等。

在训练儿童进食时，一开始可训练儿童用勺子进食，以后再训练用筷子进食。

儿童的良好饮食习惯也要训练。有些智力障碍儿童在进食时总是东张西望，跑来跑去，父母在后面边追边喂，不能安静地坐在饭桌前吃饭。要对此进行训练，不要让儿童吃饭时边吃边跑，不要把筷子往鼻孔里放，更不能拿着筷子乱跑，不能拿着筷子到厕所大小便，以便使儿童养成良好的饮食习惯。在训练儿童进食时，也可让几个儿童进行比赛，看谁坐得最端正，吃饭时不讲话，撒饭最少，对表现好者给予表扬、奖励。

吃饭前要指导督促儿童洗手，吃饭后也要让儿童洗手。有的儿童自己不会洗手，家长就要训练儿童洗手。训练中可把洗手与游戏结合在一起进行，如几个儿童一起洗手，看谁的动作最麻利，洗得最快。

(二)大小便训练

训练儿童的大小便，关键在于训练儿童养成良好的大小便的习惯，也就是训练儿童的大小便要有规律性。

第一，指导儿童认识厕所的特征及位置。每当儿童大小便时，家长即带领儿童到厕所，认识厕所的特征及位置，这样反复几次后，儿童就知道到厕所去大小便。如果有的儿童随地大小便，家长应马上针对这种情况对该儿童及其他儿童进行教育，必要时给该儿童以惩罚，如罚站、罚禁闭等。

第二，教育儿童懂得大小便时男女要分厕。

第三，教儿童养成定时大小便的良好习惯。

第四，大便方法练习。训练一开始时可用一把椅子进行练习。在椅座上安一个盆，以后再让儿童坐痰盂，最后再坐马桶。在训练时，家长要细心观察儿童大小便的情况及规律，找到规律后到一定时间就督促儿童到厕所排便或者干脆由家长给儿童养成良好的排便习惯。每当吃完饭后就让儿童到厕所排便，晚上睡觉前也要让儿童排便。这样每天都如此，就会使儿童养成良好的排便习惯。

第五，训练擦屁股。一开始可在纸上练习，用卫生纸擦面糊的方法，反复练习，能擦干净后再擦屁股。在训练时，要教给儿童使用手纸擦屁股的方法。要教他们养成便后洗手的好习惯。

(三)衣着训练

1. 对不同衣服的辨别训练

辨别训练可分成以下几步进行。第一步：辨认日常生活中常用的衣服。第二步：从混杂衣物中找出所需要的衣服。把常用的衣服混在一起，说出任意一件衣服的名称，让儿童从中拿出来，或者从中任意拿出一件衣服让儿童说出其名称和用途。第三步：指导儿童认识衣服的前后、上下。让他们在穿衣服时要分清哪是前，哪是后，哪是上，哪是下。不要把衣服穿反，并当众进行反穿衣服的示范，让他们明白反穿衣服是不对的。第四步：指导儿童辨认衣服主要部位的名称，如衣袖、衣领、口袋等。

2. 穿脱衣服能力的训练

可用套藤圈的方法来训练穿脱衣服。先训练脱，再训练穿。先用大一两号的衣服教儿童脱与穿，然后再用合适型号的衣服教儿童脱与穿。结合儿童的智力发展水平，可把脱与穿的全部过程分成若干个小步骤，一步一步地训练。训练儿童穿袜子，可先用硬的塑料圈练习，然后用软布圈练习，最后用袜子练习。在训练儿童穿脱衣服时，系纽扣、解纽扣、系鞋带和解鞋带是难点，因此应重点对此进行训练。

(四)个人卫生训练

1. 洗脸的训练

洗脸的训练可分成以下几步进行。第一步：家长做洗脸示范，并把需要注意的问题给儿童讲清楚。例如，洗脸时把眼睛和嘴闭紧，以防止水液流入眼睛、嘴内；重点清洗的部位是眼睛，并把耳朵和耳根后一块清洗。第二步：在家长的帮助下让儿童练习洗脸，家长可指导儿童按分解的步骤一步步地进行。第三步：由儿童自己独立地练习洗脸。家长只在一旁加以监督或提示，让儿童学会拧湿毛巾的动作。第四步：完全由儿童自己完成洗脸的任务。

2. 漱口刷牙的训练

在教儿童学习漱口时，先教给儿童正确的漱口方法：开始先不要含水，让儿童闭紧双唇，鼓气，两腮鼓起，反复数次，然后再用水。要先做示范，让儿童看家长口部及腮部的形状与动作。为防止儿童把水吞下去，一开始最好使用凉开水让儿童练习。家长可用两手挤压儿童的两腮，迫使其把水吐出。如果有的儿童不会鼓漱，可以先练习含水后不往里咽，吐出来，然后再慢教鼓漱。等儿童学会了用凉开水漱口后，再练习用清水漱口。

教儿童练习刷牙要比教儿童练习漱口更难，对此家长应先教会儿童正确的拿牙刷的方式，然后再给儿童做刷牙的示范。做示范时，家长站的位置应该与儿童相一致，即要站在同一个方向，免得方向相反使儿童不会模仿。一开始时，可以先不用牙膏，也不用水，单纯地用牙刷进行练习，同时要把正确的刷牙方法告诉儿童(要顺着牙缝上下刷；先刷上牙，后刷下牙；先刷牙齿外面，后刷里面)。等学会用牙刷后，再为他们挤上牙膏，让他们练习刷牙。(注意牙膏不要挤得太多，以免太“辣”或太“甜”)。刷牙要持续 3 分钟左右，然后再用水冲刷干净。如有条件的话，可用儿童音乐牙刷练习刷牙。

在训练时，要教育儿童慢慢地、轻轻地刷，不要用力太猛，以免把嘴弄疼或者把嘴弄破出血。初次练习用牙膏刷牙，出现牙齿出血的现象时，要告诉儿童这是初次刷牙的缘故，要轻刷，以后就好了。为增强儿童刷牙的兴趣，也可把刷牙的过程编成儿歌，边唱儿歌边练习刷牙。例如，小小的牙刷，长长的把，拿在手中把牙刷，一排排的毛儿密密麻，它是牙齿的好伙伴，每天早晚离不开它。小小牙刷上下刷，细菌坏虫都怕它，白白的牙齿人人爱，我要感谢小牙刷。

(五)睡眠的训练

认识睡觉的房间。认识床的种类。指导儿童认识辨别床上物品及用途。训练儿童形成正确的睡眠姿势，不趴着睡觉，不吸吮手指，对不良的睡眠习惯要及时予以矫正；训练儿童不带玩具上床睡觉，知道在自己的床上睡觉，教育他们睡觉时不要叫喊、哭闹，要保持安静，培养他们独自睡眠的习惯；训练儿童按时睡觉和起床，养成早睡早起的好习惯，保持充足睡眠；训练儿童睡前要洗脚、刷牙、大小便；训练儿童睡前不剧烈活动、不吃太多的饭、喝太多的水；训练儿童睡觉前要关掉灯，要将脱下的衣服放好；训练儿童起床后洗脸、洗手、刷牙。

(六)安全知识的教育

教育儿童不要玩火、不玩刀剪等利器、不玩玻璃、不随意服用药品等，关键在于讲清问题的严重性和危害性；教育儿童注意室外安全，如不独自上街、不单独到僻静处玩、不在马路上玩、不玩水，能躲避危险等，可结合日常生活中出现的安全事故进行讲解，尽量不要让儿童独自进厨房，防止火灾，烫伤、割伤等；教育儿童不玩易燃易爆品，不擅自攀高取物，不探身窗外，不攀越铁丝和围墙；不随便跟陌生人外出，不随便给陌生人开门；掌握简单的自我救护知识。

二、智力障碍儿童生活自理能力教育的原则

(一)缺陷补偿原则

缺陷补偿原则是指在对智力障碍儿童进行生活自理教育的过程中，要最大限度补偿智力障碍儿童的身心缺陷，使他们的身心机能两个方面协调一致的发展。这是对智力障碍儿童进行生活自理能力教育的首要原则。

智力障碍儿童不仅在心理发展方面迟缓落后，而且生活自理能力较差。通过教育训练提高他们的生活自理能力是将来他们走向社会、更好地适应社会生活所必须具备的条件。家长在贯彻实施这条教学原则时应该做到以下几点。

首先，将缺陷补偿贯穿于整个智力障碍儿童生活教育的始终。家长要高度重视对智力障碍儿童在生活自理方面的缺陷补偿。特别是对于中度以上的智力障碍儿童来说，生活自理方面的训练尤为重要，必须针对儿童的缺陷进行有的放矢地补偿和训练。

其次，家长要正确看待智力障碍儿童在生活自理方面的发展。既不要不切实际地过高估计他们的发展，又不能过低估计他们的发展；既要看到他们的长处，相信经过教育和训练，他们在生活自理能力的培养方面都能获得不同程度的发展，同时又要看到这种发展是有一定限度的，不可能无限制地发展，也不可能达到和正常儿童一样高的发展水平。

最后，给智力障碍儿童提供尽可能多的动手操作的实践机会，在实践活动中提高他们的生活自理能力。

(二)针对性原则

针对性原则是指在教育训练过程中，家长针对智力障碍儿童的兴趣、爱好、能力和需要等情况，为他们设计能够完成的基本学习量，采取适合儿童自身特点的方法或手段进行教育训练，从而最大限度地促进儿童身心发展。家长在贯彻实施这条教学原则时应该做到以下几点。

首先，家长对智力障碍儿童的了解要全面。家长要深入细致地研究和了解智力障碍儿童，真正全面地了解他们的基本情况，这是开展教育训练的前提条件。这样的训练才更具有针对性和说服力。

其次，训练内容要在儿童的“最近发展区”内。儿童新知识的学习是以已有的经验、表象为基础的，如果儿童在学习某方面知识时还不具备一定的基础，即没有这方面的相关经验的积累，那么在学习该方面知识时不要对他们提出硬性的过高的要求，否则会挫伤儿童学习的积极性。教学应走在儿童的“最近发展区”内。这个“最近发展区”在

某种意义上就是儿童学习的准备区。教学只有走在儿童的“学习准备区”内才能收到最好的教学效果。

最后，制订科学合理的训练计划。为促使儿童在生活自理能力方面得到最大限度的发展，家长应针对儿童的实际情况制订一个切实可行的训练计划，在儿童已有经验的基础上提出合适的短期与长期的发展目标，并采取恰当的方法进行教育训练。

（三）充分练习原则

充分练习原则是指在智力障碍儿童教育训练过程中为防止学习过的技能出现大面积遗忘，家长要指导他们进行及时练习、反复练习或过度学习，从而促使他们获得相应的知识并形成相应的技能。家长在贯彻实施这条教学原则时应该做到以下几点。

首先，家长的示范要清楚准确，儿童的练习方法要正确恰当。家长在指导儿童练习之前，不管儿童掌握情况如何，都要先给儿童进行示范，并且示范一定要清楚准确，让儿童有一个好的模仿学习的对象。让儿童对练习内容有清晰的感知和理解，然后再让儿童进行练习。家长要对儿童的整个练习过程加以监督和指导，避免一开始就出现练习错误。

其次，练习要及时，并且要注意方法的多样化。及时练习既是形成技能的关键一步，同时也是防止遗忘的重要手段。因此每当学过知识技能以后，家长就要组织儿童及时加以练习，并且练习的方法要灵活多样，如将集中练习与分散练习有机结合。练习时还要避免一味地简单机械地重复，要将枯燥的练习和有趣的活动结合起来，调动儿童练习的积极性，提高练习的效果。

再次，练习要遵循由易到难，小步子、大循环的原则。在练习时，要做到由简单到复杂、由易到难，练习的前后知识之间的幅度不要过大，在练习后一部分知识之前要先回过头来对前面已练习过的进行练习，以后依次类推，不要因太急而影响练习效果。

最后，每次练习的量要适中。每次练习时，家长要根据智力障碍儿童特点和练习内容确定合适的练习量，练习量既不要过多又不要过少。如果练习量太少，不仅导致智力障碍儿童“吃不饱”，而且会浪费时间，降低练习的效率。如果练习量过多，又会引起智力障碍儿童的抑制性反应，导致他们不容易掌握，同样也会浪费时间，影响练习效果。因此，家长应针对每个儿童的实际情况制定出合适的练习量，以提高练习效果。

（四）趣味性原则

趣味性原则是指在教育教学过程中，家长要将教育训练内容与游戏等密切结合，增加训练的趣味性，以激发儿童的学习兴趣，提高学习的积极性和主动性，从而提高学习的效果。家长在贯彻实施这条教学原则时应该做到以下几点：

首先，要从儿童的兴趣、爱好和特长出发来选择教育训练内容；

其次，尽量让儿童自己动手操作、尝试，在活动中提高兴趣；

最后，要让儿童体验到成功的乐趣，在不断的成功当中提高他们的学习兴趣。

三、智力障碍儿童生活自理能力教育常用的方法

（一）游戏法

游戏法是指家长通过游戏的方式向智力障碍儿童传授生活自理能力知识和技能的一种方法。家长在教育训练中，把具体的学习内容寓于一定的游戏之中，通过游戏的方式吸引儿童的注意力，提高儿童学习的积极性和主动性，让他们在轻松愉快的气氛中获得知识、形成能力。家长在利用游戏法教学时应注意以下几点。

第一，让智力障碍儿童自己动手，充分发挥他们的想象力和思维能力。

第二，家长要少讲，让智力障碍儿童多做。

第三，对智力障碍儿童的表现要多鼓励、多表扬。

第四，在教育训练时可适当地配合音乐进行，让儿童在轻松和谐的旋律中完成游戏，使他们既学得了知识，又愉悦了身心。

第五，培养儿童养成良好的行为习惯。家长要注意在游戏活动中培养儿童爱护生活用品、礼貌待人等文明行为，并且要学会保护自己、注意安全。

（二）任务分析法

任务分析法是指家长在教育训练中要把学习的任务分解成一个一个的步骤，或叫小步子，然后按照一定的顺序一步步有计划地进行教学的方法。特别是对于中重度的智力障碍儿童来说，使用该方法进行教学时效果会更为明显。

家长在教学中，当确定了某一阶段的目标后，就要对教学任务进行详细分析，确定应该具体分成哪几个步骤，然后再分步进行教学。例如，家长在教儿童穿上衣时就可采用任务分析法。将穿上衣的整个过程分解成如下步骤来进行教学训练：

- 拎起上衣；
- 衣领向上把衣服拿好；
- 一只手伸进一个衣袖；
- 另一只手伸进另一个衣袖；
- 拉好衣领；
- 拉齐两片前摆；

·拉好拉链或系好纽扣。

这一方法不仅适用于穿脱衣训练，而且适用于吃饭、喝水等一系列生活自理能力的训练。例如，教儿童用汤匙进食可分为以下步骤，然后指导儿童一步步依次加以练习。

·将手伸向汤匙；
·手摸到匙；
·手抓住匙；
·手拿起匙；
·将匙伸向盘子；
·匙碰向盘子；
·用匙舀上一些食物；
·将盛满食物的匙从盘中拿出；
·将匙举起在盘子上；
·将匙向嘴靠近；
·将匙举到离嘴两指的地方；
·将匙举到离嘴一指的地方；
·将满匙食物送进嘴，没有外溢(外溢，要继续训练该步骤)；
·将满匙食物放到嘴里，没有跌落(跌落时，要重复练习这个及前面的几个步骤)；
·将匙重新伸向盘子；
·重复所有步骤，直到学会用汤匙进食。

家长在运用任务分析法进行教育训练时要注意以下几点。

首先，要注意训练内容之间的内在联系和规律。家长在对教学内容进行一小步一小步的分解与编排时，必须服从于内容本身的系统性、完整性及连贯性，而不是凭主观想象来任意分解。那样会导致教学内容前后知识之间的割裂和脱节。

其次，要注意儿童的可接受性。家长对学习内容的分解要从智力障碍儿童心理发展水平的实际情况出发。对轻度的智力障碍儿童来说，分解的步子可粗些、大些；而对于中度、重度的智力障碍儿童来说，分解的步子可更细小些。

最后，训练方式要灵活机动。家长在对任务进行分解后，在训练时既可从第一步开始由前往后逐步进行，也可以从中间某一步做起，分别向前或向后进行，还可以从最后一步做起，由后向前逐步进行。训练的方式可灵活调整，不一定要千篇一律。

(三)情境教学法

情境教学法是指家长在智力障碍儿童教育训练过程中，要从期待儿童的发展出发，积极创设教学所需要的情境，并引导儿童积极参与到情境当中来，使他们体会到家长的爱，体验到成功的愉悦，从而促使智力障碍儿童身心技能得到更好、更快的发展。家长在运用情境教学法时应该做到以下几点。

首先，家长对儿童要有“四心”，即爱心、耐心、信心和恒心。爱心是搞好智力障碍儿童教育的关键和出发点，家长要从生活、学习的各个方面关心他们、爱护他们、体贴他们、帮助他们，做他们的良师益友。耐心、信心和恒心则是智力障碍儿童教育成功与否的保证，家长要多看到儿童的长处，要用发展的眼光看待他们，要时刻期待他们的发展，对他们充满信心，要多鼓励、多表扬，少批评、少打骂，要让儿童体验到父母对他们的一片爱心、关心和诚心，同时，还要做到持之以恒，不放弃、不抛弃、不言弃。

其次，家长要重视生活情境的创设。在教育训练过程中，家长要紧密结合儿童生活实际，积极创设各种生活情境，让儿童在各种生活情境中掌握日常生活知识和能力。

最后，家长应紧密结合教学任务和教学内容创设情境。家长所创设的教学情境是为完成教学任务、使儿童更好地掌握教学内容服务的，因此家长必须结合不同的教学内容尽心组织和布置不同的教学情境，并尽量避免与教学无关因素的干扰。

(四)现场教学法

现场教学法是指家长把儿童带到一定的生活现场，结合现场内容直接进行教育训练的一种教学方法。家长在运用现场教学法进行教学时要注意以下几点。

①要有明确的教学目的。现场教学是为了让儿童对教学内容更好地理解、消化，因此必须与教学内容紧密配合，避免随意性。它不仅要求家长明确教学目的，而且还要让儿童也明白学习的目的和任务。家长要根据所学内容给智力障碍儿童提出现场参观学习时的具体要求，让他们带着问题、任务去参观学习。只有目的明确了，儿童学习时才能有的放矢，避免盲目性，同时也可以调动学习的积极性和主动性。

②要充分发挥家长的主导作用。家长在现场教学中起主导作用。家长要面对现场实际，结合学习内容，一步步有计划、有目的地进行讲解。家长要充分发挥现场教学具体、生动、形象、直观等优点，调动儿童的学习兴趣，并及时向他们提出一些启发性问题让他们根据实际回答。

③家长要事先对现场进行统筹安排。现场教学是为实现教育训练内容服务的，因此采用现场教学法时，家长一定要事先按教学内容的要求对现场进行安排，或请有关人员协助安排，以便使教学有步骤、有计划地进行。中、重度智力障碍儿童的智力缺陷程度较为严重，并往往伴有不同程度的行为缺陷或肢体运动障碍，因此在对中、重度智力障碍儿童进行教育训练时，必须针对他们的身心发展特点采取更适合他们的教学手段和教学策略。

第一，循序渐进，小步子、大循环。由于中、重度智力障碍儿童的短时记忆能力较差，因此他们学过的知识在很短的时间内就会被忘记。为了使他们能够更好地、较长时间地保持所学知识，在教学时必须采用小步子、大循环的教学方法，把所学内容有计划、有步骤地一步一步分解成比轻度智力障碍儿童更为细小的步子，然后按步骤循序渐进、由易到难、由浅到深进行学习。在学习新的内容之前，家长要指导儿童回过头来先复习以前学过的内容，在唤起他们的回忆之后，再教少量的新内容。采取这样一种将学习和复习有机结合的循环教学方法。

第二，及时反馈、及时强化。及时反馈是指在训练过程中，要让智力障碍儿童及时了解自己的训练情况，明白哪些地方做对了，哪些地方做错了，对错了的地方要及时纠正并能够根据情况做出自我评价。及时强化是当某个教育训练的内容被儿童初步掌握以后，家长要给予及时表扬、肯定，也就是给予正强化，以加深他们对学过的知识的理解。家长对智力障碍儿童在训练中的进步都要及时给予肯定、表扬或奖励，使他们体验到成功的喜悦，以增强他们进一步学习的信心和决心。家长所采用的强化物既可以是具体的实物，也可以是精神上的一些鼓励，如赞许、点头、微笑、夸奖等。

第三，教学内容及形式的简单化和低幼化。由于中、重度智力障碍儿童心理发展水平低下，他们心理发展水平严重落后于他们的生理发展水平，他们的心理发展水平往往停留在比同龄正常儿童较低的水平，因此教育训练的内容和形式应该简单化和低幼化，接近较小年龄的正常儿童水平。

第四节
智力障碍儿童的青春期教育与婚姻教育

一、智力障碍儿童的青春期教育

青春期教育，是对处于青春发育期儿童进行的性生理、性心理和性道德(伦理)的素质教育。

(一)智力障碍儿童青春期教育的内容

1. 青春期性知识及性卫生教育

家长可组织儿童观看《性生理保健》等视频，向他们讲解性生理及性保健知识。

对生殖器官及性别的认识。性别角色的教育是个十分重要的问题，家长必须对儿童进行性别的角色教育。家长应该在孩子很小的时候就教他们认识自己的生殖器官，帮助他们确认自己的性别角色，让他们明白自己是男孩还是女孩。家长应该告诉他们男孩就是男孩，女孩就是女孩，避免性别错位。生活中如果把男孩当女孩养，他就认同自己是女孩；如果把女孩当男孩养，她就认同自己是男孩。家长要赋予儿童性别角色特点，男孩就让他干男孩的事，如踢足球、打篮球、玩兵器游戏等；女孩就让她干女孩的事，如玩布娃娃、过家家等。通过这种游戏活动让他们在游戏中认识自己的性别角色。

对女生月经初潮与男生遗精的认识与处理。家长要指导儿童认识这种生理现象，了解相关的处理方式。例如，女生要学会使用卫生用品等，男生学会减少梦遗的方法(如不看黄色刺激性书刊、电视及电影等)。

对手淫现象的认识。家长指导儿童认识手淫对身体造成的危害，认识手淫对个人行为的影响，避免手淫行为。有了手淫现象后教育他们正确看待手淫，不要过于恐惧，以免造成心理压力与负担。家长可转移儿童的注意力，组织他们多参加自己喜欢的各种活动等，逐步减少手淫现象。

教男生学会处理胡须。辨别并使用剃须用具，会以一定程序、方式处理胡须。

青春期的情绪与情感的调节。家长要及时发现青春期儿童容易出现的一些情绪障碍及情感问题，多与他们进行沟通与交流，帮助他们解决这些问题。

教育儿童如何与异性健康交往，避免发生早恋。家长要教给儿童与异性正确进行交往的方式，要学会把握交往的分寸与尺度，避免感情冲动；教他们认识早恋的危害，避免早恋。

2. 青春期性防御教育

由于智力障碍儿童的性生理发展与正常儿童的没有本质差别，因此他们对性的渴望也会让他们产生性冲动。但他们心智发育迟缓、理性思维不成熟，又缺乏一定的教育指导等，使得智力障碍儿童容易成为性犯罪的目标。美国一项研究数据显示，18周岁前，约有82%的女性智力障碍者遭到过性侵害。这个比例是所有遭受性侵害的障碍群体中最高的。在实际生活中，处于青春期的智力障碍女孩的性防御能力较低，对性防御基本知识和技能的掌握较差，缺乏或者没有自我保护意识，因此对她们开展性防御知识教育，让她们加强对自我的保护能力具有重要意义。

(二)智力障碍儿童青春期教育的原则

1. 实用性原则

智力障碍儿童往往在掌握抽象概念方面有一定困难。在青春期性知识及性卫生教育中，家长应主要教会他们辨别什么是对的、什么是不对的，应该怎样做、不该怎样做，教给他们一些具体的方法，以便于他们理解和掌握。

智力障碍儿童往往不能辨别性侵犯处境，容易盲目信任他人，不善于进行自我保护和寻求援助，因此容易被性侵犯者有机可乘，成为性侵犯对象。对此，家长在青春期性防御教育中，首先应指导儿童辨别及保护隐私部位，强调无论男女，与人交往时应保持适当的社会态度和行为。其次教导儿童辨别性侵犯的处境，提高儿童对性侵犯行为的注意。告诉儿童，在日常生活中一般的人际关系都是健康和正常的，但对于一些不寻常的情况也应有所识辨并做出适当的反应，以保护自己；告诉儿童当被侵犯时应该理直气壮，断然拒绝对方，并向人求助，以保护自己。

2. 正面启发教育原则

智力障碍儿童思维直观具体，容易受表面现象的影响，对问题的理解不深刻、不灵活，对真善美、假丑恶的分辨能力差，不仅不善于从反面事例中吸取教训，而且还容易模仿不正确、不健康的行为。因此，家长需要对他们多做正面引导与启发，积极引导他们掌握正确的道德行为准则，养成良好的行为习惯。

3. 巩固性原则

实践证明，智力障碍儿童智力低下，识记慢，保持不牢固，思维缺乏独立性、目的性，容易受别人的暗示，易受不良因素影响形成不良行为。家长要及时发现儿童存在的不良行为并对他们进行针对性说服教育，指出行为的危害性。在教育中，家长要多强化、多鼓励、多表扬，进行巩固，以便使儿童改变不良的行为习惯，养成良好的行为习惯。

4. 家校教育同步进行原则

由于不少智力障碍儿童家长文化素养较低，有的本身就是智力障碍者，不能很好地担负起指导儿童掌握青春期性常识的职责，因此，特教学校要定期召开家长会，向家长说明为何要进行青春期教育，向家长讲授青春期男女的生理发育特点和生理保健知识，使家长懂得如何指导进入青春期的子女了解性生理知识和培养良好的性卫生习惯。在教育活动中，对家长实施同步教育，取得家长的理解、配合，可以使学校的青春期教育取得较好成效。

(三)智力障碍儿童青春期教育的方法

在对智力障碍儿童进行青春期性防御教育时可具体采用以下方法。

1. 游戏法

游戏法是对智力障碍儿童实施性防御教学的有效方法之一。家长以游戏的形式教育训练儿童，将游戏与学习内容有机结合在一起，使儿童在轻松愉快的氛围中掌握知识、形成技能。家长在讲述面对性侵害的正确做法时可与游戏结合在一起进行练习。先讲解遇到性侵害时的正确做法，如赶快跑、大声喊。家长为儿童演示动作，在演示时动作要与口令一致，然后让儿童去做，即当家长发指令赶快跑时，儿童要做出跑步的动作；当家长发出指令大声喊时儿童要双手扩成喇叭状摆在嘴边，当家长发出指令我不要时，儿童要摆手拒绝。家长可和儿童一起游戏，一起做动作，在家长与儿童互动的欢快气氛中使儿童掌握面对侵害时的正确做法。

2. 角色扮演法

角色扮演法是实施性防御教育的最佳方式之一。通过模拟真实场景，让儿童进行角色扮演，为他们提供主动参与的机会，这有助于儿童将所学的性防御知识技能内化为能力。在进行性侵害防范技能教育中，利用角色扮演的方式让儿童学会拒绝。让儿童扮演被侵害者，家长扮演侵害者去触摸儿童的身体部位，让儿童判断自己是否被侵害。如果他认为被侵害，就大声喊"不要"，如果他不能有效辨别是否受到性侵害，家长就要强调指出触摸身体的哪些部位就是受到了性侵犯，如果受到了侵害就要大声叫喊并努力逃脱，可反复对此加以练习。

3. 讨论法

在进行性防御技能教育训练时，家长可与儿童对探讨的问题一起进行讨论。家长先向儿童提出相关问题，引导儿童谈自己对问题的看法等，在讨论中充分发挥儿童的主动性，鼓励儿童大胆发言，儿童通过表达反映出的对问题的理解程度及存在的不足，家长要加以纠正。

4. 情境教学法

家长可针对教育训练的内容创设相应的情境，在情境教学中提高儿童处理问题的能力。例如，对女孩进行性安全知识教育时，家长可为她创设这样一个情境：自己在家时，外面有人敲门，且他能够说出爸爸和妈妈的名字。家长扮演陌生人并去敲门，看儿童会有什么样的反应。家长告诉儿童一个人在家时不要随意为别人开门。家长通过创设情境和分析情境，提高儿童对性防御的安全意识。

(四)智力障碍儿童青春期教育应注意的问题

言语指导要简明扼要，要将抽象概念具体化、形象化。家长在进行性防御知识教育训练时，为便于智力障碍儿童能够理解所要掌握的知识，语言的使用要力求通俗易懂，简单明了，尽量少使用专业术语，避免使用专业的强暴等概念，避免抽象空洞的理论说教，要结合具体事实进行生动形象的讲解。教学的重点在于让儿童理解他人对自己实施的哪些行为属于性侵害行为。

教学内容的呈现方式要多样化。开展性防御教学时，家长可以根据不同的学习内容，选取不同的呈现方式灵活进行，可将学习内容制成动画短片展示给儿童，还可以漫画的方式呈现给儿童，也可让儿童有视频、录像、电影等掌握性防御知识。

教学内容要注重生活化，与生活实际密切联系。家长对儿童进行性防御教学时一定要贴近儿童的生活实际，从儿童的实际生活出发，选择离儿童生活较近的内容进行。

例如，家长根据生活实际给儿童罗列出可能发生危险的场景：超市、学校、回家路上、公园、偏僻人少的地方等，并告诉他们陌生人搭话时不要接，尽量不要出入偏僻场合，对任何人都要注意防范，不要对熟人放松警惕，外出前要及时告知父母；如果遇到暴露生殖器官的人不要理会他，要及时跑向人群密集处或报警等。

二、智力障碍儿童的婚姻教育

婚姻与家庭是紧密联系、密不可分的有机组合体。婚姻是家庭的前提和基础。美满幸福的婚姻有利于形成良好的家庭组织结构，有助于完善和提高家庭功能，保证家庭和谐发展，有利于家庭为社会发展、社会安全做出贡献，同时对人口再生产具有重要意义。智力障碍者的婚姻状况对家庭生活、经济供养和生活照料等方面有着更为重要的作用。对他们而言，在选择配偶上存在更大困难，配偶在家庭中的作用也显得更为重要，这将直接影响他们家庭角色和社会角色的延续与扩充。

调查发现，智力障碍人士和普通人士一样也有享受婚姻生活的愿望。对于他们的婚姻问题目前社会上存在着不同的看法和认识。有人认为，智力障碍人士本身存在智力低下问题，本身就对社会造成了一定的负担，自食其力都较为困难，就更不用说为社会创造财富和价值了，如果允许他们结婚生子可能会给社会造成更大的负担和压力。也有人认为，智力障碍人士只要来到这个世界上就要有和正常人相同的权利，包括婚姻权、生育权等。人们对智力障碍人士婚姻的认识不一。国内现有的关于残疾人婚姻家庭方面的法律法规有限，残疾人的婚姻家庭权尚未受到重视，缺乏强有力的法律保障。在《中华人民共和国残疾人保障法》中对残疾人“婚姻”一词只字未提。2006 年 3 月 15 日公布的《中华人民共和国残疾人保障法》修改草案第二稿在第八章中增加了有关人身、财产和婚姻家庭的内容。由此可见，随着我国残疾事业的不断发展，残疾人婚姻家庭权已引起政府及社会的广泛关注。

在现实生活中智力障碍人士的婚姻生活往往不够如意和满足。女性轻度智力障碍人士更容易获得婚姻生活，组织家庭更为容易些，而男性特别是中度以上智力障碍人士往往很少有机会组成家庭。不管怎样，家长都有义务对儿童开展相应的家庭婚姻教育，使他们掌握相关知识，为未来的婚姻生活奠定基础。家长在对智力障碍儿童进行婚姻教育时应注意以下几个问题。

第一，教育他们以正确的态度对待婚姻与家庭。

一是要教育他们不要惧怕婚姻，更不要排斥婚姻，让他们明白智力障碍虽然与遗传有密切联系，但某些原因造成的智力障碍不一定遗传。例如，一些后天原因尤其是社会文化原因及物理化学损伤导致的智力障碍就个体本身而言就不会遗传，不用担心结婚后所生孩子一定就有智力障碍的问题。当然也应教育他们有些原因导致的智力障碍与遗传联系密切，即可能会造成后代的智力障碍。此时对于是否结婚就要慎重考虑。二是要教育他们做好迎接婚姻的心理准备。如果符合结婚条件又有结婚需求就可以选择合适对象在合适时间举行婚礼。对此，家长要教育他们做好结婚前的各项准备工作，特别是心理准备。

第二，让他们懂得如何才能过好家庭生活。

智力障碍人士一旦结婚后，首先面临的问题就是如何过好家庭生活。对此，家长要教育他们明确自己在家庭当中的地位，学会如何与家庭成员友好相处、和睦相待，掌握相应的技能与技巧；学会如何更好地理财，怎样更为合理、恰当地分配和利用家庭财产，如不浪费等；明确家庭的责任与义务；懂得如何处理夫妻双方的性生活问题等。

第三，慎重决定是否生孩子。

家长要通过教育让智力障碍儿童明白应不应该生孩子。根据他们的致病原因、智力障碍的程度以及家庭的经济状况等方面的情况提出合理化的建议，让他们懂得在生孩子问题上的选择一定要慎重，要理性对待，不要任性或一意孤行，一定要理智。同时要让他们懂得生孩子对家庭和社会意味着什么，对家庭和社会会产生怎样的影响。

第四，教育他们如何对自己的子女进行教育。

如果夫妻双方具备生育条件，一旦决定生育，那么作为智力障碍者的家长首先要教育他们做好生育前的各种准备工作，包括生理准备、心理准备、物质准备等；还要教育他们将来如何教育自己的孩子，教给他们一些养儿育女的最基本的知识和技能。智力障碍者在教育子女方面的能力存在较大不足，需要家长付出更多的努力和心血。只要有可能就要将育儿教育贯穿在生活的各个方面，而他们也确实离不开父母的指导与帮助，甚至这种帮助会贯穿终生。

本章小结

本章主要讲述了智力障碍儿童家庭教育的目标和内容，家庭教育的方法和途径，家庭教育应注意的问题，对智力障碍儿童智力的培养，对智力障碍儿童生活自理能力教育的内容、原则与方法，以及青春期和婚姻教育的内容、原则与方法等知识。家长要想对智力障碍儿童进行更好的家庭教育和训练，必须明确对儿童进行家庭教育的目标和内容，这是对儿童进行家庭教育的基础和前提。家长要掌握对儿童进行家庭教育的具体方法，以便使教育更有针对性和实效性。在对智力障碍儿童进行家庭教育时，一定要结合儿童身心发展特点、已有的水平、能力和日常生活实际，注重训练内容的功能与实用价值，避免形式主义。

复习思考题

1. 智力障碍儿童家庭教育的目标和内容是什么?
2. 智力障碍儿童家庭教育的方法有哪些?
3. 智力障碍儿童生活自理能力教育的内容是什么?
4. 智力障碍儿童生活自理能力教育的原则、方法有哪些?
5. 如何对智力障碍儿童进行青春期相关知识的教育?
6. 家长在家庭教育中应注意哪些基本问题?
7. 应如何对智力障碍儿童的智力进行培养?

本章阅读书目

(一)推荐拓展书目

1. 江琴娣．特殊儿童家庭教育．上海：华东师范大学出版社，2015.
2. 邢同渊．智力障碍儿童心理与教育．北京：中国轻工业出版社，2015.
3. 邓佐君．家庭教育学．福州：福建教育出版社，1995.
4. 刘全礼．特殊儿童的家庭教育．天津：天津教育出版社，2007.

(二)补充读物

1. 刘全礼．儿童行为塑造及行为问题矫治．北京：中国妇女出版社，2004.
2. 刘全礼．智力落后儿童的特点与教育纲要．天津：天津教育出版社，2008.
4. 刘全礼．临床家庭教育学导论．天津：新蕾出版社，2008.
5. 刘全礼．特殊教育导论．北京：教育科学出版社，2003.
6. 刘全礼．实用培智学校教学法．长春：东北师范大学出版社，2012.
7. 刘全礼．特殊教育专业概论——我国特殊教育教师职前培养的问题与对策研究．北京：中国轻工业出版社，2016.

主要参考文献

1. 江琴娣．特殊儿童家庭教育[M]．上海：华东大学出版社，2015.
2. 邢同渊．智力障碍儿童心理与教育[M]．北京：中国轻工业出版社，2015.

3. 邓佐君．家庭教育学[M]. 福州：福建教育出版社，2013.

4. 刘全礼．特殊儿童的家庭教育[M]. 天津：天津教育出版社，2007.

5. 刘全礼．智力落后儿童的特点与教育纲要[M]. 天津：天津教育出版社，2008.

6. 李生兰．幼儿家庭教育[M]. 上海：上海教育出版社，2000.

7. [美]格温·斯奈德·科特曼．开发幼儿智力和创造力的 99 个策略[M]. 田田，译．上海：华东师范大学出版社，2013.

8. 陈鹤琴．家庭教育——怎样教小孩[M]. 北京：中国致公出版社，2001.

9. 王淑荣，邢同渊．特殊儿童早期干预[M]. 北京：中国轻工业出版社，2014.

10. 雷江华．学前特殊儿童教育[M]. 武汉：华中师范大学出版社，2008.

11. 陈涛．残疾人婚姻家庭研究和发展的现状分析[J]. 人口与发展．2008(4)：73-82.

12. 石坚．青春期智力障碍女生性防卫教育的行动研究——以大连市×××培智学校为例[J]. 大连：辽宁师范大学，2017.

13. 李玉英．青春期教育的现状与对策研究[J]. 陕西教育学院学报，2001(3)：19-22.

14. 许菁．浅谈儿童美术教育活动中创造能力的培养[J]. 美术教育，2015(12)：201.

15. 邵明德．试论儿童创造能力的培养[J]. 徐州师范学院学报(哲学社会科学版)，1998(4)：147-152.

16. 胡筱榕．试论弱智儿童创造能力的培养[J]. 教育评论，1993(5)：23-25.

第五章

情绪行为障碍儿童的家庭教育

导　读

情绪行为障碍是当前基础教育中普遍存在的现象，是当前特殊教育领域面临的巨大挑战，也是影响儿童学习、教师教学和家长教育的一大难题。情绪行为障碍内涵复杂、类型多样。及早发现情绪行为障碍儿童，并给予科学的干预与支持，将对儿童未来的发展具有重要的意义。

学习目标

1. 了解情绪行为障碍儿童的相关概念。
2. 理解情绪行为障碍儿童的发展特点。
3. 掌握情绪行为障碍儿童的类型及特点。
4. 掌握情绪行为障碍儿童的教育目标。
5. 掌握情绪行为障碍儿童的家庭教育方法。
6. 能对情绪行为障碍儿童进行评估。
7. 能根据情绪行为障碍儿童的身心特点开展家庭教育活动。

学习重点

1. 了解情绪行为障碍的概念的内涵和外延。
2. 理解情绪行为障碍儿童的发展特点。
3. 掌握情绪行为障碍儿童的教育目标。

学习难点

1. 掌握情绪行为障碍儿童的家庭教育方法。
2. 掌握不同类型情绪行为障碍儿童的诊断与鉴别方法。
3. 能根据情绪行为障碍儿童的特点开展家庭教育活动。

第一节
情绪行为障碍儿童的特点

情绪是指人对认知内容的特殊态度，是以个体的愿望和需要为中介的一种心理活动。简单来说，情绪是个体的需要是否获得满足而产生的态度和体验。情绪包括四个方面：一是生理反应，也就是个体的生理变化，如心跳加快、手心出汗、内分泌的变化等；二是心理反应，也就是个体的主观感受，如不安、厌恶、愉快等；三是行为反应，也就是个体的外显行为，包括语言行为和非语言行为，如哭泣、兴奋、喊叫、手舞足蹈等；四是认知反应，也就是个体对于引发情绪的事件、刺激和情境所做的解释和判断。

行为是指个体在主客观因素的影响下产生的反应活动。行为是外显的、可观察的动作、反应、运动或行动，以及脑内的各种心理活动。行为是人与环境相互作用的结果，人的行为大都是通过学习获得的。

行为往往由情绪引发，情绪总是伴随着相应的面部表情和身体姿势，情绪与行为密切联系。有什么情绪就会产生什么行为，情绪和行为不可分割，犹如一枚硬币的两面。情绪性行为是指个体的情绪影响行为并使之发生改变。

一、情绪行为障碍的定义

(一)美国关于情绪行为障碍的定义

1. 行为障碍儿童研究理事会的定义

1989 年，美国行为障碍儿童研究理事会(Council for Children with Behavior Disorder，CCBD)提出了情绪行为障碍的定义。

第一，情绪行为障碍的症状如下：

• 在学校的情绪或行为反应，与同龄人的平均水平相比差异很大，而且这种反应对学习、社会适应、职业技能和个人能力的发展都有极为不利的影响。

• 对周围环境中的压力事件，表现出非暂时性的过激反应。

• 在两种不同的环境中表现出一致的障碍，其中一个是在学校。

• 普通教育的直接干预效果很差，或者说普通教育的干预对这种学生是非常不充分的。

第二，情绪行为障碍可能与其他障碍并存。

2. 美国的心理健康和特殊教育联合会的定义

1993 年，美国的心理健康和特殊教育联合会(Mental Health and Special Education Coalition，MHSEC)提出如下定义。

第一，情绪行为障碍表现出如下症状：

• 在学校日常生活中总的情绪或行为反应与同龄人的平均反应，以及同一文化背景、同一种族的平均水平相比差异很大，而且这种反应对学习成绩、社会适应、职业技能和个人技能的发展都有极为不利的影响。

• 对周围环境中有压力的事件，表现出非暂时性的过激反应。

• 在两种不同的环境中表现出一致的障碍，至少其中之一是在学校。

• 对普通教育的直接干预的反应效果很差，或者说普通教育的干预对这种儿童来说是非常不充分的。

第二，情绪行为障碍可能与其他障碍并存。障碍包括精神分裂症、情绪失调、焦虑症，或其他行为或适应上的持续性障碍，并且这些疾病对儿童的教育表现造成负面影响。

可以说，CCBD和MHSEC的定义是一致的，这个定义考虑到了文化、种族的因素，并且指出了两种以上情境因素，也就是多维度的收集和分析个案资料，强调了情绪和行为异常表现的相对性和稳定性；也强调了儿童在教育表现不佳时，可以转介与接受诊断，显示了特殊教育介入的可能性。

(二)我国关于情绪行为障碍的定义

我国对情绪行为障碍定义没有形成统一的、明确的定义。参照国外的情绪行为障碍定义的研究和国内的情绪行为障碍儿童的实际情况，本文将情绪行为障碍定义如下。情绪行为障碍是指儿童的情绪、行为反应与其所处的社会情境、社会评价相违背，显著地异于同龄人的正常状态，且妨碍了个体对正常社会生活的适应。具体表现为学习困难(这种学习困难不是由于智力、感官缺陷或身体健康不良造成的)；不能与同伴、家长、老师建立或维持令人满意的人际关系，比较孤僻、不合群；经常出现非暂时性的情绪困扰或令人难以理解和接受的行为反应；持续性伴有不愉快的心境，如焦虑、抑郁、沮丧和压抑感；存在有意识或无意识的抵触或违抗行为；需要特殊教育与相关服务的介入。

二、情绪行为障碍的成因

(一)生物因素

目前，关于生物因素是导致情绪行为障碍的原因的解释有增多的趋势。

1. 遗传因素

随着医学的进步，人们认识到基因不仅会影响儿童的生理特征，而且还会影响他们的行为特征。例如，注意缺陷多动障碍的双生子研究表明，注意缺陷多动障碍的遗传度为0.8，甚至更高。从注意缺陷多动障碍的诊断来看，同卵双生子的平均一致率约为65%，是异卵双生子的两倍。注意缺陷多动障碍的症状越严重，遗传的影响就越大。再如，强迫症的双生子研究表明，同卵双生子患强迫症的同病率为87%，而异卵双生子患强迫症的同病率只有47%，这个结论证明了强迫症具有部分遗传性。基因的变化可能是导致人的行为改变的一个重要因素。抑郁症和精神分裂症这两种障碍和基因缺陷的联系是比较牢固的。

2. 脑神经功能异常

中枢神经系统，特别是大脑，某个部分受到损伤或发生病变时，其相对应的功能就会受到影响，出现障碍。有研究表明，某些情绪与行为问题儿童的脑电波和正常儿童相比有异常现象。例如，注意缺陷多动障碍的症状与大脑前额叶的功能异常有关，而前额叶又是涉及执行功能的重要区域。执行功能是指儿童为达到未来目标而维持一种解决状态的能力和自我评价能力。执行功能的完成，依赖前额叶皮质及皮质下区域之间动态的交互作用。与执行功能有关的脑机制有额叶—纹状体环路以及小脑等。作为大脑结构中最高级的部分，额叶处于额叶—纹状体环路的中心，额叶损害的个体在许多执行功能任务中的成绩都差。

3. 生化因素

神经递质(分泌太多或太少、吸收过程出现问题等)也是影响个体心理健康的关键因素。常见的神经递质包括血清素、去甲肾上腺素、多巴胺和乙酰胆碱等。

(二)心理因素

不同的心理学派对导致情绪与行为问题的心理因素有不同的解释。

1. 精神分析的观点

精神分析学派从性压抑、性发展障碍的角度来解释情绪与行为问题形成的原因。荣格认为性的欲望和冲动会导致反社会行为；阿德勒认为早期不良教育会影响情绪和行为的发展；霍妮、弗洛姆、沙利文、埃里克森等从愿望与满足的矛盾和冲突方面来解释形成情绪与行为问题的心理因素，认为情绪与行为障碍是由本人素质、家庭、环境等因素交织而成的。

2. 行为主义的观点

行为主义学派依据条件反射学说和社会学习理论，来解释形成情绪与行为问题的心理因素，认为情绪与行为障碍的形成是由于建立了某种错误的条件反射和某种错误的社会学习方法。行为主义者主张采用行为矫正，即采用正负强化通过奖惩的方式来矫正错误的行为方式并建立正确的行为方式。

3. 认知理论的观点

美国心理学家费斯汀格提出认知失调理论来解释情绪与行为问题。他认为，两个对立的认知推断同时存在于一个人的认知之中时，常会产生不舒适感和不愉快的情绪体验。认知成分之间的相互矛盾，如果长时期得不到解决，便会产生情绪与行为问题。这一理论认为，随着认知失调的不断增加，个体要求减少和消除失调的心理张力就越来越大。因此，要通过教育来减少不协调的认知成分，增加协调的认知成分，有时必须建立某种强制型的认知结构才能引起态度和行为方式的改变。

(三)社会因素

美国学者布朗芬布伦纳提出了个体发展的生态系统理论，认为儿童的社会支持系统是由儿童及其周围与之有接触的人(支持者)，以及儿童和这些支持者之间的交往活动构成的系统。该理论将儿童家庭的社会支持来源也分为微观系统、中间系统、外层系统和宏观系统四个层面。微观系统包括家庭、学校和社区。中间系统涉及微观系统中各子系统之间的关系，包括家庭与学校、家庭与社区、学校与社区之间的关系。外层系统包括父母的工作场所、社会各种组织机构等。宏观系统则包括来自某种文化或亚文化的价值观念、信仰和信念等社会文化背景，以及体现这些价值观念的介质。

下面从儿童生活与学习的环境，即家庭环境、学校环境、社会环境三个方面来探讨形成情绪与行为问题的原因。

1. 家庭环境方面

儿童情绪行为问题的形成与家庭不完整、功能不全、家长本身的情绪与行为问题、家庭成员之间感情冷漠、父母教育方式不当，以及家庭的经济状况和社会地位都有非常密切的关系。对于焦虑症儿童来说，父母的不合理期望容易使孩子的自尊心和自信心受损、内心焦虑不安；过度保护孩子，孩子缺乏独立意识和能力，也会造成孩子的焦虑。这些说明父母的教养方式是使其产生焦虑的原因之一。家庭氛围和家庭成员之间的关系也会影响孩子的情绪和行为。很多孩子的情绪行为问题映射了父母关系的不和谐。

2. 学校环境方面

学校是儿童活动的主要场所。有情绪行为问题的儿童由于自身的特点，多不能与同伴建立和维持良好的人际关系。有的儿童因为经常打或辱骂同学而违反纪律受到学校的处分，开始厌恶学校生活。这些儿童缺乏安全感、归属感。不适当的学校教育往往又会造成情绪行为问题儿童不良的因果循环。在学校教育环境中，老师的偏见和同学的疏远或捉弄最能助长这类儿童的消极情绪与行为。

3. 社会环境方面

任何家庭、学校都不可能离开社会这个大环境而独立存在。国外已有的调查资料表明，凡是经济衰退、失业率上升、社会治安条件差的时期，学校中情绪行为问题的比率就有上升的趋势。此外，在经济状况和文化教养条件较差的群体中，情绪行为障碍儿童所占的比率相对也较高。有的学者从生态学的观点来探讨社会环境对儿童的身心发展所产生的影响，把这种不良的社会环境称为“心理污染”。

随着科学技术的进步，娱乐设施的增多，互联网的发展以及多元文化和多元价值观的出现，儿童的内心冲突增加，消极的情绪与行为问题产生。

综上所述，影响情绪行为问题的因素是多方面的、复杂的。这些因素常常是交织在一起发生作用的。在对它们进行分析，对情绪行为问题进行教育、矫治的过程中，要具有系统论、整体论的思想，采用综合治理的方式，把矫治个体的行为方式和改变个体的生存空间环境紧密地结合起来。

(四)个性因素

心理易患素质是指在外界因素影响下，使个体倾向于某种身心疾病的心理特征。具体来说，内向、懦弱、敏感、多疑、追求完美、耐挫力差等个性特质会使个体容易出现情绪行为问题。

三、情绪行为障碍的类型

(一)情绪行为障碍的分类标准

1. 根据情绪和行为的性质划分

情绪障碍包括焦虑症、抑郁症、恐惧症、学校恐惧症、社交恐惧症、强迫症等。

行为障碍包括多动症、抽动症、缄默症、对立违抗障碍、品行障碍、厌食症、贪食症、睡眠障碍、性心理障碍等。

2. 根据自我控制能力划分

超控制型表现为对自己的情绪和行为过分控制，包括焦虑、抑郁、害羞、退缩、胆怯、厌食症、缄默症等。

低控制型表现为对自己的情感和行为缺乏控制，包括恐惧、多动、冲动、侵犯、攻击、贪食症等。

3. 根据情绪和行为的性质与后果划分

非社会行为表现为不合乎社会规范，但对社会影响不大的行为，包括多动、自卑、退缩、焦虑、抑郁等。

反社会行为表现为违反了社会行为准则，对社会造成一定危害和不良影响，甚至触犯法律的行为，包括打架、斗殴、偷窃、诈骗、赌博、故意杀人、强奸、抢劫、贩毒、放火、爆炸、投毒等。

情绪行为障碍的分类标准如上，每种分类不是完全独立、相互排斥的，而是存在交叉的。例如，一个儿童患有抑郁症，从情绪和行为的性质来看，是属于情绪障碍的范畴；从自我控制能力的角度，是属于超控制型的；从情绪和行为的后果来看，又是属于非社会行为的范畴。当然，还有更为复杂的情况，即一个儿童同时存在多种情绪行为问题，加上共病现象，不能简单地归为哪一种类型，需要综合分析和诊断。

将情绪行为障碍进行科学分类，是对儿童情绪和行为进行科学分析的前提。值得注意的是，对儿童的情绪行为问题进行诊断需要专业人员的专业评估，切忌随意地下结论，给儿童贴标签。

(二)常见情绪行为障碍的类型

《中国精神障碍分类与诊断标准第3版》(简称CCMD-3)包括：器质性精神障碍；精神活性物质或非成瘾物质所致精神障碍；精神分裂症(分裂症)和其他精神病性障碍；心境障碍(情感性精神障碍)；癔症、应激相关障碍、神经症；心理因素相关生理障碍；人格障碍、习惯与冲动控制障碍、性心理障碍；精神发育迟滞与童年和少年期心理发育障碍；童年和少年期的多动障碍、品行障碍、情绪障碍；其他精神障碍和心理卫生情况。其中第7、第8项涉及情绪与行为障碍。

1. 对立违抗性障碍

对立违抗性障碍常起病于8～10岁，随着年龄增长，行为问题升级，主要表现为持久性的敌意、对立、不服从、违抗或挑衅行为、破坏行为。

这些行为明显超出同龄儿童行为的正常范围，表现为主动频繁地藐视成人的要求或规定，故意招惹别人，易怒，怨恨他人，常因自身的错误或困难而责怪他人。

对立违抗性障碍儿童对挫折的耐受力一般较差，其违抗带有挑衅性质，由此引发对立、粗野、不合作和抵抗权威。如果这一问题不能得到有效干预，给患者、家庭、学校和社会带来的近期与远期后果都相当严重。

2. 缄默症

缄默症又称为选择性缄默症，是指个体言语器官无器质性病变，智力发育也无障碍，但表现为沉默不语，起病在3～7岁，女孩多见。

缄默症的表现：沉默不语，可长时间一言不发。这种缄默具有选择性，即在某些场合保持缄默，而在其他场合讲话很流畅。

3. 抽动症

抽动症又称为妥瑞氏症，是一种儿童时期的神经疾病，主要表现为不自主的、突然的、反复的、无目的的一个部位或多个部位运动性抽动或发声性抽动，并可伴有其他行为问题，如强迫障碍、睡眠障碍等。抽动症的表现有以下三个方面。

第一，运动抽动。头面部、颈肩、躯干及四肢肌肉不自主、突发、快速收缩运动。具体表现为眨眼、蹙额、噘嘴、缩鼻、伸舌、张口、摇头、点头、伸脖、耸肩、挺胸等。

第二，发声抽动。简单发声抽动表现为咳嗽、吸鼻子、吐痰、哼哼以及喘气时发出“啊啊”或“吭吭”的声音。复杂发声抽动表现为重复、刻板的完整的句子，无意义、无目的、重复地迸发出脏话。

第三，其他行为。自伤或伤人，如撞头、咬嘴唇、吮指头、抠皮肤等。

4．注意缺陷多动障碍

注意缺陷多动障碍又称为多动症，通常始于儿童早期，以与其年龄发展不相称的注意力分散或不能维持注意、易分心、冲动和多动为主要特征，是儿童临床及心理门诊中最为常见的发展性心理障碍。

《精神疾病诊断与统计手册》根据这些特征在儿童个体身上的表现程度，将分为三种亚类型：注意缺陷型、多动—冲动型和混合型(既有注意缺陷，又有多动—冲动)。

《国际疾病分类》则对注意缺陷多动障碍的界定较为严谨，只有在两个维度上同时存在症状时，才能诊断为注意缺陷多动障碍。

注意缺陷症状如下：

• 无法注意到小细节或因粗心大意使学校功课、工作或其他活动发生错误。
• 在工作或游戏中无法持续维持注意力。
• 和别人说话时，似乎没在听。
• 无法完成老师或家长交代的事务。
• 缺乏组织能力。
• 常避免、不喜欢或拒绝参与需持续使用脑力的工作，如学校工作或家庭作业。
• 易遗失或忘了工作或游戏所需的东西。
• 容易被外界刺激所吸引。
• 容易忘记每天常规活动，需大人时常提醒。

多动或冲动症状如下：

• 在座位上无法安静地坐着，身体扭来扭去。
• 在课堂中常离席，坐不住。
• 在教室或活动场合中不适宜地跑、跳及爬高等。
• 无法安静地参与游戏及休闲活动。
• 不停地动(很像发动的马达)。
• 话多(经常不间断地持续说话)。
• 问题尚未问完前，便抢先答题。
• 不能轮流等待(在须轮流的地方，无法耐心地等待)。
• 常中断或干扰其他人，如插嘴或打断别人的游戏。

5．品性障碍

品性障碍是指18岁之前的儿童反复、持续出现的攻击性行为和反社会行为。这些行为违反了与年龄相适应的社会行为规范和道德准则，影响了儿童的学习和社交功能，损害了他人或公共利益，其严重性超出一般的淘气行为。行为的发生不是由于一时的过失或年幼无知，而是一贯的行为模式，如偷窃、欺骗、打架、斗殴、逃学、离家出走、赌博、滥用药品等。品性障碍具体包括以下行为类型。

反社会行为是指一种故意或非故意的、不顾他人观感，而且可能对社会造成危害、无法增进公众福祉的行为，具体包括违法、犯罪行为和并不触犯法律但违反社会公德的行为。

攻击性行为是指有意伤害他人且不为社会所许可的身体行为或者语言行为。2～3岁时，攻击性行为常表现为暴怒发作、屏气发作、大声吵闹等；3～6岁时，表现为违抗或拒绝服从成人的命令，推拉或动手打其他小朋友，咬人或物，难以合作；学龄期，表现为以言语伤人，惹是生非，破坏物品，扰乱课堂纪律，对抗老师，恃强欺弱，威胁、恐吓弱小儿童，索要钱物或强迫他们为自己做事，常与同伴争吵、斗殴，甚至形成团伙打群架。

对立违抗行为具体包括经常说谎，经常暴怒，发脾气，经常怨恨别人，怀恨在心或心存报复，常拒绝或不理睬成人的要求或规定，长期严重不服从，常因自己的过失或不当行为而责怪他人，常与成人争吵，常与父母或老师对抗，经常故意干扰他人。

6. 儿童抑郁症

抑郁症这是以情绪抑郁为主要特征的情绪障碍。一般来讲，学前儿童抑郁症患病率低，约为1%，且女性多于男性。学龄儿童中约有3%的人患抑郁症。青少年中约有12%的人患抑郁症，20%的人存在抑郁症状。女孩抑郁症的患病率是男孩的2～3倍，男孩自杀成功率是女孩的4倍，青少年自杀成功率高于儿童。儿童抑郁症通常可分为急性抑郁、慢性抑郁、隐匿性抑郁三种。

急性抑郁。这类儿童发病前常有明显的精神诱因，如父母突然死亡，遭受意外灾害，或因病住院而离开父母等。这类儿童病前精神正常，发病时抑郁症状明显，如整日流泪、动作迟缓、声音低、食欲不振、乏力、失眠、做噩梦、身体日渐消瘦，常常独进独出，不与其他儿童交往，有时流露出绝望感。

慢性抑郁。这类儿童过去常有与父母多次分离的经历，或有其他的精神创伤的病史，但并无重大突然的诱因。病前适应能力差，抑郁症状逐渐加重，表现为胆小、害羞、容易受惊、不合群、学习成绩下降，睡眠少而浅。检查时可发现其行为退缩、表情淡漠，并有厌世观念和自杀企图等。

隐匿性抑郁。这类儿童的抑郁症状常常相当隐匿，多表现为其他问题，如不听话、多动、执拗、反抗、攻击、不守纪律、学习困难、冲动捣乱或其他不良行为。也可出现头痛、呕吐、腹痛、腹泻、厌食、过食、便秘、大小便失禁等。多数儿童抑郁不明显，但有的儿童可周期性地出现抑郁症状。

儿童抑郁症的症状如下：

· 抑郁的情绪。97%的抑郁症儿童情绪低落，年龄大且有语言的孩子会告诉成人自己的心情很差；有的孩子不曾有愁容，但在行为上表现为暴躁易怒(过度、频繁)。

· 对日常事务失去兴趣。抑郁的孩子对日常事情、活动失去兴趣，什么也不想做，如被大人勉强，则会抱怨无聊，表示下次绝不参加。

• 社交中断、孤立。抑郁的孩子对人一再疏远，社交活动减少。有的孩子喜欢小动物；有的孩子将心爱的东西送出去；有些青少年表现为性活动增加，甚至未婚先孕、生子。

• 食欲减小，发育不良。抑郁的孩子大多食欲差，厌食、挑食，因而会有生长迟缓或发育不良的现象；也有一些孩子会食欲大增，导致体重增加。

• 出现睡眠问题。抑郁的孩子有情绪困扰，会影响到睡眠质量。有的孩子整夜辗转反侧，无法成眠；有的孩子噩梦连连；有的孩子嗜睡，日夜卧床。

• 精神衰退，活动减少。抑郁的孩子主观上疲劳过度，得不到恢复；身心活动缓慢；丧失自控能力；体态垂头弯腰驼背，毫无生气。

• 注意力涣散。抑郁的孩子无法完成任务，或是错误百出，或是所做活动没有进展。

• 自尊心受损。自尊低，受到恭维或赞扬反而感到受宠若惊，否认成就。有的孩子可能会害羞、犹豫不决、怕丢脸，不敢在他人面前表现。

• 希望幻灭。抑郁的孩子感觉未来比现在更差，未来暗淡无光；对自己、他人、世界都觉得毫无希望，不抱任何希望和期待。极端抑郁的孩子会沉溺于死亡的想法，如果有外界诱发因素，如亲人死亡或心爱之物丢失，可能会到自杀边缘。

• 其他方面。愁容不展、举止缓慢、动作笨拙是抑郁的孩子的明显标志。他们语言毫无生气；有的会突然尿床或排便；有的会因注意力不集中而经常发生意外。

7. 焦虑症

焦虑症是一种以焦虑情绪为主要表现的神经症，包括急性焦虑和慢性焦虑两种临床相，常伴有头晕、胸闷、心悸、呼吸困难、口干、尿频、尿急、出汗、震颤和运动性不安等。

焦虑是一种指向未来的情绪。其特点是感到不安和缺乏对即将发生的、可能带来威胁的事件的控制。焦虑会经常发生。

恐惧是对当前危险或危及生命事件的一种即刻的警觉性反应，具有强烈的逃离倾向，伴有交感神经系统的全面启动。

惊恐是在没有任何威胁或危险存在的情况下，突发的一组战斗/逃避反应的躯体症状。

由上可知，焦虑并非实际威胁所引起的，其紧张程度与现实情况很不相称。

在现实中，必须警惕这种现象，儿童的焦虑症常被忽视，以致得不到应有的治疗。这是因为在成人的眼里，儿童的焦虑症被认为是轻微的、短暂的紊乱，随着时间的推移和生活经验的积累会逐渐减弱。还有的儿童的焦虑经常发生、症状不外显、不会对他人和财物造成严重危害。由此，必须及时发现、及早进行干预。

8. 强迫症

强迫症又称为强迫性神经症，是一类以自我强迫为突出症状的神经症。强迫行为表现为重复、刻板、仪式性，本身毫无意义。有的儿童还可能出现明显的焦虑不安。这类儿童一般智力正常。本症的基本表现是强迫性观念或思维及强迫性动作。

(1)强迫性观念或思维

强迫观念是一种持久的思想、表象和冲动强加于意识中，持续和重复出现，包括以下五个方面。

第一，强迫回忆。对做过的事(包括无关紧要的事)进行反复回忆，或急欲将过去的经历回忆起来。虽然明知道没有任何实际意义，但还是不可克制地非回忆不可，甚至经常纠结于某个场景。

第二，强迫疑惑。对自己的行动是否正确产生不必要的疑虑。例如，对自己算出来的答案是否正确产生怀疑，总觉得自己算错了；出门后总是怀疑屋门没有锁好；总是怀疑自己作业记错了等。这些疑惑往往伴有焦虑，驱使患者不断地、反复地去核查。

第三，强迫性思考。患者大多对自然现象或日常生活事件发生原因进行无效的反复思考。患者明知这种思考毫无意义、毫无必要，甚至荒谬，却难以控制。比如，反复思考“为什么一天是24小时”“为什么人长两条腿”等。

第四，强迫性对立思想。比如，上课时听到老师讲“和平”“友好”，自己的脑子里却立即出现“战争”“敌对”等相对的概念。

第五，强迫意向，常为一种与当时的意愿相反的意向所纠缠，明知道不合理、不必要，却无法摆脱。比如，看到自己的好朋友或者自己心爱的东西时就恨不得咬一口，拿到书本就想把它撕了等。这种强迫性意向不伴有相应的行动，但是伴有焦虑和恐惧心理。

(2)强迫性动作

强迫动作是指按照某种规则或刻板程序做出重复的动作或活动，这种行为活动是强迫观念的一种反应，包括以下三个方面。

第一，强迫洗涤。当患者的手或身体接触了自认为脏的物体、别人用过的东西，或和别人握了手之后，不能控制地就会去洗手甚至洗涤全身。

第二，强迫计数。患者不可克制地计算某些东西。例如，每当见到电线杆、台阶等时便不由自主地进行计数；强迫自己记忆过路车的车牌号；强迫计算自己走了多少步等。

第三，强迫性仪式动作。这表现为经常重复一套刻板动作。例如，进教室的门时一定先要迈左脚；睡觉时一定要反复检查衣服鞋袜是否放整齐。

强迫症发生在1～13岁，平均年龄为5.85岁(学前期)。2岁和7～8岁是发病高峰期。其中，男性儿童多于女性儿童。强迫症儿童的智力正常或高于平均水平，富有幻想。一般来说，在儿童阶段，强迫行为多于强迫观念。

四、情绪行为障碍儿童的特点

第一，行为特征。情绪行为障碍儿童容易出现违法规则和规定的行为，具体有以下两个方面的表现。对于外倾型的情绪行为障碍儿童来说，固执、攻击、好斗、爱挑衅和反社会行为是其主要表现，如上课时干扰同学、破坏物品、不听从指令和攻击他人等。对于内倾型的情绪行为障碍儿童来说，社会性退缩、药物成瘾、酗酒、自我伤害、自杀行为等是其主要表现，如不参与课堂教学、爱幻想，容易紧张、焦虑、害怕、出现自伤行为等。情绪行为障碍儿童的攻击性、冲动性外化行为问题是明显的，常常引发外界的关注，是当下学校管理者和教师最为头疼的。退缩、药物依赖等这些内倾的行为同样不容忽视。

第二，情绪特征。情绪行为障碍儿童的情绪以消极为主，如抑郁、忧伤、焦虑、恐惧、沮丧、挫折感、无价值感、自卑。情绪的消极会导致行为的水平下降。抑郁的儿童会有悲伤、孤单和冷漠的表现，表现出低自尊、内疚、悲伤以及躲避学习任务等。

第三，学业成绩低。情绪行为障碍儿童存在学校适应困难的问题，且大多有严重的学习困难。其学业成绩差，一部分情绪行为障碍儿童的成绩不稳定。情绪行为障碍儿童在学习活动中的问题具体表现为：学习动机不足，学习态度不端正，学习目的不明确，学习方法不得当，学习习惯不好，用于学习的时间不多。情绪行为障碍儿童的学习失败会导致其厌学、逃学和辍学，所以需要对其进行学业支持。

第四，社会技能。社会技能是个体在不同情境中进行活动及与人交往的基础，主要包括三个方面：与他人交往的行为，如接受权威、谈话技巧、合作行为；与自我有关的行为，如情感表达、道德行为、对自我的积极态度；与任务有关的行为，如参与行为、任务的完成、遵循指导等。情绪行为障碍儿童和同龄儿童相比，社会技能差，不能自我控制，容易冲动，对外在事物不感兴趣，经常喜怒无常，且不合时宜；他们也可能会重复做一些自我刺激行为，如摇头、晃身体、揪头发、摆弄衣角等。情绪行为障碍儿童社交技能不佳，给自己带来很多麻烦，也给同学、老师和家长带来很大的困扰。

第五，人际关系。情绪行为障碍儿童互动能力欠佳、经常发脾气、攻击他人，无法与他人建立并维持较为适切的互动关系。情绪行为障碍儿童的人际关系差，不参与活动，不与人联系，没有同情心，朋友很少或没有朋友。大多数情绪行为障碍儿童会出现退缩行为，表现出社会性孤立，很少与同龄人玩耍，缺乏娱乐的能力。有些儿童会沉浸于幻想和白日梦，有些儿童会产生莫名的沮丧。

五、情绪行为障碍儿童的评估

对情绪行为障碍儿童进行评估和诊断是对情绪行为障碍儿童进行干预的前提。对于儿童的情绪行为进行评估，需要尽可能全面掌握儿童的基本情况，全面搜集资料，深入细致地分析。既要采用科学的测评工具，又要参考教师、家长的评价，即采用定量和定性相结合的方法。

(一)评估目的

情绪行为障碍儿童的评估目的主要在于以下三个方面。

首先，了解情绪行为障碍儿童的障碍类型和程度。只有通过评估，才能掌握情绪行为障碍儿童的障碍类型和程度，了解他们在学习、社会交往、生活自理、情绪和行为等各方面的现状，知道他们的哪些方面发展较好，哪些方面发展落后。

其次，为制订情绪行为障碍儿童的干预计划提供依据。只有在给儿童的情绪行为做出恰当的评估之后，才可以根据评估结果给情绪行为障碍儿童制订恰当的干预计划。

最后，效果评价。在实施干预、辅导之后，评估实施的效果如何，可以为修改干预方案等提供依据。

(二)评估方法

情绪行为障碍儿童的评估方法很多，包括访谈法、观察法、测验法等。

1. 访谈法

访谈法主要是访谈者通过和受访人面对面地交谈来了解受访人的心理和行为，主要是对情绪行为障碍儿童的病史、目前状况、沟通情况、认知水平、情绪状态和行为问题进行访谈。通过访谈可以更多地了解儿童的各种状况。

访谈法根据访谈提纲的设计可以分为结构化访谈和非结构化访谈。结构化访谈是根据已经设计好的问题对受访人进行访谈。非结构化访谈是指根据一定的访谈提纲或某一主题，由访谈者和受访人进行自由交谈以获取资料。

2. 观察法

对情绪行为障碍儿童进行行为观察是适用于儿童特点的评估方法之一。这种方法要求观察者客观界定所要观察的行为，并且需要保证观察者的观察信度。观察者需要事先做好观察记录表，持续较长时间进行观察，以得到稳定的、具有代表性的行为样本，从而在此基础上进行分析。观察法的具体步骤如下：

第一步，选择观察对象，确定观察目标。

第二步，确定所要观察的内容，最好列表以便观察时记录。

第三步，确定观察者。如果观察者没有相关观察经验，需要提前接受培训，掌握观察的内容、记录方法和注意事项等。

第四步，进行实地观察、记录。

第五步，整理、分析观察资料。

3. 测验法

测验法是评估者应用各种心理和教育测验来获取特殊需要儿童有关心理特征、行为表现、社会适应能力等的一种方法。在特殊教育领域，情绪行为测验的种类很多，根据测验内容不同，主要包括：《康纳斯儿童行为问卷》《阿肯巴克儿童行为量表》《儿童行为评估系统》《路特儿童行为量表》《儿童社交焦虑量表》等。其中《康纳斯儿童行为问卷》已成为评估儿童行为问题尤其是注意缺陷多动障碍时广泛使用的量表之一，《阿肯巴克儿童行为量表》是评估儿童行为和情绪问题时最常使用的量表之一。

(三)评估过程

情绪行为障碍儿童的评估通常分四个阶段来实施，即准备阶段、实施阶段、评估鉴定阶段和评估结果的应用。

1. 准备阶段

情绪行为障碍儿童的评估的准备阶段，要做好以下几个方面的准备。一是明确本次评估的目的和全面了解被评估对象；二是设计好评估方案；三是选定参加诊断评估的人员，并组织前期培训；四是准备好评估所需的相应的测量器材、记录表格和用于数据处理的计算机等。

2. 实施阶段

情绪行为儿童评估的实施阶段就是实际测量阶段。诊断评估组成员通过和儿童本人和家长的接触，采用不同的方法获取儿童身心发展、行为表现和社会适应能力等方面的相关数据和信息。根据要求对采集数据进行编号、装袋，以确保数据不遗失。

3. 评估鉴定阶段

这是情绪行为障碍儿童评估的最重要的一个环节。这个阶段工作包括以下步骤：

第一步，进一步确定资料的可靠性，对需要补充的资料进行完善。

第二步，剔除无效资料。

第三步，在分析搜集的资料中是否有冲突的或相矛盾的基础上，确定最后提交的资料。

第四步，评估小组运用专业知识以合理的方式比较和解释各种资料，依据评估目的提出受评对象客观存在的各种问题，并得出书面结论。

第五步，根据评估结论向各任课教师和家长提出书面的教育和干预建议。

第六步，封存本次评估的所有资料，为今后的评估提供原始数据。

4. 评估结果的应用

评估结果主要应用于指导情绪行为障碍儿童的教育、教学和干预，以及根据情绪行为障碍儿童的身心发展水平和教育需要制订干预计划。

第一，记录综合评估的结果，说明情绪行为障碍儿童目前已经达到各项能力水平和教育程度。

第二，设计情绪行为障碍儿童的干预目标、干预内容，提出具体的、有针对性的干预方案和措施。

第三，对预期内的干预目标进行检查。

在实际的干预中，要根据情绪行为障碍儿童的生理、心理特点，以及独特的干预需求展开干预。这必然要求教师或专业人员要根据情绪行为障碍儿童的评估结果，调整干预方案，来满足儿童的特殊需要。

(四)评估工具

情绪行为评估工具是指通过一些标准化的行为量表对儿童的行为进行系统评定，从而判断其是否存在行为问题及存在什么性质的问题。目前比较常用的儿童行为评定量表包括：《康纳斯儿童行为问卷》《阿肯巴克儿童行为量表》《路特儿童行为量表》。

1.《康纳斯儿童行为问卷》

《康纳斯儿童行为问卷》主要用于筛查、评估儿童的品行问题、学习问题，特别是注意缺陷多动障碍儿童的上述问题。美国心理学家康纳斯编制了该量表，并于 1969 年公开发表。该量表有两个版本：《康纳斯家长评定量表》和《康纳斯教师评定量表》。该量表适用于 3～18 岁的儿童。

《康纳斯家长评定量表》有 80 个条目，包括对立、认知问题/注意力不集中、多动、焦虑/胆怯、挑剔、社交问题和心身障碍 7 个分量表。

《康纳斯教师评定量表》有 59 个条目，包括对立、认知问题/注意力不集中、多动、焦虑/胆怯、挑剔、社交问题 6 个分量表。

2.《阿肯巴克儿童行为量表》

该量表用于评估儿童的行为和情绪问题，主要用于筛查儿童的社交能力和行为问题。该量表由阿肯巴克编制，于 1970 年公开出版。20 世纪 80 年代初，我国引进该量表。该量表适用于 4～16 岁的儿童。

该量表由 3 个部分组成：一般项目、社交能力和行为问题。行为问题部分是该量表的重点部分，有 113 个条目，分为体诉、分裂样、多动、不成熟、违纪、残忍、交往退缩、性问题等。

3.《路特儿童行为量表》

该量表用于评估儿童的行为和情绪问题，用于区别儿童有无精神障碍。该量表是由英国儿童精神病学专家路特编制的。我国 20 世纪 80 年代初引进该量表。该量表适用于学龄儿童。

该量表分为家长和教师两个版本，家长版本包括 32 个条目，教师版本包括 26 个条目。该量表把儿童行为问题分为两大部分：第一部分为违纪行为或反社会行为，称作 A 行为，包括破坏自己和别人的东西、经常不听管教、经常说谎、欺负别的孩子、偷东西等；第二部分为神经症行为，称作 N 行为，主要包括腹痛、呕吐、经常烦恼、对许多事情都感到烦、害怕新事物和新环境、到学校就哭或拒绝上学、睡眠障碍等。

对儿童的情绪行为问题的评估，除了用各种评定量表之外，还可以通过对有关背景因素的系统分析，找到问题行为产生的原因，从而为制订积极有效的干预计划提供有用的信息。这一方法称为功能性行为评估。这种方法能明显提高问题行为干预效果，并受到越来越多的特殊教育工作者的重视。

第二节 情绪行为障碍儿童的家庭教育

养不教，父之过。为人父母，不仅要生育孩子，更要教育孩子。爱孩子是父母的天性，教育孩子是父母的天职。有些家长没有做到位，出现了很多问题。孩子在学校表现不好，家长往往认为是学校教得不好。有的父母知道自己的孩子存在问题，但并没真正当回事，认为长大自然就会好。对于那些存在情绪行为问题的儿童来说，家长的作用尤其重要。

家庭教育是整体教育的组成部分之一，是学校教育与社会教育的基础。家庭教育是终身教育。它开始于胎儿期，婴幼儿时期的家庭教育是“人之初”的教育，在人的一生中起着奠基作用。孩子上了小学后，家庭教育既是学校教育的基础，又是学校教育的补充和延伸。

为了适应当代社会对家庭教育的需要，家长必须学习家庭教育理论，转变家教观念，提高家教水平，完成学校教育、家庭教育和社会教育合作与协调的任务。

一、家长的作用

父母是孩子的第一任老师，也应该是永远的老师，父母的作用不管怎么强调都不会过分。父母的文化素质、思想品德、文化程度、人际关系、社会地位、经济收入、家庭教育的知识能力、健康的身体与心理素质、基本的生活本领等与家庭教育的实施成效有直接的关系。因此，提高家长的综合素质，是进一步做好家庭教育工作的重点之一。父亲在孩子成长过程中，在两个方面扮演着非常重要的角色：一是智慧的启迪；二是为人的引导。母亲在孩子的成长当中也有两个很重要的任务，一是培养孩子的习惯，因为孩子良好的生活习惯一定会向学习习惯迁移；二是影响则在于“情”的培养。

毋庸置疑，家长对于孩子的影响非常大。要给孩子提供一个良好的家庭生活空间，家长必须做到以下几点。

第一，要充分了解孩子，调节期望水平。每个孩子都有长处与不足，要因势利导，使孩子发挥最大的潜能与优势。一方面，期望值过高会形成理想与现实的强烈反差，导致自己和孩子的双重失败感；另一方面，期望值过低容易对孩子的学习不管不问，使孩子不能真正开发自己的潜力并缺乏上进心和求知欲。家长应从孩子的实际出发，在征求老师和孩子意见的基础上，提出孩子需经努力能达到的目标。

第二，正确对待自己，保持良好情绪。家长应正确认识自己、悦纳自己，通过学习来提高自己的学识与才能；通过自身的行为来展示自己的才华；通过别人的评价和自身反思来认识自己。家长应以乐观的态度来对待现实，对自己的未来有明确的努力方向；在产生不良情绪时要学会宣泄、转移，以消除不良情绪的干扰，保持良好的心境。

第三，扬长避短，营造宽松、和谐的家庭气氛。每个人的性格特征不尽相同，每个人也都有自己性格的优势和劣势。在家中，父母应注意自己性格的长处和短处，不但要做到扬长避短，而且要做到取长补短，发挥各自性格的优势，使家庭气氛保持融洽，对孩子的性格形成产生积极的影响。事实表明，团结、祥和、温馨的家庭气氛有利于孩子的心理健康成长；阴冷、紧张、恶劣的家庭气氛是孩子的性格、品德正常发展的极大障碍。

第四，保持理智，持之以恒。家长要具有良好的心理品质，就应该做到遇事保持理智。培养子女的工作是极其复杂的，需要谨慎从事。对待孩子特别需要耐心，需要持之以恒，不能一会儿热情，一会儿冷淡。一个心理素质良好的家长，应该具有坚忍不拔的毅力。家长应把教育内容时刻融入日常生活之中。这不能仅凭一时的冲动和热情。

第五，家庭成员之间应相互关心，相互尊重。老人要体谅子女，子女要孝敬老人。夫妻冲突是家庭常见矛盾，要尽量避免在孩子面前发生。一个人文化修养好，有较丰富的内涵，才会有文明的举止和高雅的爱好等。在这样的环境中长大的孩子，才会成为一个有修养、讲文明的人。

对于特殊需要儿童来说，家长不仅仅要承担作为父母的职责，还要具有一定的医护常识，承担儿童的医护职责；还要懂得一些教育理念，成为儿童的家庭教师；还要了解儿童的心理特点，能够承担心理辅导的职责；还要与儿童一起游戏，掌握游戏交往的技能。总之，要想培养好特殊需要儿童，家长就要成为一个“全才”，要善于学习和总结，要坦然面对困难，不怕艰辛，勤于付出。这样才可能成为优秀的家长。

二、家庭气氛对儿童心理健康的影响

家庭气氛对人的心理发展十分重要。它通过家庭成员日常的人际关系表现出来，是指家庭成员在日常生活的相互关系中形成的稳定的心理和行为环境。家庭气氛近乎无形，但能从不同的角度影响家庭成员的心理和行为。一般来说，冲突型家庭气氛不利于人格的发展，和谐型家庭气氛最有利于人格的发展。

(一)冲突型家庭气氛影响儿童心理健康

那些能产生紧张家庭气氛的生活事件，如家庭成员不和睦、家庭经济管理混乱、家庭成员不健康的爱好、经济或社会地位的实际丧失或有丧失的危险等，对于儿童的心理健康的负面影响最大。在气氛紧张、父母关系不和谐的家庭里，父亲和母亲都处于极大程度的情绪紧张状态，他们常常烦恼不安、性情暴躁、言语粗鲁，对长辈缺少孝敬甚至虐待长辈。

对于没有独立生活能力、完全依赖父母的儿童来讲，在这样的环境中，孩子容易情绪紧张，为父母关系失调而慌乱和憎恨，为忠实父亲还是母亲而烦恼和疑惑。

紧张的家庭人际关系破坏了应有的温馨的家庭气氛，使孩子长期处在负性情绪中。缺少温暖和关爱，容易使孩子形成孤僻、自私、玩世不恭等不良品质，对儿童的心理健康产生负面影响。

(二)和谐型家庭气氛促进儿童心理健康

在一个健康的家庭里，父母双方应该彼此相爱，热爱孩子，关心孩子的兴趣、爱好和能力，愿意设法帮助孩子，使他了解父母和环境；家庭成员之间能互相尊重爱护、以礼相待，为人处世通情达理；家庭气氛安定和睦、融洽温暖、民主平等、愉快欢乐。

要促进儿童心理健康，仅有良好的家庭人际关系还是不够的，还要形成最佳的亲子关系。父母要和孩子一起游戏，一起学习，发展共同的兴趣，和孩子共享经验和成果，增进父母和孩子之间的感情和相互间的了解。父母要把孩子作为平等的人，尊重孩子的爱好，给他一定的自主权利；有些事情可以和孩子商量，征求孩子的意见。在父母的鼓励和帮助下，孩子探索世界的兴趣会日渐浓厚，而探索过程中的成功体验也会增强孩子的自信心。父母还要发展孩子的坚持性。

父母要营造温暖和睦的家庭气氛，切莫在儿童面前争吵甚至大打出手，要慎重对待夫妻离异，对儿童的教育要多诱导、少训斥。总之，丰富健康的家庭生活、和谐融洽的家庭气氛有助于儿童健康心理的形成和稳定。

三、情绪行为障碍儿童家庭教育存在的问题

(一)教育态度极端化

有的家长采取放纵的态度，对孩子的教育不闻不问，认为孩子的教育是学校和老师的事情，与自己无关。有的家长又过于投入，孩子在学校有一点问题就纠缠不休，孩子能力达不到的地方也非要让孩子学。有的家长为了孩子而丧失了自我，当孩子的表现不如意时就会觉得付出很多却没有回报，对孩子的批评指责多于鼓励表扬。

(二)过于娇惯孩子

有的家长因为孩子的身心问题，觉得自己对不起孩子，亏欠孩子，于是在物质上尽可能地弥补孩子，表现为：孩子的地位很高，只享受权利，没有一点义务；一切都由着孩子，迁就放任；家中好吃的、好玩的、好用的等都是孩子的，任其独享；一切服从孩子，孩子任意胡为。

(三)家庭结构简单

家庭是儿童活动的最主要场所，家庭教育是儿童实现社会化的主要途径之一。因此，家庭结构的类型、完整与否对于特殊需要儿童是至关重要的。一般来说，大多数家庭的结构为核心家庭①。儿童大部分时间接受父母的教育，与外界接触很少，儿童的社会关系过于简单，参与的社会活动很少，这些都不利于儿童适应社会，影响了儿童的社会化。

另外，不完整的家庭(如单亲家庭)是局部的、不完整关系的小群体，其家庭气氛受到破坏，非常不利于儿童的社会化，不利于培养儿童与他人和睦共处及合作的能力，不利于培养利他行为等。

(四)教育观念不一致

家庭教育的大忌是父母的教育观念不一致，对儿童的看法及要求不统一这会减弱对儿童的教育力度，造成儿童认识、行为的混乱，使儿童容易形成多重人格。除此之外，这还会影响家长之间的感情，造成紧张的家庭气氛。

---

① 所谓核心家庭是指两代人组成的家庭，核心家庭的成员是夫妻两人及其未婚的孩子。

四、情绪行为障碍儿童家庭教育的原则

家庭教育的内容主要是德智体美劳的教育。这些教育必须符合孩子的身心发展规律，必须和学校教育结合起来，必须和社会教育结合起来。下面主要说一说家庭教育的原则。

第一，平等原则。

孩子与父母平等地争辩，不仅是互爱的一种体现，而且能够帮助孩子树立信心、明辨是非、丰富想象力和创造力。而“独裁”对孩子人格的影响是灾难性的。许多家长觉得辛辛苦苦赚钱养孩子，孩子就应该听自己的，必须服从自己。这种观念应该改变，要把孩子看成是与自己平等的人。

第二，尊重原则。

只有尊重孩子，孩子才能尊重我们。有的家长只希望孩子对自己言听计从，而不能有自己的观点或者申辩一下，否则就对孩子大声训斥。这种孩子长大后很可能是一个人云亦云的人，没有自己的观点。

第三，交流原则。

孩子的成长不但需要物质，而且有精神、情感的需要。很多家长错误地认为：“有钱让你花，有书让你读，有饭让你吃，有衣让你穿，有房让你住，有车让你坐，还想要什么?”家长忽略了孩子的精神、情感需要，孩子和家长就没有话说。长期下去，子女和家长相处会变得越来越尴尬，关系越来越淡漠。

第四，自由原则。

家长应相信孩子的能力，给孩子一个自由发展的空间。很多家长把孩子管得很严，却往往吃力不讨好，甚至引起悲剧。

第五，统一原则。

家庭成员(特别是父母)之间教育的观念要一致，否则孩子不知道听谁的，结果就变成谁的都不听。家庭的教育还要和学校教育统一，否则孩子无所适从。

第六，榜样原则。

家长是孩子的榜样，孩子是家长的镜子。家长是孩子第一个模仿的对象，家长一定要做好榜样，别在孩子幼小的心灵里种下不良的种子。

第七，信任原则。

谎言是从不信任中来的。如果父母从孩子小时候就很信任他，那么孩子就没有说谎的必要。

第八，宽容原则。

孩子在成长的过程中，自然会经常犯错误。人非圣贤，孰能无过？家长应该宽容

地对待，大可不必“小错即骂，大错即打”。

第九，鼓励原则。

在家庭生活中，应该多鼓励孩子。作为父母，要善于发现孩子的闪光点。许多家长有个坏习惯，当孩子取得好成绩时便说：“是不是抄来的?”当孩子成绩差时又说：“你怎么这么笨!”尽管是很随意的一句话，却大大伤害了孩子的心。

第十，灵活原则。

教育有法，但无定法。对于孩子来说，要因材施教。教育方法要随孩子年龄的增大而不断改变。

总之，不管家长采取什么方法来教育孩子，只要让自己的孩子感到生活很幸福、很愉快，能够保持健康、乐观、富有爱心、充满信心并对前途满怀希望，这就是成功的家长。

五、情绪行为障碍儿童家庭教育的方法

家庭教育要适应现代社会发展需要，适应儿童身心发展规律，就需要在教育方式和途径上做根本性调整，完善家庭教育方法，为儿童健康成长提供和谐的家庭氛围，并最终完善整个教育系统。

2011 年，美国耶鲁大学法学院的教授蔡美儿出版了《虎妈战歌》一书。虎妈的教育方法轰动了美国教育界，并引起美国关于中美教育方法的大讨论。讨论随着《时代》周刊的参与达到了一个高潮，并由此引发了国内关于家庭教育方法的讨论。实际上家庭教育涉及社会文化的差异，更涉及个人性格禀赋的不同。就具体的教育方式而言，无论是“虎妈”还是“兔妈”，借鉴的意义都有限。更重要的是，从“虎妈”在美国社会激起的争议中，我们学习到对于教育不断反思的精神，更广泛地分析其他国家、民族的长处，更清醒地认识我们教育的缺陷和差距，只有在这样的思考中，才能更好地促进教育和人的发展。

我国对子女的家庭教育非常重视，从古至今，有很多好的家庭教育方法得以流传，如《朱子家训》《颜氏家训》等。随着社会的变迁，家长对子女实施教育所采取的具体措施和手段也会有一些变化。结合国内外家庭教育的有益经验，情绪行为障碍儿童的家庭教育方法主要有以下六个方面。

第一，坚持言传身教。

不管家长的言行是错误的还是正确的，对孩子都有十分深刻的影响。因此，家长在日常生活中必须时时、处处和事事检点自己的言行；除此之外，还要以社会上的一些人的行为来影响和教育孩子。同学、邻居、老师、模范人物、文艺作品中的正面人物的优秀品质，都是孩子学习、模仿的榜样。

第二，做好环境教育。

家庭是孩子生活的主要场所。家长要有意识地创造良好的居家生活环境，使孩子受到积极正向的感染和熏陶。家长要组织好生活，处理好成员之间的关系，坚持正确的道德行为准则，形成团结和睦的家庭气氛，建立有序的生活秩序，以陶冶孩子的美好情操。

第三，说服教育。

说服教育的具体做法包括两点。一是谈话。家长根据孩子的思想实际，摆事实，讲道理，使孩子明白一定的道理。谈话要有针对性、灵活性，态度要和气，不要板着面孔，居高临下地训斥、讽刺和挖苦。二是讨论。家长与孩子就一些话题和问题展开讨论，讨论时要尊重孩子，耐心倾听其意见。孩子有不正确的观点，家长也要耐心地讲道理，使他们明辨是非。当然，家长观点不正确时，要勇于承认错误。

第四，表扬和批评结合。

表扬是对孩子的健康的行为给予肯定和好评。通过表扬加强孩子的进取心和荣誉感，争取更大的进步。表扬要实事求是，要及时，要说明原因，并且应以精神奖励为主、物质奖励为辅。批评是针对孩子不良行为的一种教育手段。批评时，首先要了解情况，掌握不良行为的具体情节和严重程度，然后从孩子所犯错误的实际出发进行分析、处理。批评要指出孩子行为的危害、根源，否定其行为，使之感到羞愧，进而产生改正错误的动力。批评时要注意不要讽刺、奚落、谩骂孩子。惩罚是剥夺孩子的某种权利，而不是体罚，更不能侮辱孩子的人格和摧残其身心。

第五，体验教育。

家长要经常带着孩子走出家门，积极地接触社会，参与不同的社会活动，了解不同的风土人情。带着孩子去公园、风景区、商店、工厂、农村，或者去访问同学、亲友，进行社会交往，使之开阔眼界，接触社会，认识社会。接触真实的社会，可以提高适应环境的能力，养成文明礼貌的行为模式，锻炼社会交往能力等。当然，体验内容要适合孩子的年龄特征和个性特征，从他们的实际能力出发，交给的任务和提出的要求必须适当。要允许孩子在实践中有失误，不可过分苛求。家长不能因怕孩子吃苦而中途停止体验和锻炼。

第六，养成教育。

家长要指导孩子安排好生活秩序，养成健康的生活习惯。指导孩子安排生活起居，布置好生活环境，教给孩子合理安排和利用时间，使生活有条不紊、井然有序。家长要注意发挥孩子的积极性，培养其独立性，要让孩子安排自己的生活，并要保护孩子自由选择的权利。

六、家教指导之惩罚的七条原则

每个孩子都会犯错误，都有受家长惩罚的时候。如何使孩子在惩罚中进步、提高，不致因惩罚而使孩子心头积聚仇恨情绪，进而造成亲子对立，这其中很有学问。有本名为《父亲手册》的书，具体阐释了惩罚的七条原则，值得家长借鉴与参考。

第一，犯错就要处罚。

如果孩子生气时把玻璃打碎，哪怕并非故意，你也要教育他。这是他的过错，他虽然没有料想到自己行为的后果，但他仍要负赔偿之责。

第二，把要求对孩子讲清楚。

假如你要求孩子做完作业才能看电视，你就要对他讲清楚，让他记在心上。如果发现孩子先看电视，你就罚他三天之内不准看电视。你先要定下你的要求，等他犯了错再惩罚，不可不教而罚。

第三，惩罚之前先警告。

在惩罚之前，先对孩子警告，一两次警告就会让孩子警惕。他必须改正自己的行为，否则就会受到惩罚。

第四，开始与结果要明确。

惩罚的开始与结果都要明确，不要让家中整天都充满了怨愤气息。惩罚完毕，一切便算过去，不可再提。

第五，犯错后立即惩罚。

犯错误之后，立即惩罚。妈妈常对孩子说的那句“爸爸回家后就有你瞧的了”的口头禅，并不适合实际情形。尤其是对孩子来说，这就更糟糕。因为孩子没有时间观念，等到他被惩罚时，他早忘了惩罚的原因。大一点的孩子如果犯了重大错误也需要立刻处罚。母亲如果能立刻把父亲叫回家来，父亲在当场惩罚要比等他下班回家来再惩罚有效。

第六，让孩子明白受罚的缘由。

在惩罚前，一定要向孩子解释惩罚的原因，否则孩子不懂他们为什么受罚。

第七，要言出必行。

假如你警告过孩子当他犯某种过错时要惩罚他，那么在他犯错后，你就一定要实行惩罚。假如不惩罚，你以后便难以下达命令，你的惩罚也就失去了作用。

本章小结

情绪行为障碍是特殊教育领域正面临的挑战，也是普通教育领域中一个非常棘手的问题。本章首先介绍情绪行为障碍的定义，以及情绪行为障碍的类型和特点；其次介绍情绪行为障碍的评估的目的、方法、过程和工具；最后，针对情绪行为障碍儿童的家长的作用进行了探讨，同时提出了情绪行为障碍儿童家庭教育的原则和方法，并对当前情绪行为障碍儿童家庭教育的问题做了分析。

复习思考题

1. 什么是情绪行为障碍？
2. 情绪行为障碍主要分为几个类型？每个类型的特点是什么？
3. 情绪行为障碍儿童的评估工具有哪些？
4. 对于孩子来说，家长的作用有哪些？
5. 对于情绪行为障碍儿童来说，家庭教育的原则是什么？
6. 当前情绪行为障碍儿童的家庭教育有哪些问题？

本章阅读书目

(一)推荐拓展书目

1. 毛荣建．特殊需要儿童的心理辅导．长春：东北师范大学出版社，2012.

2. 李雪荣．儿童行为与情绪障碍．上海：上海科学技术出版社，1987.

3. 杨坤堂．情绪障碍与行为异常．台北：五南图书出版股份有限公司，2000.

4. 边玉芳，钟惊雷，周燕，等．青少年心理危机干预．上海：华东师范大学出版社，2010.

5. 梁培勇，张如颖，薛惠琪，等．儿童偏差行为(第二版)．台北：心理出版社股份有限公司，2009.

(二)补充读物

1. 盛永进．特殊儿童教育导论．南京：南京师范大学出版社，2015.

2. 杜亚松．注意缺陷多动障碍多模式干预．北京：人民卫生出版社，2014.

3. 杨广学，张巧明，王芳．特殊儿童心理与教育．北京：北京大学出版社，2017.

4. 刘翔平，余雪．学校心理学．北京：开明出版社，2012.

5. 李闻戈．情绪与行为障碍儿童的发展与教育．北京：北京大学出版社，2012.

主要参考文献

1. 毛荣建．特殊需要儿童的心理辅导[M]. 长春：东北师范大学出版社，2012.

2. 盛永进．特殊儿童教育导论[M]. 南京：南京师范大学出版社，2015.

3. 杜亚松．注意缺陷多动障碍多模式干预[M]. 北京：人民卫生出版社，2012.

4. 杨广学，张巧明，王芳．特殊儿童心理与教育(第二版)[M]. 北京：北京大学出版社，2017.

5. 刘翔平，余雪．学校心理学[M]. 北京：开明出版社，2012.

6. 杜晓新，黄昭鸣．教育康复学导论[M]. 北京：北京大学出版社，2018.

7. 朱楠．特殊儿童发展与学习[M]. 武汉：武汉大学出版社，2016.

8. 李闻戈．情绪与行为障碍儿童的发展与教育[M]. 北京：北京大学出版社，2012.

9.[美]路得·特恩布尔，[美]安·特恩布尔，[美]玛丽琳·尚克，等．今日学校中的特殊教育(上、下册)[M]. 方俊明，汪海萍，译．上海：华东师范大学出版社，2004.

10. 吴芸杉，林燕，张进辅．家庭气氛对心理健康和学业成就水平的影响及其营造[J]. 襄樊职业技术学院学报，2010(1)：131-133.

第六章

孤独症儿童的家庭教育

导　读

孤独症儿童是当前最受关注的发展障碍儿童群体之一。他们的主要特征是什么？孤独症儿童家庭教育的主要内容有哪些？他们的各种能力该如何培养？在家庭中该如何对孤独症儿童开展教育？

学习目标

1. 在宏观上理解和掌握孤独症儿童家庭教育的内容、方法和途径。
2. 掌握孤独症儿童基本的行为能力、生活自理能力和认知能力的家庭培养方法。
3. 掌握孤独症儿童基本的言语能力和交往能力的家庭培养方法。
4. 掌握孤独症儿童青春期教育的内容和方法。
5. 了解孤独症儿童未来的婚姻家庭教育的内容与方法。

学习重点

1. 孤独症儿童家庭教育的方法和途径。
2. 孤独症儿童行为、生活自理和认知能力的家庭教育。
3. 孤独症儿童言语和交往能力的家庭教育。
4. 孤独症儿童的性教育。

学习难点

1. 孤独症儿童家庭教育的方法。
2. 孤独症儿童的青春期教育。

第一节 孤独症儿童的家庭教育概述

一、孤独症儿童的家庭教育要遵循一般家庭教育的基本规律

与其他各类特殊儿童的家庭教育一样，孤独症儿童的家庭教育要遵循家庭教育的一般规律。例如，家庭的教育理念要一致、教育行为要统一、要创造良好的儿童发展的家庭环境、要提供好的模仿榜样、要使用多种教育方法，同时该要求就要求、该批评就批评、该表扬就表扬。

二、孤独症儿童的家长要特别注意消除两种不良心态

孤独症儿童的家长往往有两种心态。一是心怀愧疚，认为对不起孩子。家长尽可能地把所有的事情都帮助孩子做好。二是漠不关心，认为孤独症儿童没有发展的可能，不花心力去教育、培养他们。

很明显，这两种心态都不对。家长把所有的事情都包办代替，就剥夺了孤独症儿童发展的机会，会造成儿童发展的落后；家长漠不关心，也不能使孤独症儿童有更好的发展。所以，孤独症儿童的家长要消除这两种不良心态，要做到：正确认识自己的孩子，不高估也不低估自己孩子的能力；根据自己孩子的能力对孩子进行家庭教育；不代替孤独症儿童完成本应该是他自己的活动。

三、孤独症儿童家庭教育的内容

孤独症是一种广泛性发育障碍，应该按照普通儿童的参照系进行全方位的教育。但是，针对其特点，应该加强行为模仿、感知觉能力、生活自理能力、粗大动作、精细动作、行为塑造、认知能力、社会性能力的培养。

(一)行为模仿

行为模仿即模仿，是指个体自觉或者不自觉地重复他人的行为的过程。教导模仿的重要前提是学生具有安坐能力和叫名反应。

(二)感知觉能力

感知觉包括感觉、知觉。感觉是指大脑对直接作用于感觉器官的客观事物个别属性的反应，知觉是客观事物的各种属性作为一个整体在人脑中的反应。研究发现，90%的孤独症儿童存在感知觉异常。

(三)生活自理能力

生活自理能力是指自己照顾自己的能力，主要包括日常生活中的吃、喝、拉、撒、睡等能力。

(四)粗大动作

粗大运动是指全身大肌肉活动的动作，如走、跑、跳、爬等。在儿童时期，儿童通过粗大动作的活动形式与外界环境相互作用，会通过不断的运动和利用感觉反馈产

生一系列的反应并尝试控制和协调身体。经常重复这种运动就会产生更强的神经中枢来支持这种运动形式，形成良性循环。

(五)精细动作

精细动作是指个体凭借手及手指等部位的小肌肉或小肌肉群进行的动作。精细动作能够促进儿童探索行为且与个体认知能力相关，对个体适应生存及自身发展具有重要意义。

(六)行为塑造

在行为模仿之外，还要有意识地矫正孤独症儿童的不良行为，塑造社会需要的行为，包括矫正他们有害的刻板行为。

(七)认知能力

认知过程是指人们获得知识或应用知识的过程，或信息加工的过程，这是人最基本的心理过程。孤独症儿童和普通儿童一样，需要进行各种认知能力的培养。

(八)社会性能力

包括交往能力缺陷在内的缺陷是孤独症儿童的重要缺陷之一。家庭教育自然需要矫正孤独症儿童的这些缺陷。在社会性能力培养中，交往能力是重要的内容，交往中的言语交往又是重中之重。孤独症特有言语障碍，甚至还会有进行性障碍。因此言语障碍的矫正和言语能力的培养就是孤独症儿童家庭教育的最重要内容之一。

四、孤独症儿童家庭教育的方法

(一)孤独症儿童家庭教育的方法

孤独症儿童家庭教育的方法和普通儿童家庭教育的方法并没有本质的差别。家长树立榜样、讲解、示范、演示，亲子实际锻炼，小步子大循环等，都是常用的方法。对教育内容进行任务分析，然后一步一步进行，也是常用的策略。

需要说明的是，孤独症儿童的家庭教育更应该注意行为矫正技术和行为管理技术的使用。

(二)孤独症儿童家庭教育的方法举例

孤独症儿童家庭教育的方法是丰富的，往往根据不同的内容选择不同的方法。当然，这不否认不同的内容可以使用同一种方法，或者同一个内容可以使用多种方法。下面举几个例子予以说明。

1. 行为模仿

行为模仿是孤独症儿童家庭教育的重要内容之一。模仿有时候是无意识发生的，但有的行为却需要有意识地模仿才能完成。有意识地模仿往往需要家长的引导或者教育。在模仿特定的行为，如模仿拉二胡的动作时，往往需要先具备安坐的能力以及叫名反应能力。

在这种情况下，就可以利用正强化培养孤独症儿童的行为模仿能力。

(1)用正强化培养安坐能力

第一，把地垫、桌子相结合，同时使用孩子喜欢的物品(玩具、食物等)做强化物。孩子最初仅仅在桌子前坐几秒钟就给予喜欢的物品。

注意，如果使用食物作为强化物，食物必须是小份额的。使用玩具作为强化物时，儿童拿到强化物后离开座位(跑开)，家长不要强行从儿童手中拿回玩具，避免儿童产生宁愿不要强化物也不安坐的行为。

第二，在儿童坐到桌子前后延迟给予儿童强化物。

第三，在儿童坐到桌子前 1 分钟后加入他喜欢的活动，延长他坐在桌子前的时间。

第四，在儿童坐在桌子前 5 分钟后，加入家长要教的内容。要注意教导的内容要符合儿童的认知水平，并且要对儿童良好的行为进行及时强化。

(2)用正强化培养叫名反应能力

叫名反应是指儿童在听到自己名字后的反应，即儿童在听到自己名字后能够有目光转向或身体转向，有声音反应或其他动作反应。

第一，家长与儿童面对面，家长在叫儿童名字的同时把儿童喜欢的物品(正强化物)放在自己的双眼中间，吸引孩子看向自己。

第二，家长在孩子看向自己后，给予其社会性强化，如“某某眼睛看着妈妈，特别好”等。强化物可以给予儿童，且强化物不要挡住家长的眼睛。保证儿童在听到自己名字后把目光转向叫人者并保持目光对视 1 秒钟或 1 秒钟以上的时间。注意，家长和儿童的视线要处于同一水平线上。家长要及时给予孩子初级强化物及社会性强化。

第三，慢慢地拉开家长与儿童的距离，儿童在听到自己名字后把目光转向叫人者并保持目光对视 1 秒钟或 1 秒钟以上。

第四，儿童在听到自己名字后能把目光转向叫人者并保持目光对视，家长可以要求孩子做一些简单的动作，如喝水、抱一抱等。

(3)模仿

模仿主要包括动作模仿、声音模仿、操作物品模仿。模仿的具体步骤是家长的示范、引导(辅助)和独立动作三步。当然，在这三个步骤中，每一步都需要给予儿童强化。

以动作模仿：教导儿童拍拍手为例。

人员准备：两名家长，其中一名家长坐在孩子的对面，另外一名家长与孩子平行而坐。

具体步骤为：首先，两名家长用孩子喜欢的游戏或活动吸引孩子的注意力；其次，示范——对面的家长发指令说拍拍手，同时拍拍手，平行而坐的家长执行指令拍拍手；再次，引导——对面而坐的家长发指令说拍拍手，平行而坐的家长引导孩子拍拍手(引导可以是语言提示也可以是肢体辅助)，孤独症儿童拍拍手，对面而坐的家长给予强化；最后，独立做动作——对面而坐的家长发指令说拍拍手，孤独症儿童拍拍手，对面而坐的家长给予强化。

2. 感知觉能力训练

孤独症儿童的感知觉异常是多样的，我们可以采用一些方法来改善孤独症儿童的感知觉异常。

(1)运动能力

感知觉的发展有赖于运动能力的发展。运动能力的协调发展能够帮助孤独症儿童改善感知觉。大运动能力训练时家长可以在生活中让孩子多进行跑、跳、走、扔、投的练习，如锻炼孩子走直线、沙包投准、跳房子等。精细动作训练时，家长可以带孩子做手指操、串珠子、折纸等。在进行运动活动的过程中，通过家长有意识的引导，孤独症儿童可以看人、看物、听指令并做出相应的反应，化被动为主动，不断地发展感知觉。

(2)设计专门的游戏活动

第一，视知觉的训练。家长与孩子一起玩儿童喜欢的玩具，家长把该玩具藏起来让孩子寻找，或者家长把玩具放在较远或较高的地方，让孩子拿过来或寻求帮助。

第二，听知觉的训练。儿童进行声音的辨别、声音的模仿以及声音与物品的配对。例如，家长播放救护车的声音，让孩子从多辆车中找到该车。

(3)脱敏训练

对孤独症儿童厌恶的感知觉活动进行脱敏训练。如果孤独症儿童不喜欢嘈杂的声音，那么从带孤独症儿童去安静的环境开始，先带孤独症儿童去有人说话的环境，然后带孤独症儿童去有人说话且较为嘈杂的环境，最后带孤独症儿童去嘈杂的环境中。

3. 粗大动作训练

粗大动作包括下肢的俯卧、翻身、坐、爬、蹲、站立、行走、跳(单脚跳、双脚跳)、上台阶、下台阶、跑、踢、跨越等内容。在进行粗大动作训练时我们同样采用示范—引导(辅助)—独立的方法进行。应注意的是粗大动作需要一定的量的积累，因此家长在进行粗大动作训练时要注意孤独症儿童做动作的质与量。

以教会孤独症儿童独立双脚跳为例。第一，家长为孤独症儿童做示范，让儿童多看几遍家长的示范。第二，家长引导儿童半蹲，并且把手臂放到合适的位置，家长与孤独症儿童面对面，拉住儿童的双手，用双手的力量辅助儿童跳。第三，家长引导儿童半蹲，把儿童的手放到合适的位置，家长与儿童面对面，引导儿童拉住家长的手，家长不用力气，用语言提示儿童跳。第四，孤独症儿童半蹲，并把手放在合适的位置，摆动手臂，用手臂的力量带动身体进行双脚跳。注意，在任何一个步骤中家长都需要表扬孩子，即及时强化孩子的行为。

4. 精细动作训练

精细动作是以粗大动作为基础的，主要包括手指的灵活力、手指的力量、手腕的控制能力、拇指和食指的运用、手眼协调能力等。

精细动作的训练方法同样可以用到示范—引导—独立的方法，除此之外，还可以用任务分解法与视觉提示法相结合的方法训练孩子的精细动作能力。

以穿珠子为例。第一，家长把穿珠子的任务分解五步：拿起珠子；拿起绳子；用绳子头对准珠子的孔；把绳子头放进珠子孔并穿过去；把绳子拉起来，珠子放到绳子的最底端。第二，把穿珠子的每一个步骤都拍成清晰明了的照片。第三，把照片按照顺序放到穿珠子任务的任务栏内。第四，提示孤独症儿童看视觉提示图穿珠子。第五，孤独症儿童独立穿珠子。

五、孤独症儿童家庭教育的途径

孤独症儿童家庭教育的途径和普通儿童家庭教育的途径是一样的，包括把家庭做课堂、把身教当榜样、把社会做教育场所等。不同的是，在利用这些途径时家长要特别注意一些问题。

第一，要学习孤独症儿童身心特点的知识。

孤独症儿童是各类特殊儿童中最具特色的一类，也是我们知之甚少的一类。对于他们的成因、表现、为何这样表现、如何干预，我们实际上仍知之不详，这就为家长正确的教育他们带来了巨大的挑战。因此，要想有效地教育他们，家长首先需要学习那些已经公认的关于孤独症的身心特点的知识，如果没有这些知识，家长是没法有效地教育他们的。例如，孤独症儿童常常有感知觉异常的表现，这种异常主要表现在两个方面。一是过于敏感，即轻微的刺激能引剧烈的反应；二是过于迟钝，必须有大的刺激才能引起反应。再如，孤独症儿童还有听而不闻、视而不见的特点。不是他们不想听，是他们没听见；不是他们不想说，是想说说不出。只有知道了这些知识，才有可能对症下药地开展有效的教育。

第二，学习孤独症教育的知识。

家长还要学习孤独症教育的知识。学习孤独症教育的知识不是直接学习孤独症儿童怎么教，而是要从教育的知识开始学习，继而学习特殊教育的知识，最后才是学习孤独症教育的知识。

一般的教育知识其实是最需要的，特殊教育的知识乃至孤独症教育的知识是在一般教育知识的基础上展开的。例如，凡是学过教育学的都知道遗传决定论是错误的。但是，教育就是万能的吗？肯定不是，也就是教育无用论固然不对，但教育万能论也是错误的。教育不是万能的，对孤独症儿童的教育具有重要的指导意义，使我们不能幻想通过教育就能把真正的孤独症儿童变成常态儿童。

特殊教育的一般知识也是家长所必需的，没有特殊教育的一般知识，也用不好孤独症儿童教育的知识。例如，特殊需要儿童发展、教育中的共性与特性并存的知识告诉我们，要想发展孤独症儿童的身心能力，必须以共性为基础。没有共性这个基础，一切发展都谈不上。表现在教育上就是，首先要把孤独症儿童作为儿童来看待，不能总是看到他的缺陷或者不足。

只有明确了一般教育的知识、特殊教育教育的知识后，最后才是学习孤独症教育的知识。这时候，教育孤独症儿童才是真正按照教育规律实施的。例如，有些孤独症儿童有刻板行为，对一些刻板行为该怎么办？如果他们的刻板行为不影响自己或者他人，该接纳就得接纳，就不需要矫正。平时不强调、不强化这些刻板行为，反而是接纳。注意，这时候的接纳反而可能有消退作用，或许慢慢就能消除这种行为。

第三，慢慢锻炼各种教育能力。

家长仅仅有知识还不够，还需要在战斗中学会战斗。只有在教育孩子的实践中不断体会、总结，才能成为合格的教育者。

第四，家庭成员之间协调一致。

孤独症儿童的家庭成员之间要保持教育的一致性，这样容易形成教育的合力，有利于为儿童提供好的成长环境。

第五，家校合作。

家校合作也是家长们需要注意的重要问题。家庭的教育理念、内容、方法和时间进度等，要尽量与学校同步，并及时督促孩子完成学校的学习任务。

第二节
孤独症儿童行为、生活自理能力和认知能力的培养

一、孤独症儿童行为的培养

塑造孤独症儿童的良好行为既是家长的责任，也是家庭教育最重要的内容。要塑造良好的行为，有时候需要先矫正问题行为和刻板行为。

(一)孤独症儿童问题行为的矫正

所谓问题行为是指社会规则不能接受的行为，如随地大小便，上课随便离开座位，拿到笔之后到处乱画(包括墙壁、自己的手指、书本、照片等)等。家长该如何进行矫正呢？

第一，家庭内部所有成员要采用相同的态度对待孤独症儿童的问题行为，不要因为家庭成员内部意见不统一而出现矫正时相互掣肘的现象。

第二，家长要起到示范的作用，即要求孩子要做到的事情家长要先做到，这点很重要。家庭是孩子的第一所学校，家长是孩子的第一任老师。孤独症儿童的所有行为在上学之前都是和家长学习的，所以家长要为孩子起示范作用。

第三，建立规矩。“无规矩不成方圆”这句话对孤独症儿童来说也是适用的。吃饭有吃饭的规矩、睡觉有睡觉的规矩，让孤独症儿童遵守规矩是必要的。

第四，要坚持。矫正孤独症儿童的问题行为的家长往往容易半途而废。一些家长往往认为孤独症儿童并不懂得这些内容，管理他的行为也没有用。还有一些家长在孤独症儿童问题行为出现反复时就开始放弃，这也是不可取的。

孤独症儿童的问题行为的矫正除了这四点，有时候可能需要专业的行为矫正的知识，包括行为矫正的基本原理及使用等。本系列教材有专门的内容谈行为矫正，本书不再介绍。

(二)孤独症儿童良好行为的培养

刻板行为的矫正也是一个需要注意的问题。孤独症儿童很难接受生活中的不在计划之内的改变。例如，家长答应孤独症儿童周六去动物园玩，但是因为周六突然下大

雨不能去了，孤独症儿童会大哭大闹甚至会有自伤和伤人的行为。这时该怎么办？提前告知和讲故事是不错的的方法。

1. 提前告知

首先，家长在看到天气阴沉的时候，告诉孤独症儿童要下雨了，我们不能去动物园玩了，让孤独症儿童有接受这件事的反应时间。

其次，下雨的时候，家长带孤独症儿童来到门前看雨，告诉孤独症儿童“天气下雨，地面都湿了，所有人都要避雨，动物也不能出门了”。

再次，家长拿出日历，指向周日这一天(家长提前看好天气预报)，告诉孤独症儿童明天我们一起去动物园玩。

最后，答应孩子的事情一定要做到，周日一起去动物园玩。

每次在孤独症儿童周围的人或事物发生改变的时候，家长都采用提前告知的方式让孤独症儿童适应这种改变，慢慢地孤独症儿童就可以接受生活中的改变了。

2. 讲故事

讲故事不仅仅是日常知识增长的好的教育方法，也可以用来调整孤独症的刻板行为。下雨了，不能去动物园的时候，怎么办？这时候，小故事《下雨了，我要怎样办》就有了用武之地。故事的内容如下。

突然，下雨了，我应该怎样办呢？妈妈说：“下雨了，我应该撑起雨伞，回到家里。”爸爸说：“下雨了，我不能外出了，我可以在家玩小汽车。”妈妈告诉我，如果我能够乖乖在家不出门，那么我就能够得到我喜欢的“好多鱼”；爸爸说，如果我能不外出在家玩小汽车，那么我就能够得到我喜欢的“消防车”。我喜欢“好多鱼”和“消防车”，下雨的时候我会乖乖在家里。

在给孩子讲故事的时候，故事内容的呈现方式要用孩子能够理解的方式。如果孩子不识字，那么呈现文字的故事形式就是无效的。

(三)孤独症儿童刻板行为的矫正

行为矫正也包含了良好行为的培养，即行为矫正本身可以矫正社会不要的、不认可的行为，也可以塑造社会需要的、认可的行为。有时候，不良行为消退了，或许就会有良好行为出现。因此，良好行为的塑造和不良行为的矫正或消退，是密切联系在一起的。具体而言，良好行为的塑造也要注意上述四个方面，同时，也需要行为矫正的技术。

当然，任何行为的培养实际上都是综合使用多种方法才最有效的，塑造、矫正、消退、环境熏陶、父母榜样、视觉提示技术等，综合使用时才能取得最佳效果。

二、孤独症儿童生活自理能力的培养

(一)孤独症儿童生活自理能力的主要内容

粗大动作能力和精细动作能力是孤独症儿童形成生活自理能力的重要前提。简单的生活自理能力，从某种角度看就是这些动作的综合运用。本部分仅仅介绍与孤独症儿童的生活息息相关的吃、喝、拉、撒、睡等。

1. 起床

· 听到闹钟铃声知道起床时间到了；

· 能告诉家长我要起床了；

· 坐起来。

2. 穿上衣

· 分清衣服的里外；

· 把衣服披在身上；

· 伸左手；

· 伸右手；

· 扣扣子或拉拉链。

3. 穿裤子

· 分清裤子的里外；

· 找到裤腰的部分；

· 伸左腿；

· 伸右腿；

· 把裤子提到腰间。

4. 刷牙

· 找到牙杯、牙膏和牙刷；

· 在牙杯里接半杯温水；

· 把牙膏挤在牙刷上；

· 把牙刷放进嘴里；

· 从下往上刷、从里到外刷，持续 3～5 分钟；

· 喝一口水，漱口。

5. 洗脸

· 打一盆温水；

· 捧起盆中的水，放到脸上，把脸打湿；

· 把洗面奶放在手上；
· 用手搓洗面奶至洗面奶出泡泡；
· 用洗面奶搓脸 3 分钟；
· 用清水把脸上的泡沫洗干净；
· 用毛巾把脸擦干净。

6. 洗手

· 把手弄湿；
· 挤洗手液；
· 掌心相对，十指相对，搓手；
· 十指相扣，搓洗手指缝；
· 一只手指尖放在另外一只手上搓，洗指甲；
· 一只手放在另外一只手的手背上洗手背；
· 用清水冲洗；
· 用毛巾把手擦干。

7. 收拾书包

· 拉开书包拉链；
· 把书本按照大小整理好；
· 把整理好的书本放进书包里；
· 把铅笔盒放进书包里；
· 拉上书包拉链。

8. 餐前准备

· 放桌子；
· 放椅子；
· 拿碗筷；
· 端菜、端饭；
· 吃饭。

9. 餐后收拾

· 把剩菜倒进垃圾桶；
· 把盘子、碗筷放进洗碗池里；
· 把桌子擦干净；
· 把椅子摆整齐。

10. 上厕所

· 认识男女厕所；
· 找到要去的厕所；

· 把裤子脱到膝盖处；
· 坐在马桶上；
· 结束后把裤子提到腰间；
· 整理好上衣和裤子；
· 冲马桶。

11. 喝水

· 找到自己的水杯；
· 去饮水机处；
· 按压直饮水按钮接水；
· 接半杯水；
· 喝水。

12. 睡觉

· 把明天要穿的衣服放在床头；
· 把上衣和裤子脱掉并摆放整齐；
· 打开被子；
· 躺在被子里；
· 闭眼睛。

孤独症儿童生活自理能力的教育除了以上基本的生活自理能力的内容外，还有进阶的内容，如去超市购物、擦桌子、洗毛巾、使用电梯等。

(二)孤独症儿童生活自理能力的培养方法

在培养孤独症儿童的生活自理能力时，首先要进行此项内容的前测，对学生的情况进行全方位的了解；其次根据儿童的具体情况实施具体方案。通常会使用以下的方法。

1. 视觉提示法

视觉提示就是可以看到的提示，主要靠儿童的视觉注意。在日常的生活中，我们随处可见视觉提示。例如，过马路前要看交通指示灯，红灯停，绿灯行，黄灯亮了等一等。这里的红灯、绿灯、黄灯就是视觉提示的一种。

视觉提示可以分为以下几类。

第一类，使用颜色进行视觉提示，不同的颜色可以代表不同人的物品。例如，红色的是妈妈的物品，黄色的是爸爸的物品，蓝色的是孩子的物品。

第二类，使用形状进行视觉提示，不同的形状代表不同的事物。例如，圆形代表可以进行某种活动，矩形代表不能进行某种活动，三角形代表停一下就可以活动等。

第三类，使用图片进行视觉提示，通常可以用于展示孤独症儿童的一日安排、学习目标或者一项工作的每一个步骤。例如，为孤独症儿童设置自己洗手的目标，用图片来展示洗手的8个步骤。这样孤独症儿童利用视觉学习的优势清晰地知道了洗手的步骤，并能够按照8个步骤来执行，最终达到学会洗手的目标。

需要注意的是：在选择视觉提示内容的类别时，要根据孤独症儿童的认知能力进行选择。如果孤独症儿童还不能有效地识别图形、图片，那么对他的视觉提示就用实物或模型。

在视觉提示选择的教具类别中，应该遵循：实物—模型—照片—图片—符号—文字的顺序，看孤独症儿童的认知水平在哪里就选择什么样的视觉提示的类型。视觉提示的卡片、实物或模型是孤独症儿童可以理解的内容即可。

视觉提示卡片可以当作对孤独症儿童进行教学的工具。一般情况下，视觉提示卡片可以有以下几种作用：

- 用孤独症儿童可以理解的方式告诉他可以做的替代行为；
- 用孤独症儿童可以理解的方式告诉他在不同的环节之间转换；
- 用孤独症儿童可以理解的方式告诉他单位时间内(如一节课)中不同的任务；
- 用孤独症儿童可以理解的方式让他进行自我行为管理；
- 用孤独症儿童可以理解的方式提示事情发展的逻辑。

2. 任务分解法

任务分解法是把儿童要学习的内容细化成各个连续的小步骤，然后根据儿童的具体情况一步一步进行教学的方法。任何内容都可以分成若干步骤，然后逐步学习。可以从第一步学到最后一步，也可以从最后一步开始学到第一步，还可以从中间某一步开始学习。从哪一步开始学习，一看孩子的水平，二看他的兴趣。前述生活自理能力的内容就是经过任务分析的。

需要注意的是，在孤独症儿童生活自理能力的培养过程中，能否完成任务，还要看孩子是否具备相应的基础，包括是否具备相应的大小肌肉群活动能力和协调能力，即是否具备相关的粗大动作能力、精细动作能力和协调能力。

通常在对孤独症儿童进行生活自理能力教育时，我们会把视觉提示法和任务分解法结合起来使用。

三、孤独症儿童认知能力的培养

(一)认知基础能力的培养

1. 注意力培养

注意力是孤独症儿童认识行为需要的基础能力。在孤独症儿童学习书本知识之前，应该首先培养孤独症儿童的注意力。通常情况下，可以这样做：

第一，把孤独症儿童喜欢的强化物作为目标物，让孤独症儿童“看”向强化物。先把强化物藏起来不让孤独症儿童看到。在家长发出“看”指令的同时，在孤独症儿童的眼前呈现强化物，孤独症儿童看向强化物时，家长就给他那个强化物，并给予表扬“你看见了，太好了”“做得真棒”等。如果强化物是食物，可以允许孤独症儿童吃掉；如果强化物是玩具，可以让他玩 20～30 秒。

第二，扩大强化物所在的范围，即在孤独症儿童的上、下、左、右、后面都呈现强化物，引导孤独症儿童抬头、低头、转头及扭头看强化物。

第三，慢慢撤销强化物，家长慢慢把呈现给孤独症儿童的物品变成中性的物品，即孤独症儿童既不讨厌也不喜欢的物品，其他的方法与前两步一样。

第四，迁移孤独症儿童“看”的能力。可以在生活情境中，进行“看”的练习。例如，在过马路的时候，家长边带孤独症儿童过马路边对他说：“过马路要走人行横道，看，这就是人行横道。”除此之外，我们还可以在孤独症儿童看的行为发生后延迟给予强化物，以增加孤独症儿童注意力集中的时间。

2. 感知觉分辨能力培养

基本的感知觉能力或者感知觉的分辨能力，也是学习的基础或者前提。下面以视觉分辨力为例，说明如何培养孤独症儿童的感知觉分辨能力。

在进行视觉分辨能力训练时，可以采用实物—照片—图片—文字的流程，按照孤独症儿童能力的不同进行不同物品的分辨。我们以照片为例进行说明。

事先准备：准备两种实物的照片，其中一种物品的照片 2 张，另外一种 1 张。

顺序：首先，家长与孤独症儿童面对面坐在桌子的两端；其次，把 3 张卡片放在桌子上，且同一水平线上；再次，家长告诉孤独症儿童“找不同的物品”；最后，孤独症儿童找到不同的物品的照片交给家长。

注意：在进行分辨能力培养时，家长要时刻注意孤独症儿童是否关注到照片，引导儿童看照片。家长呈现在桌面上的物品要随机挪动位置，避免孤独症儿童因为记住位置而选择。家长要随机呈现物品，而不应该有规律可循，避免孤独症儿童因为规律而进行选择。

在视觉辨别能力培养的过程中，如果孤独症儿童不能够学习该能力，可采用下列方法：把分辨的目标物放大；利用图片练习分辨时，可以把其他物品的图片做成白卡片，即空卡片，从空卡片中选择目标卡片；把目标卡片做成彩色的，其他卡片做成黑白的。

3. 配对练习

感知觉配对能力是基本的感知觉能力，也是复杂学习的基础。其中，视觉能力配对、视听配对是最常见的配对练习。这里有两种基本的配对模式，即相同物品配对和相关物品配对。相同物品配对分为完全相同的实物配对、完全相同的卡片配对、实物与卡片配对。相关物品配对可以分为声音与卡片或者实物配对、功能配对。

无论是相同的物品配对还是相关的物品配对，家长都可以用相同的方式来对孤独症儿童进行训练。

以完全相同的卡片配对练习为例。

事先准备：家长拿三种物品的卡片，注意三种物品的卡片上的内容要有很大的区别。

顺序：第一，家长与孤独症儿童面对面坐在桌子的两侧；第二，把三张卡片放在桌子上，且三张卡片处在同一水平线上；第三，家长拿出目标卡片，发出“找一样的卡片”“把一样的放在一起”的指令；第四，孤独症儿童找到一样的交给家长(最开始做此项活动时，家长辅助孤独症儿童找到一样的卡片，在孤独症儿童慢慢熟悉后撤出辅助，由儿童自己完成)；第五，家长给予孤独症儿童强化物(可以是食物、玩具，也可是正在进行配对的卡片)。

这时要注意：①家长呈现在桌面上的物品要随机挪动位置，避免孤独症儿童因为记住位置而选择。②家长要随机呈现物品，而不应该有规律，避免孤独症儿童因为规律而进行选择。③在整个练习过程中，家长要引导孤独症儿童去看物品、观察物品。④家长的辅助方式要根据孤独症儿童的认知情况来决定，有的时候可能是家长手把手地进行辅助，有的时候需要用手指向目标物，有的时候只需要用语言提示。⑤在整个过程中，家长应该逐步撤离对孤独症儿童的辅助。在家长发出指令后立即进行手把手的辅助转换为在家长发出指令后延迟1秒进行辅助，再转换为在家长发出指令后延迟2秒进行辅助，直至在家长发出指令后孤独症儿童独立完成家长的指令。

4. 分类练习

分类是另外一种高级的心理活动，也是重要的进一步学习的基础能力。按照不同的参照系可以把分类分成大小、长短、颜色、种类等不同的类别。在对孤独症儿童进行分类的练习时，家长除了可以用教导“配对”的方法外，还可以使用结构化的教具对孤独症儿童进行训练。

结构化的教具具有严格的顺序，即按从左到右、从上到下的顺序进行。除此之外，结构化教具具有很强的视觉提示作用，使得孤独症儿童对“分类的学习”一目了然。结构化的教具有“未完成区”和“完成区”两个区域的划分，使得孤独症儿童对自己要完成的工作十分清楚。

5. 序列的掌握

按照各种规则找到或者发现序列规律是重要的智力活动，也是家长对孤独症儿童开展的必需且重要的认知活动。

(1)发现规律

这是指儿童通过感知觉发现一系列事物之间的关系，并把它们表达出来。例如，将一组物品按照特定的模式进行规律性排练。

这时家长可以使用示范—引导(辅助)—独立完成的方法进行练习。我们以摆放不同颜色的杯子为例进行说明。第一，家长与孤独症儿童面对面，家长先按照一定的规律把手里不同颜色的杯子摆成一排。第二，家长发出指令“把杯子摆成这样”。孤独症儿童按照家长的指令进行摆放。第三，家长把示范的不同颜色的杯子慢慢撤掉，家长引导孩子摆放。第四，孤独症儿童独立完成按照颜色的规律摆放杯子的任务。

家长可以充分利用生活中的情景对孤独症儿童进行发现规律的练习。例如，把餐厅的椅子放在桌子下面，桌子的每个面都放一把椅子等。

(2)次序排列

次序排列是指将两个以上的物品，按照某种特征上的差异或规律排列，如从大到小、从高到矮、从多到少等。除了用示范—引导(辅助)—独立的方法，我们还可以用视觉提示法，即把抽象的概念具体化让孤独症儿童明白相对应的次序的概念。

例如，在第一、第二、第三这个次序的练习中，家长可以准备大小不同的小汽车5～10个；准备方格纸，并在方格纸中间写上1～10的数字；给不同的小汽车命名。第一，家长和孤独症儿童在桌子的同一侧。把写好数字的方格纸按照顺序放在桌子上。第二，家长说把蓝色的小汽车放在第一的位置，同时用手指向1号方格，孤独症儿童放到1号方格内。依次完成10个小汽车的摆放。第三，家长说把蓝色的小汽车放在第一的位置上3秒钟后，用手指向1号方格，孤独症儿童把蓝色小汽车放到1号方格，依次完成10个小汽车的摆放。第四，家长说把蓝色小汽车放到第一的位置上，孤独症儿童把蓝色小汽车放到1号的方格内。

为了避免孤独症儿童形成蓝色小汽车只能放在1号方格的刻板印象，家长在发出指令时可以变化不同的颜色。

生活中的很多情景都和次序有关联。书架上的书从高到低或者从低到高的次序就是次序问题，按照内容进行分类摆放是次序问题；超市排队结账也是次序问题，家长要利用这些场景进行次序的训练。

(3)时间体会

时间是一维的重要的具有次序特点的现象，也是每个孩子必须掌握或者形成的基本的认知内容。时间概念确实抽象，看不见摸不着。家长怎么办?

家长可以通过日常生活的现象来让孩子体会。例如，通过白天有太阳，晚上就没有了；早上出太阳，有时候晚上有月亮；早晨要起床上学；晚上从学校回家等体会时间。

6. 对比(数前概念)

对比是从两个或者两个以上同类物品中找出他们的关系。对比的内容都是相对的概念，包括大小、长短、高矮、轻重、薄厚、多少等。

家长在建立孤独症儿童对比的概念时，通常使用可以直接测量的工具进行比较。例如，在建立多少概念时，可以这样操作。

事前准备：特点相同的两种物品，如数量、大小、颜色不同的三角形，在这里三角形是相同特点。开始可以是大小相同、数量不同，但只有红色和蓝色两种颜色的三角形。

顺序：第一，孤独症儿童与家长面对面坐在桌子的两端。第二，家长要求孤独症把红色三角形摆放在桌子的第一排，蓝色三角形摆放在桌子的第二排，并且一一对应。家长问孤独症儿童“哪个多，哪个少”。第三，家长借助“尺子”对数量不同的三角形进行“测量”。第四，家长引导孤独症儿童观察，得出红色三角形多的结论。

注意：在孤独症儿童不懂得一一对应的概念时，家长可以用格子纸给孤独症儿童视觉提示。在孤独症儿童熟练掌握使用“尺子”的方法后，“尺子”可以由具体的、实际的尺子慢慢地变成一条实线再变成一条虚线，从而弱化尺子的概念；在建立孤独症儿童其他对比概念时，可以根据不同的对比概念变换不同的“尺子”，如在比较大小的时候“尺子”可以变成一个容器，比较高矮的时候“尺子”可以变成一面墙。在建立孤独症儿童这种相对的概念时，家长要根据孩子的认知水平进行。有时候必须在建立一个概念后，再建立另外一个概念；有时候可能是相对的两个概念一起建立。

7. 因果关系

因果关系也是重要的孤独症儿童必须体会的关系。家长在教育孤独症儿童体会因果关系时，要多用真实的生活现象，或者营造适当的生活情境，使用卡片、视频进行情景再现的方式教育孩子。例如，小明玩刀子，手流血了；小明请妈妈帮忙包扎伤口，小明再也不玩刀了。这样的因果关系的教学就可以使用设置场景进行。

事先准备：完整情景的视频、小明玩刀子的图片、小明手流血的图片、妈妈帮助小明包扎伤口的图片、小明拒绝玩刀的图片。

顺序：第一，家长和孤独症儿童坐在桌子的同一侧，家长和孤独症儿童共同观看视频(第一次看视频)。第二，家长再次播放视频，并在播放到小明手流血时，询问孤独症儿童小明怎么了，引导孤独症儿童回答，并询问原因(可以引导孤独症儿童使用相关图片回答)。第三，同样分别在小明寻求妈妈帮忙和小明拒绝玩刀时让视频停顿，询问相关问题。第四，家长拿出小明手流血的图片询问孩子为什么会流血，流血后要怎样做(解决办法)。家长要引导孤独症儿童回答。第五，在孤独症儿童回答所有的问题后，家长再次播放视频，让孤独症儿童自己找到原因。

(二)认知能力的培养

1. 数数

数数包括唱数、点数等。家庭的生活场景是很好的数数能力培养的机会。例如，很多孤独症儿童对汽车很感兴趣，家长可以带孤独症儿童去停车场进行点数的教学。在停满汽车的停车场进行点数，这样可以提高孤独症儿童的兴趣。同样也可以在与孩子的游戏中进行点数的教学，如拍手游戏。这时，家长与孤独症儿童面对面，家长示范双手击掌后唱数"1"，引导孤独症儿童做出相同的动作并唱数。还可以通过专门的教学活动进行培养。这时家长准备好一定数量的玩具或者卡片当作教具。家长和孤独症儿童面对面坐在桌子的两侧。家长和孤独症儿童共同把玩具或者卡片排列好。家长指向第一个玩具或卡片并说"1"，引导孤独症儿童指向第一个玩具并说"1"。家长依次指向所有的玩具或卡片并说出相应的数字，并引导孤独症儿童这样做。家长告诉孤独症儿童玩具或卡片的数量，并告诉孤独症儿童数到几数量就是几。家长询问孤独症儿童玩具或者卡片的数量，让孤独症儿童独立完成点数。除了让孤独症儿童数卡片的数量也可以教导孤独症儿童点数同一卡片中同种物品、同一卡片中不同种类物品的数量。

2. 认识数字

家长在对孤独症儿童进行认数的教学时，可以用配对的方法进行教学，或者利用感知觉让孤独症儿童感知数字的外观。

事先准备：家长使用砂纸或者海绵纸等特殊材料(有不同触感的材料)制作数字和数字卡片若干。

顺序：首先，家长与孤独症儿童面对面坐在桌子的两侧。家长拿出数字卡片，告诉孤独症儿童这是数字"1"。其次，家长拿出特殊材料制作的数字，告诉孤独症儿童这是"1"，并引导孤独症儿童感受数字"1"的外观。最后，家长再次拿出数字"1"的卡片告诉孤独症儿童这是"1"。家长可以把数字"1"的卡片放大，如把不同数字贴在不同的地垫上，让孤独症儿童感受数字后跳到相应的地垫上，在活动中对孤独症儿童进行教学。

3. 数字与数量

数字与数量包括按数取物、数字与数量的对应等内容。

在进行数字与数量的学习时，家长可以利用实际的生活情境，潜移默化地进行指导。例如，家长和孤独症儿童一起整理玩具。家长和孤独症儿童把玩具放到不同的整理箱中，整理箱里有几件玩具就在整理箱的外面贴上相应的数字。又如，在吃饭前让孤独症儿童进行餐前准备，告诉孤独症儿童晚上吃饭的人数，让孤独症儿童准备相同数量的餐具。

4. 简单运算

简单运算包括简单加法和简单减法的运算。在进行简单加法运算之前，孤独症儿童必须熟练掌握数字、数量、数字与数量关系等。

简单的运算也同样可以在生活情境中进行教学。例如，在超市购物中进行简单加法的教学，买 3 个橙色皮的橘子和 2 个青皮的橘子，问孤独症儿童一共买了多少橘子。

需要注意的是，家庭教育主要是认知的基础教育，我们不建议、不主张在家庭里进行学校那样的学科教育，但主张在孩子入学后，配合学校的内容进行辅导。

第三节 孤独症儿童语言和社交能力的培养

一、孤独症儿童语言能力的培养

语言或言语问题是孤独症儿童最常见的问题。或者说，大多数孤独症儿童都存在着这样或那样的语言或言语问题。加之，语言和言语是最重要的交际手段，也是最重要的思维工具与思维的表达方式。因此，孤独症儿童的言语能力的培养就显得尤为重要。本节主要就孤独症儿童的语言理解能力和语言表达能力的培养进行介绍。

(一)语言理解能力

语言理解能力是指明白语言符号代表的事物的意义，并做出反应的能力。比如，听到别人说“椅子”这个词语，就能够想到“椅子”这个物品的能力。语言理解包括口头语和书面语两个方面的理解，本节只介绍口头语言的理解，即听理解。

按照由简单到复杂，听理解能力包括音素、音节的理解；单词的理解，其中最主要的是名词和动词的理解；对片语的理解，即对语句的某个片段的理解，如对词语的理解；对句子的理解，包括对简单句子和多字句的理解；对篇章的理解，即对若干排列在一起的句子的理解，包括对故事的理解。本节仅选取名词和动词、简单句子、简单指令和故事四个内容进行介绍。

1. *名词和动词的理解*

理解名词和动词的最初的、最常用的方法就是配对。家长应该利用一切可以利用的真实的生活情境进行两种信号系统的配对，进而理解最基本、最主要的名词和动词。

例如，对“饭店”一词的理解，家长可以在带孤独症儿童去饭店吃饭的时候进行教学。家长带孤独症儿童走到饭店门口，指着饭店的牌子，告诉孤独症儿童这是“饭店”以及“饭店”是吃饭的地方，然后再带着孩子进饭店吃饭。这样多次配对、强化，孤独症儿童能够记住进而能够理解饭店这个名词。

其实大部分名词都可以采取这样配对的方式进行教学。孩子出生后，从听妈妈、爸爸的声音开始，就已经在进行第一信号系统和第二信号系统的配对了。

动词的理解则是把词语与相应的动作进行配对。例如，“拍手”中的“拍”，家长说“拍手”然后做拍手的动作，让孤独症儿童模仿、体会、记忆、理解。当然也可以与儿歌结合在一起，如使用《小手拍拍》的儿歌。让孤独症儿童听儿歌做出相应的动作，进而理解“拍”。

2. 简单句子的理解

理解句子是在理解简单词组、片语的基础上进行的。例如，孤独症儿童在理解“切”“西瓜”这个简单的词组后才能够理解“妈妈切了一个西瓜”这个简单的句子。在进行句子理解的训练时，要注重孤独症儿童对关键词语的理解。

在简单句子的理解时，使用教具或者真实的场景是必要的。“小明过马路走过街天桥”这个句子就可以使用模拟、视频或者真实地走这几种模式。例如，模拟场景时，可以这样处理：首先，模拟过街天桥、马路等真实的情景；准备多个分别叫作小丽、小红和小明的人偶；准备小明、马路、过街天桥的提示卡片。其次，家长设置游戏情景，告诉孤独症儿童小明要过马路了，他走的是过街天桥。让孤独症儿童进行操作。孤独症儿童根据视觉提示，找到小明的人偶，并帮助人偶走过过街天桥。再次，家长撤除视觉提示卡片，让孤独症儿童帮助小明走过街天桥过马路。最后，家长撤除游戏情景，对孤独症儿童说“小明过马路走过街天桥”，让孤独症儿童通过使用小明的视觉提示卡、马路的视觉提示卡、过街天桥的视觉提示卡摆出三张卡片，以理解简单句子。

当然，也可以在生活情境中进行句子理解。如果要去银行取钱，那么就带着孤独症儿童真正地去银行(自动取款机)办理取钱的业务。

3. 简单指令的理解

在日常生活中有很多的情景可以进行简单指令理解的练习。家长可以在适当的情景中对孤独症儿童进行教学。例如，口渴了要怎么做？喝水。天冷了要怎么办？穿衣服。闹铃响了要干啥？起床。

同样，家长也可以设置游戏情景对孤独症儿童进行简单指令的教学。例如，以积木拼搭的游戏中进行“放积木”这个指令的练习为例。

事先准备：大块积木、积木的卡片。

顺序：第一，一名家长与孤独症儿童面对面，另外一名家长与孤独症儿童并排而坐。第二，面对面而坐的家长把一块积木放到自己和孩子的面前，并拿出积木卡片，对孤独症儿童说“积木。”第三，面对面而坐的家长拿积木卡片并发出指令“放积木”，并排而坐的家长拿起另外一块积木放到第一块积木上并说“放积木”(示范)。第四，面对面而坐的家长再次拿出积木卡片，发出指令“放积木”，并排而坐的家长拿起孤独症儿童的手，协助孤独症儿童拿起积木，放到前面的积木上，并说“放积木”(引导)。第五，面对面而坐的家长再次拿出积木卡片，发出指令“放积木”，并排而坐的家长延迟 3 秒后观察孤独症儿童的反应。如果孤独症儿童无反应则按照第四步做。孤独症儿童有拿的反应，并排而坐的家长可用手指向应拿起的积木，引导孤独症儿童拿起积木，放到前面的积木上，并说“放积木”(引导)。第六，面对面而坐的家长再次拿出积木卡片，发出“放积木”的指令，孤独症儿童独立拿起积木，放在前面的积木上，并说“放积木”(视觉提示)。第七，家长发出“放积木”的指令，孤独症儿童拿起积木，放在前面的积木上，并说“放积木”(独立)。

4. 故事的理解

开始时可以用图画书作为故事理解的手段，慢慢地可以讲句子少的故事给孩子听。

使用图画书讲故事时，家长可以与孤独症儿童并排坐，用手指向插图来帮助孤独症儿童进行故事的理解。

当然，家长可以通过提问，查看孩子是否理解了故事，也可以通过提问帮助孤独症儿童理解故事。家长可以问“这是谁”“在哪里”“做什么”等。

(二)语言表达能力

语言表达有两种基本的方式：一是口语表达；二是书面语表达。本节仅仅就孤独症儿童家庭教育中口语表达能力的培养进行介绍。

1. 孤独症儿童口语表达的特点

(1)口语发展困难

孤独症儿童有口语障碍的比例很高。这些障碍主要表现在三个方面，一是言语过程的障碍，包括构音障碍、声音障碍、流畅性障碍等；二是语言障碍，就是不能按照常态语言言语；三是言语过程困难，就是想说时说不出来。

有的孤独症儿童能够明白别人说话的含义，但自己却不会表达。

(2)牙牙学语

牙牙学语也称为鹦鹉学舌，即无意义地复述沟通者的话语。普通儿童在发展过程中也有一个牙牙学语的阶段，但是随着儿童认知能力的发展，这个阶段很快就会过去，但是孤独症儿童会在这个阶段持续很长一段时间。

(3)词语和句子的运用问题

这就是前边所讲的语言障碍。孤独症儿童不能很好地使用人称代词。不能很的地使用“你”“我”“他”是其中一个典型特点。例如，家长问孤独症儿童“你要什么”，他会回答“你要喝水”。他不会转换主语。当然，他们也不一定能够理解一些抽象的概念，如漂亮、多姿多彩等。

(4)以自我为中心

以自我为中心也是孤独症儿童言语的一个特点。

一些孤独症儿童可以与人进行简单的沟通，但是他们往往对自己感兴趣的事情滔滔不绝，不考虑沟通者的感受。例如，一名15岁的孤独症儿童因为中途转学的事情对沟通者反复地说"我要去北京×中上学，我一会出去把桌子弄坏了，我就可以去北京×中上学了""我在上一个学校就是这样，老师就把我开除了，我就要回北京×中上学了"等，而不会顾及沟通者。

2. 孤独症儿童家庭口语表达的训练方法

在进行口语表达相关方面的训练时，可以使用以下几种方法。

(1)视觉提示

孤独症儿童中有相当一部分儿童是视觉学习型的儿童，所以采用视觉提示法对孤独症儿童进行教学尤其是对视觉学习占优势的孤独症儿童进行教学是很有必要的。在教孩子说话时，家长可以事先准备一些可以看的教具，这些教具要根据他们的水平来确定，可以是视频、照片、图片、文字(符号)等；然后把教具和语言配对，引导他们说话。

(2)寻求协助者的帮助

在进行孤独症儿童口语表达教学时，为了更好地呈现家长需要的情景，可以寻找一名或多名协助者，帮助孤独症儿童更好地理解语言，从而进行表达。

(3)在真实情境中学习

在真实的情境中学习既能使语言符合实际，又可能激发孤独症儿童言语的愿望，从而促进其言语的发展。例如，家长在逛超市的过程中，就可以利用孩子购物的愿望，引导他说"我要买什么"；在吃饭的情景中教导孤独症儿童说"我要吃什么"等。

(4)反复练习

孤独症儿童的言语能力不可能是一蹴而就的，必须经过艰苦的反复练习才行。只有反复练习，才能促使他们掌握言语的技巧，巩固已有的技能。当然，为了避免孩子感到枯燥，可以使用"变式"，就是变着花样，让孩子在不同的场景下练习同一个句子。去图书馆买书排队结账和去超市排队结账，都可以练习"阿姨，请给我结账"这样的话语，从而避免同一场景练习同一句话引起的情绪问题。

(5)循序渐进

家长在对孤独症儿童进行口语表达训练时，一定要循序渐进，由语音到词汇，由词汇到片语，再到句子。家长要注意，不能急躁，态度要平稳，不用命令式的语言和教导式的语言，也不要让孤独症儿童过度模仿家长的话。下面我们以儿童自身为参照系，从身体器官出发，举例说明如何由简单到复杂、循序渐进地培养孤独症儿童的口语能力。

①表达名词，以认识身体部位为例。

事前准备：不同材质的布、海绵、纸等物品；身体部位的图片。

顺序：第一，在游戏的情景下，家长用不同材质的布、纸等物品擦拭孤独症儿童身体的不同部位，观察儿童对哪种材质最为敏感(最感兴趣)。第二，家长用孤独症儿童最感兴趣的物品如海绵擦拭孩子的身体，观察其反应，如果孩子感兴趣则继续。第三，家长用用海绵擦拭孤独症儿童身体部位后问儿童“擦哪里呢”，同时举起一张身体部位图，并发出声音。引导儿童说出相应的部位。第四，家长用用海绵擦拭孤独症儿童身体部位后问儿童“擦哪里呢”，同时举起一张身体部位图，并做出口型。引导儿童说出相应的部位。第五，家长用用海绵擦拭孤独症儿童身体部位后问儿童“擦哪里呢”，同时举起一张身体部位图，引导儿童说出相应的部位。第六，家长用用海绵擦拭孤独症儿童身体部位后问儿童“擦哪里呢”，延迟 3 秒，举起一张身体部位图，引导儿童说出相应的部位。第七，家长用用海绵擦拭孤独症儿童身体部位后问儿童“擦哪里呢”，儿童主动表达想要擦的动作。

②表达动词，以在生活中表达动词“推”为例。

顺序：第一，爸爸妈妈共同带孤独症儿童在公园里荡秋千，爸爸在孤独症儿童的身后，妈妈在孤独症儿童面前。第二，爸爸问“要做什么”，妈妈大声说“推”，爸爸推一下秋千。第三，爸爸问“要做什么”，妈妈放低音量说“推”，爸爸推一下秋千。第四，爸爸问“要做什么”，妈妈做出口型“推”，引导孤独症儿童说“推”，爸爸推一下秋千。第五，爸爸问“要做什么”妈妈延迟 3 秒做出口型“推”，引导孤独症儿童说“推”，爸爸推一下秋千。第六，爸爸问“要做什么”，孤独症儿童说“推”，爸爸推一下秋千。

③表达句子。以在吃饭的时候引导孤独症儿童说“我要吃什么”为例。

顺序：第一，家长在给孤独症儿童盛饭时给低于他平时饭量的饭和菜，把饭和菜放到孤独症儿童不容易够到的地方。这样就制造了表达的机会。第二，爸爸在吃饭的过程中跟妈妈说“我要吃什么”，妈妈帮助爸爸添好饭并说“给你”。创造示范的场景。第三，在儿童碗中的饭菜吃完后，爸爸拿起孤独症儿童的手并帮助他把碗伸向妈妈，爸爸大声说“我要吃什么”，妈妈帮儿童添好饭并说“给你”。第四，在儿童碗中的饭菜吃完后，爸爸示意孤独症儿童把碗伸向妈妈，爸爸大声说“我要吃”，延迟 3 秒后说“什么”，引导孤独症儿童模仿说“我要吃什么”，妈妈帮儿童添好饭并说“给你”。第五，在儿童碗中的饭菜吃完后，孤独症儿童把碗伸向妈妈，爸爸做口型说“我要吃”，延迟 3 秒后说“什么”，引导孤独症儿童说“我要吃什么”，妈妈帮儿童添好饭并说“给你”。第六，在儿童碗中的饭菜吃完后，孤独症儿童把碗伸向妈妈，孤独症儿童说“我要吃什么”，妈妈帮孩子添好饭并说“给你”。

④简单对话(问答)。对话有难易之分，和儿童对话时，要从易到难。简单而言，从容易到难大致可以分为：第一，是非问题，即是与不是的问题；第二，选择性问题，如“你要瓜子，还是花生”；第三，开放性问题，如“今天中午吃什么”。家长在训练孤独症儿童回答上面的问题时，均可以创造真实的情景或者利用生活场景。

(6)辅助表达绝不可少

实际上，真实的沟通和交流是使用所有的信息手段的，包括肢体语言、语气等，就是所谓全面交流。在孤独症儿童的言语训练过程中，也不可避免地会使用辅助方式，对一些有特定损伤的儿童而言，还可能需要使用辅助器具。

家庭训练中，最常用的四类言语沟通的方式如下。

第一，口语表达。

这是在与孤独症儿童沟通过程中使用最多，也是最方便、快捷的方式。当然，口语表达也是在家庭学习中必需的方式。

第二，手语表达。

这里既可以是标准手语(有听力障碍的孤独症儿童需要使用标准手语)，也可以是各种家庭手势。

第三，其他体态语言表达。

体态语言包括了手语及其之外的所有能用身体表达信息的方式，如面部表情、身体动作等。在很多情况下，需要教孩子观察肢体语言并理解其含义。

第四，辅助器材表达。

一部分儿童如果没有口语表达能力，可以借助肢体语言表达，也可以使用一些辅助器具或者软件帮助表达。现在已经出现了一些包括图片、软件在内的辅助表达器材。

二、孤独症儿童社交能力的培养

社交能力是指个人与个人之间、个人与团体之间以及团体与团体之间，为了满足某种需求或达到某种目的，进行交互活动的能力。

(一)恰当地回应他人

孤独症儿童的一个重要特点是不能恰当地回应他人。恰当地回应他人的能力是指在沟通过程中根据不同的情境，选择用声音、行为、语言回应他人的能力。孤独症儿童不能自然地使用声音、行为等回应他人，需要家长进行相应的训练或教育。当然，想要恰当地回应他人，应首先具备回应他人的能力，然后才是选择用声音，还是用身体语言回应他人。因此，在家庭中，家长对孩子的各种声音或者行为要有回应，并能通过这种回应培养孩子的回应他人的能力。

1. 声音和行为配对

在日常生活中，家长应该对孩子进行各种回应的练习，最开始可以进行声音和行为的配对练习。在吃水果之前，家长每次都会大声对孤独症儿童说“吃水果了”，然后走到放水果的茶几前拿水果并马上把水果交给(喂)孤独症儿童。在孤独症儿童把“吃水果了”的声音和“吃水果”的行为建立联系后，家长在吃水果之前大声说“吃水果了”，然后家长看向水果或说水果，当孤独症儿童也看向水果后，家长走到放水果的茶几前把水果交给(喂)孤独症儿童。

2. 用行为回应他人的声音

用行为回应他人的声音时，可以在生活活动中进行。例如，孩子饿了时，必须在妈妈发出“吃饭了”“吃东西了”的声音后，才能吃到东西；或者孩子表达饿了时，妈妈予以肯定的回应，并拿出食物，说“现在可以吃了”，让孩子用点头等行为回应后再吃。

当然，可以设置更为复杂的情境来专门培养孩子的行为回应能力。例如，家长可以在游戏中进行用行为回应他人声音的教学。首先，家长准备一首孤独症儿童熟悉的音乐。其次，家长给孤独症儿童讲规则，即当家长以快节奏唱这首歌时，孤独症儿童围绕着家长跑；当家长以慢节奏唱这首儿歌时，孤独症儿童围绕着家长走；当音乐停下来时，孤独症儿童坐下来。最后，家长和孤独症儿童按照游戏规则做游戏。

3. 用语言回应他人的声音

用语言回应他人是交往中最重要的手段。用语言回应他人可以在生活中进行，也可以在专门设置的情境中进行。例如，在孤独症儿童最喜欢的音乐活动中进行训练。首先，选择一首孤独症儿童喜欢而且熟悉的儿歌。其次，家长和孤独症儿童一起唱儿歌。再次，在孤独症儿童投入此活动后，家长在唱儿歌的时候突然停下，示意孤独症儿童接着唱。最后，孤独症儿童接唱下一句。

注意：在与孤独症儿童进行恰当的行为回应练习时，家长要尽量保持与孤独症儿童的眼神接触。在进行此内容的练习活动中，选择练习的手段就是孤独症儿童喜欢的内容，所以强化物可以是练习的手段。

(二)与人合作

与人合作也是重要的交往内容。孤独症儿童常常不能与人合作，原因可能是他们不能关注他人的行为、不理解他人的行为的目的。他们不能回应他人的行为，更不会延续他人的行为。与人合作，懂得他人发出信息的含义是重要的。只有懂了，才有可能合作。单从与人合作看，延续他人的行为和回应他人的行为是两个重要内容。

1. 延续他人的行为

家长在对孤独症儿童进行延续他人行为的训练时，要以日常生活或者孤独症儿童喜欢的事情为素材，只有这样才能收到较好的效果。可以儿童喜欢的强化物的制作过程，作为培养孤独症儿童延续他人行为的方法。如果孤独症儿童喜欢吃蛋挞，那么就把蛋挞的制作过程作为训练他回应他人的练习过程。首先，用任务分析法把蛋挞制作分成六步：在常温条件下解冻蛋挞皮和蛋挞液；蛋挞皮拿出来；打开蛋挞液；把蛋挞液倒入蛋挞皮中；把蛋挞放进烤箱；设置时间和火力。其次，家长按照上面的步骤进行制作，孤独症儿童在旁边进行观察，家长每完成一步就与孤独症儿童进行眼神接触。最后，家长使用中间开始法，在家长完成前三步后，让孤独症儿童完成后三步。此过程中家长重视的应是孤独症儿童对于家长行为的关注与延续，而不是制作蛋挞的技能。

因此，在此练习过程中，家长应关注孤独症儿童的眼神是否关注到家长的每个动作。

再如，如果孤独症儿童喜欢颜料，那么家长可以将颜料作为强化物对孤独症儿童进行训练。首先，准备3种或3种以上孤独症儿童喜欢的颜料和足够大的白纸。其次，妈妈把颜料涂在自己的手上，然后在白纸上印上自己的手印，完成后看向孤独症儿童。最后，孤独症儿童把颜料涂在自己的手上，在白纸上印上自己的手印后看向妈妈。在家长第一次把手印印在白纸上后看向孤独症儿童的时候，如果孤独症儿童没有反应，则需要家长进行辅助，并慢慢撤销辅助。同样要观察孤独症儿童是否关注到家长的行为，并延续家长的行为。

2. 回应他人的行为

孤独症儿童具备回应他人行为的前提是能够理解、懂得相应的行为，有时还需要能分析他人的行为。例如，家长和孤独症儿童玩石头剪刀布的游戏时，就必须先懂得并理解游戏本身，然后才能玩。在玩的过程中，要能够快速分析、判断对方的行为，才能赢得对方。这时候可以分三步练习。第一，掌握规则。家长讲解石头剪刀布的游戏规则，同时示范。第二，规则熟悉。示范完规则后，家长和儿童一起练习。家长可以先出任意一个动作，让孤独症儿童也出一个动作，分析判断谁赢、谁输。第三，进行游戏。

（三）互动

互动是交往的核心，如果没了互动，交往也就没了存在的价值。互动的前提是了解交往的信息、方式、动机，而这往往是孤独症儿童的难点。

在互动中，孤独症儿童要理解他人发出的互动信息，并且选择适当的行为给予反馈。但孤独症儿童缺乏互动的动机，有时候很难主动发起互动。因此，家长要在生活中利用可以利用的一切活动和手段，引导孤独症儿童进行互动。一旦出现互动的行为，就给予正强化。例如，家长在与儿童吃饭的时候就可以引导孤独症儿童互动。家长分别准备家庭成员喜欢的食物，在摆放食物时，家长要注意让家长手里拿的食物是孤独症儿童喜欢的食物，而儿童手中拿的食物是儿童不喜欢吃的食物。家长问“你想吃什么”，引导孤独症儿童说出“我想吃……”，引导孤独症儿童问“你想吃什么”，家长回答“我想吃……”。

（四）等候

等候是个抽象的概念，年龄小的孤独症儿童不一定能够理解。这时候，就应该把抽象的概念具体化。例如，可以使用计时器或者“等候卡”来使孤独症儿童理解等候的意义并能够等候。

孤独症儿童要玩玩具，而这时玩具在哥哥手里，此时需要教导孤独症儿童等候。

首先，与哥哥商量还要玩的时间(如3分钟)。其次，拿着计时器告诉孤独症儿童“你需要等待3分钟”，与儿童一起按计时器，同时数数。再次，要求孤独症儿童自己按开始，并且告诉儿童计时器响了就可以玩玩具。最后，计时器响，告诉孤独症儿童“计时器响了，你可以玩玩具了”。

使用“等候卡”也是同样的道理，当等待卡出现的时候，孤独症儿童需要等待，等待卡消失则可以继续进行活动。

练习等候时，等候的时间要从短到长。具体等候多长时间，以孤独症儿童不出现情绪异常或行为异常为主要标准。

(五)情感的表达

情感表达是交往中最重要的内容之一，但是如何表达情感却是一生都在学习的事情。对孤独症儿童而言，情感表达可以从最基本的情绪表达和理解开始。

孤独症儿童的情绪表达和理解能力也较弱，往往体会不到自己的情绪、他人的情绪对他人和自己的影响。我们建议家长在家中进行如下的练习。

第一，抽象概念具体化。

把抽象的概念用具体的形式呈现给孤独儿童是有效的。例如，开心要怎么表达?笑是一种方法。这时候就可以拍摄真人开心时笑的图片或者视频，让儿童模仿。当然，家长要重点提示孤独症儿童看照片里的眼睛和嘴角，明白眼睛眯成一条线、嘴角上扬就是笑的表情。

第二，由浅入深的完整训练。

情感表达的练习要由浅入深、由易到难、完整系统地学习。例如，对高兴、伤心、笑、哭、悲伤、痛苦、幸福、喜欢、爱等，要完整而系统地进行体会或者训练，只有这样，孩子才能形成比较系统的情感、情绪表达的能力。

第三，了解自己的面部表情。

很多孤独症儿童理解别人的语言是困难的，更不要说识别他们的表情了。然而，面部表情识别、理解是情感表达所必需的。为了使孤独症儿童能够理解他人的面部表情，家长可以使用镜子培养孤独症儿童对自己面部表情的识别能力。

家长先准备一面大镜子。家长可以和孩子进行游戏，引发其不同的体验和表情，如故意引得孩子生气、高兴等，这时，可以让孩子看镜子中的自己，或者看录像后回放，在孩子记忆体会相应的情绪情感时，给予命名。

第四，给予正强化。

孤独症儿童对于情感的表达往往不易察觉，家长在教导孤独症儿童进行情绪表达的过程中要仔细观察，在他们进行情感表达时，要及时给予强化。孤独症儿童的情感表达，往往和身体的生理需要相联系，也往往是受强化物的吸引才开始的。

第四节 孤独症儿童的青春期教育与婚姻教育

一、孤独症儿童的青春期教育

孤独症儿童的青春期教育是必需的，因为青春期的孤独症儿童往往有一些需要注意的行为出现。例如，女生不会处理例假，男生出现露阴行为等。

国内对包括性教育在内的青春期教育不到位，孤独症儿童的青春期教育研究也极为贫乏，本部分只能从孤独症儿童的性别角色的认可、青春期生理卫生知识、保护自己的隐私和青春期行为四个角度进行介绍。

(一)性别角色的认可

性别包括生理性别和社会性别。生理性别指的是根据生理结构和功能来确定自己是男性和女性，而社会性别是指社会对男性和女性的不同要求和期待。孤独症儿童对于性别角色的认可和普通儿童一样，首先要认识自己的生理性别，然后要认识自己的社会性别。

在生理性别的认识阶段，孤独症儿童与普通儿童一样也分为三个阶段：性别的同一性阶段，认识自己是男生还是女生；性别的稳定性阶段，认识到性别不会因为年龄的增长而发生变化；性别的一致性阶段，认识到性别不会因外在的服饰而发生变化，即男孩不会因为穿裙子而变成女孩。

关于普通儿童社会性别认识的研究主要集中在以下方面：性别偏好，主要体现在玩具的选择上，如男孩子会喜欢小汽车，女孩子会喜欢洋娃娃等；性别刻板印象，即他们懂得选择符合自己性别的爱好和活动，这种刻板印象在儿童五六岁时达到顶峰；两年之后，他们的社会性别的适应性得到发展。

通常情况下，我们在培养孤独症儿童性别角色的时候是生理性别和社会性别一起进行的。

事先准备：男孩、女孩的卡片，各种衣服的卡片。

顺序：第一步，拿起男孩的卡片，请孤独症儿童进行观察(家长可以引导)；第二步，询问男孩卡片的特征(短头发、穿短裤)；第三步，询问孤独症儿童的性别。

女孩的性别认识与此相同。为了避免孤独症儿童把男孩、女孩混淆，在他们区分孤独症儿童性别的时候，一次只认识一种，且是与孤独症儿童自身相同的性别。

家长还要注意，对孤独症儿童性别教育的最好情境还是生活自身，要把性别教育融入日常生活中。首先，家长是孩子的第一任老师，家长的穿衣打扮要得体、合适才能够正确地影响孩子对自身性别角色的认知。其次，在日常的生活情境中对孤独症儿童进行教育。例如，在帮助男孩买衣服的时候，告诉他“他是男孩不能穿裙子”；在公园里玩，孤独症儿童要上厕所时，告诉他“男孩只能去男厕所”“女孩只能上女厕所”。最后，把这些具体的行为提升到符号层次。这就是要把各种行为用语言、词汇来表达，并让孩子理解、记住和使用。

(二)青春期生理卫生知识

家庭对孤独症儿童青春期生理卫生知识的教育内容主要包括男女有别、男女生理的特点、男生遗精和女生月经等生理现象的说明和处理。

在进行性别角色认可教育的基础之上，家长还应该教导孤独症儿童男女有别。孤独症儿童的生理特点在本质上与普通儿童没有不同。家长应该告诉男性孤独症儿童遗精是正常的生理现象。同样家长也应该告诉女性孤独症儿童月经是正常的生理现象。首先，要教孩子不要怕；其次，要教会孩子怎样处理。

在孤独症儿童青春期生理卫生知识的教育中，家长可以采用强化策略和视觉支持策略。强化策略是指家长使用孤独症儿童喜欢的强化物，在孤独症儿童表现出期待的行为时，家长给予孩子喜欢的物品并对这个行为进行强化。视觉支持策略则是利用孤独症儿童的视觉，采用孤独症儿童能够理解的抽象方式对家长期待孤独症儿童表现出来的行为进行支持。

以训练女性孤独症儿童处理月经的行为为例。

首先，家长把处理月经的行为进行任务分析，得到正确处理月经的步骤。

其次，家长把每一个步骤拍成照片，并制作流程图。

再次，引导女性孤独症儿童去看照片。

最后，女性孤独症儿童在处理月经的时候按照流程图正确地处理。

除此之外，家庭中父母潜移默化的影响也同样对孤独症儿童具有教育意义，家长应该注意自己的言行。

(三)保护自己的隐私

在对孤独症儿童保护隐私的教育中，“隐私”这个词语并不好理解。家长可以采用抽象的概念具体化的方法对孤独症儿童进行教育。以隐私部位的认知为例，要让孩子知道，衣服盖住的地方就是隐私部位教育的时间以夏天最为合适。家长要告诉孤独症儿童，夏天衣服盖住的地方不能让别人触碰，告诉孩子什么是衣服盖住的部位；使用图片，告诉孩子衣服盖住的地方不能够让别人触碰。

(四)青春期行为

随着性发育，一些孤独症儿童会出现一些与性发育有关的行为。这些行为中有的是正常的，有的则是需要矫正的。不分场合脱掉裤子、抚摸别人、亲吻别人等就需要矫正。这时家长要特别注意教给孤独症儿童正确的行为。孩子之所以有不当行为，除了性发育本身的催动外，外在的影响、不知道什么行为是可取的等也是原因。这时需要家长告诉他们哪些行为是可以的，哪些行为是不可以的，哪些行为是私下才能有的等。

例如，告诉孤独症儿童与异性交往时要保持一定的距离(如 30～50 厘米的距离)。如果孩子不懂厘米，可以形象地说，伸手够不着对方的距离就是合适的距离。

同时，对于某些极为不当的行为，适当的惩罚是必要的。当然，家长要注意，有的时候，孩子可能是利用某种行为引起家长注意，孩子不在乎是否惩罚。这时候，家长要读懂这些行为，一旦发现是故意引起家长注意的行为，就予以消退。

在孤独症儿童的教育中，需要家长付出长期的爱心、耐心和细心。在青春期这个特殊的时期，孩子更可能出现一些让人觉得不合适的社交行为，这时家长要平静地接受孩子的行为，不能动不动就对孩子发脾气，觉得孩子丢了大人的脸；要在读懂孩子行为的基础上，接受和理解孩子的行为，并将孩子引导到合适的轨道上。

二、孤独症儿童的婚姻教育

毫无疑问，没有证据证明孤独症人士不能有婚姻生活，也没有禁止他们结婚的法律条文。也就是说，一些孤独症人士是完全可以有常态的婚姻生活的。但我国对孤独症人士的婚姻生活的研究几乎没有，本书仅仅是从几个方面提出问题，以引起大家的注意，并给家长提供一条教育的基本思路。

第一，要体会孤独症人士有无独立生活的愿望。

家长在孩子青春期开始时，就要细心观察和体会孩子是否有独立生活尤其是是否有婚姻生活的愿望。对于有愿望的儿童，要进行下一步的教育或者指导；对于没有愿望的，则要做好将来没有家人帮助后的教育工作。

第二，要检测孤独症人士是否有独立生活的能力。

大部分孤独症儿童伴随着智力落后。智力落后的孤独症人士要独立生活，尤其是要独立过婚姻生活，是个不小的挑战，婚姻的另一方要有能力承担这种挑战。智力正常的孤独症人士是完全可以有独立的婚姻生活的。家长要实事求是地对孩子进行测量、评估，看他们是否有独立生活的能力，尤其是婚姻生活的能力。

第三，看有无机缘。

当然，即使孩子有婚姻生活的能力，还要看有没有合适的机缘，能不能找到合适的婚姻对象。如果能找到，当然是皆大欢喜；如果找不到，也不要怨天尤人。一些极端的做法，如让不具备民事能力，甚至不具备基本的生活自理能力的两个人结合，未见得是合适的，对孩子来说也不一定是好事。

第四，开展婚姻生活指导。

无论孩子将来是否结婚、是否独立生活，家长都要开展婚姻家庭生活的指导。这里有几点需要特别注意。一是要教育孩子家庭生活是一家人的事，大家要相亲相爱，不要不顾他人。二是要教给孩子一家人相处的知识和技巧，包括同辈相处、与长辈相处、与晚辈相处的知识和技巧。三是要教给孩子分担家务的理念和行为能力，这是婚姻和家庭生活中最重要的问题之一，也是家庭教育中往往被忽略的问题。四是要教给孩子理财的知识和技巧。这里理财并不一定是投资，而是指量入为出。当然，对孤独症人士而言，理财的前提是具有基本的知识。五是要进行夫妻性生活的指导。对于有独立婚姻的孤独症人士，还要进行性生活的指导，包括性行为本身、避孕等。六是要进行职业指导。对于那些有能力工作的孤独症人士，还要进行职业知识、职业态度和职业能力的指导，这是独立生活指导的重要内容之一。七是要对家庭成员进行指导，尤其是对孤独症儿童的兄弟姐妹对其进行关心、帮助、甚至赡养的指导。这对于那些没有能力结婚但有兄弟姐妹的孤独症儿童而言是重要的。八是婚姻家庭生活的教育和指导可以使用图文，也可以使用视频，尤其在涉及一些性隐私的内容时。

本章小结

第一节主要论述孤独症儿童家庭教育的基本问题，包括在宏观上要掌握的教育内容、方法和途径。第二节主要就家庭中，如何对孤独症儿童的行为塑造和矫正、对孤独症儿童生活自理能力和认知能力的培养进行介绍，这是本章的重点。第三节主要是就孤独症儿童的言语能力、社交能力进行介绍，这也是本章的重点。第四节主要介绍孤独症儿童的青春期教育和婚姻教育，宏观地介绍了相应的方法。

复习思考题

1. 孤独症儿童的家庭教育和普通儿童的家庭教育有何异同？
2. 你认为对孤独症儿童生活自理能力的培养可以有哪些方法？该如何

使用?

3. 你认为孤独症儿童认知能力的培养可以有哪些方法? 该如何使用?

4. 你认为孤独症儿童的言语训练可以有哪些方法? 该如何使用?

5. 你认为孤独症儿童的社交能力的培养可以有哪些方法? 该如何使用?

6. 你认为孤独症儿童的婚姻生活该如何进行?

本章阅读书目

(一)推荐拓展书目

1. 赵忠心. 家庭教育学——教育子女的科学与艺术. 北京: 人民教育出版社, 2000.

2. 王梅. 孤独症儿童课程与教学设计兼论特殊教育的课程. 北京: 北京大学出版社, 2014.

3. [美]罗恩·里夫, [美]约翰·麦克伊钦. 孤独症儿童行为管理策略及行为治疗课程. 蔡飞, 译. 北京: 华夏出版社, 2008.

4. 周念丽. 自闭症谱系障碍儿童的发展与教育. 北京: 北京大学出版社, 2011.

5. 刘全礼. 特殊儿童的家庭教育. 天津: 天津教育出版社, 2007.

(二)补充读物

1. 刘全礼. 儿童行为塑造及行为问题矫治. 北京: 中国妇女出版社, 2009.

2. 李晓燕. 自闭症儿童交流性言语研究: 基于个案的追踪. 杭州: 浙江工商大学出版社, 2016.

3. 王梅, 张俊芝. 孤独症儿童的教育与康复训练. 北京: 华夏出版社, 2007.

4. 徐云. 自闭症儿童的早期发现、干预、教育研究进展. 北京: 科学出版社, 2017.

本章主要参考文献

1. 赵忠心. 家庭教育学——教育子女的科学与艺术[M]. 北京: 人民教育出版社, 2000.

2. 王梅. 孤独症儿童课程与教学设计兼论特殊教育的课程[M]. 北京: 北京大学出版社, 2014.

3.[美]罗恩·里夫，[美]约翰·麦克伊钦．孤独症儿童行为管理策略及行为治疗课程[M]. 蔡飞，译．北京：华夏出版社，2008.

4. 周念丽．自闭症谱系障碍儿童的发展与教育[M]. 北京：北京大学出版社，2011.

5. 刘全礼．特殊儿童的家庭教育[M]. 天津：天津教育出版社，2007.

6. 刘全礼．儿童行为塑造及行为问题矫治[M]. 北京：中国妇女出版社，2009.

7. 李晓燕．自闭症儿童交流性言语研究：基于个案的追踪[M]. 杭州：浙江工商大学出版社，2016.

8. 王梅，张俊芝．孤独症儿童的教育与康复训练[M]. 北京：华夏出版社，2007.

9. 徐云．自闭症儿童的早期发现、干预、教育研究进展[M]. 北京：科学出版社，2017.

第七章

学习障碍儿童的家庭教育

导　读

学习障碍是当前基础教育中普遍存在的现象，已成为困扰儿童、教师和家长的一大难题。有些学习障碍儿童还有衍生的情绪、行为问题。如果能及早发现学习障碍儿童，并给予科学的干预与支持，将对他们未来的发展具有重要意义。

学习目标

1. 了解学习障碍概念的发展。
2. 理解学习障碍儿童的发展特点。
3. 掌握学习障碍儿童的教育目标。
4. 掌握学习障碍儿童的家庭教育方法。
5. 评估不同类型的学习障碍儿童。
6. 根据学习障碍儿童的特点开展家庭教育活动。

学习重点

1. 了解学习障碍儿童的概念。
2. 理解学习障碍儿童的发展特点。
3. 掌握学习障碍儿童的家庭教育目标。

学习难点

1. 学习障碍儿童的家庭教育方法。
2. 掌握评估学习障碍儿童的诊断与鉴别。
3. 根据学习障碍儿童的特点设计家庭教育活动。

第一节 学习障碍儿童的概述

学习障碍在西方国家已经是一个家喻户晓的概念。如果一个孩子学习困难、注意力不集中，教师和家长首先会想到学习障碍，进而会想到心理学家、特殊教育专家、学习研究专家以及儿科医生等专业人士。在我国，大部分家长会抱怨自己的孩子：学习不努力，上课时小动作太多，爱插话，不能集中注意听讲，回家不能及时完成作业，写作业比其他孩子多用 3～4 倍的时间，必须有家长陪伴。家长普遍认为孩子的学业不良表现是由学习动机不强、态度不端正、不良行为习惯和懒惰造成的。

实际上，家长可能冤枉了孩子。学习障碍的孩子并不是动机与态度问题，而可能是学习能力问题，即这些孩子的大脑的功能和运作方式存在一些异常，导致在听、说、读、写、算和自我控制方面有缺陷。

一、学习障碍儿童的定义

学习障碍这一概念最早是由美国特殊教育专家柯克提出的。1963 年，柯克提议使用学习障碍这一教育性名词代替当时医学文献的一些术语，如知觉—动作障碍、脑损伤、失语症等。

学习障碍这一术语的提出受到了教师、家长和教育研究者的普遍欢迎，但要对它下一个科学的定义却是一个挑战性极强的工作。随着人们对学习障碍的认识的不断深化，目前，美国学习障碍联合委员会对学习障碍的定义是比较具有代表性的。

学习障碍是一个概括的术语，它是一个由异质障碍构成的群体。这些障碍表现为在听、说、读、写、推理、数学等能力的获得或使用上存在明显的困难。这种障碍源于个人的内在因素，而且在人的整个生命周期中都可能发生。自我调节行为、社会知觉和人际互动的问题可能会与学习障碍共存，但它们不是引发学习障碍的原因。虽然学习障碍可能与其他障碍情形(如感觉障碍、智力落后及严重的情绪困扰)同时存在，或者与外部环境的影响(如文化差异、不足或不当的教学)同时发生，但不是这些情形或影响的直接结果。

美国学习障碍联合委员会定义的要点是：学习障碍是一个由各种障碍构成的异质群体。学习障碍主要表现为在听、说、读、写、推理、数学等能力的获得或使用上存在显著困难。学习障碍被认为是中枢神经系统功能失调所致。这是学习障碍的生物学基础。学习障碍源于个人的内在因素，而不是由于外部环境或教育不当引起的。学习障碍可以与其他障碍同时存在，如学习障碍可能与注意缺陷多动障碍、感觉障碍、情绪行为障碍等共存。

在我国学习障碍儿童的研究和教育实践中，大多采用这样的操作定义，即同时符合以下三个标准：第一，学生的智力发展水平在正常范围之内；第二，学生的主要课程成绩(如语文、数学)在一段时间内低于同龄(或同年级)学生平均成绩 1.5 个标准差以上；第三，排除情绪、行为障碍的学生。

二、学习障碍的类型

根据学习障碍的定义，可以知道学习障碍是一些不同性质的学习异常的统称，学习障碍存在不同性质的类型。

根据《精神疾病诊断与统计手册(第五版)》的分类和我国的学习障碍实际情况，我们把学习障碍分为四种类型。

(一)阅读障碍

小强今年上三年级，入学前一切正常，谁也没想到他上学后会出现如此严重的学习困难。他最明显的弱点就是阅读与记字困难，不仅拼音学不好，而且学过的字就忘记；阅读时读不成句子，增字减字，读后不知意思。读文章时，他给人的感觉是在读字；做数学应用题时，由于不认得的字太多，必须要家长读题。测试发现，他的阅读能力和识字量水平落后，只相当于一年级学生的阅读能力。这种儿童被称作阅读障碍儿童。

阅读障碍是指儿童智力正常，并且享有均等的教育机会，但是阅读成绩显著落后于同年级(或年龄)儿童的一种学习障碍。阅读障碍是学习障碍的最主要类型，占所有被诊断为学习障碍儿童的85%～90%。男孩比例大于女孩。研究发现，学龄儿童中，阅读障碍的出现率为5%～15%。

阅读障碍儿童通常有如下表现：

第一，认字与记字困难，刚学过的字，转眼就会忘记；

第二，听写成绩很差；

第三，朗读时增字与减字；

第四，朗读时不按字阅读，而是随意按照自己的想法阅读；

第五，错别字连篇，写字经常多一画或少一画；

第六，阅读速度慢；

第七，逐字阅读或以手指协助；

第八，常常搞混形近的字，如把“视”与“祝”搞混；

第九，经常搞混音近的字；

第十，学习拼音困难，经常把“d”看成“b”，把“q”写“p”。

这类儿童不能有效地阅读，随着年级增加，凡是需要阅读技能参与的日常生活和作业均明显受累，会在各门功课上都出现困难。

(二)书写障碍

书写是一个非常复杂的过程，需要很多神经网络共同作用。书写过程需要注意力、精细运动的协调、记忆、视觉加工、语言和高级思维等认知过程共同参与。个体在写字的时候，需要有视觉反馈机制不断地对输出进行检查，调整精细动作，监控手眼协调性。同时，肌肉运动监控系统需要监控手指在空中的位置与活动、握笔的姿势以及写字的速度。

认知系统也积极参与书写，因为长时记忆需要不断核实个体所书写的符号是否与其发出的声音相对应。书写过程同时需要视觉记忆的参与，负责加工符号、整字记忆和拼写规则等。在整个书写过程中，从音素到字形的匹配不断循环，确保书写的符号与个体过去的口语表达规则一致。

最近的脑成像研究表明，书写时有大量脑区被激活。人在写字时，顶叶(包括运动皮层)和进行视觉加工的枕叶等都是高度激活的脑区。毋庸置疑，左半球与口语相关的脑区也会相应地被激活。由于我们在写字时头脑同时会发出这些词的声音，因此书写在很大程度上是依赖于言语活动的。

书写障碍是学习障碍的亚型，书写障碍的诊断标准是儿童在书写技能和年龄之间存在差异，并且这种差异显著影响了其需要书写技能的日常学习和生活。

汉语发展性书写障碍是指儿童的书写技能落后于同年龄(或年级)儿童，且书写困难影响了其日常的学校学习活动，进而导致其学业成绩显著落后。

书写障碍儿童写字十分粗心，写字时丢落笔画，字体结构不紧凑，字形模模糊糊、歪歪扭扭，容易疲劳。

这些孩子很容易被老师和家长误认为是他们学习态度有问题，是故意的，要给予惩罚。其实这是一种特殊的学习障碍，只有进行有关的训练才能见成效。

(三)写作障碍

语言表达是指人们利用语言表达思想的过程，包括口头表达、书面表达两个方面。一般来说，口头表达是书面表达的基础。

书面表达是指借助纸笔等工具完成的，结构要求高。书面表达时，作者无法得到及时的反馈，必须时时考虑到阅读者的需求。

写作是一种有目的解决问题的信息加工过程，作者试图将其思想和情感用可以被人们理解的文字表达出来。

写作障碍是指个体在写作过程中出现的困难，但不是由视力、听力或运动系统缺陷，智力落后、情绪失常等问题引起的。写作困难有两个方面：一方面是选材谋篇、审题立意等高水平加工方面的困难，另一方面是书写、标点、语法等低水平加工方面的困难。

(四)数学障碍

数学障碍又称为非语言学习障碍。这类孩子在机械图形与数学任务上能力落后；记不住人脸的图形，交往能力差；在运动和机械记忆方面有困难。

数学障碍没有性别差异，约 6%的儿童有数学障碍。他们可能爱读书，也会讲故事，但解决图形式的逻辑思维任务和空间想象能力差，学习刻板，不能将新学习操作迁移到新环境中。

研究者认为出现数学困难的原因有下列七个方面。

第一，符号阅读困难；

第二，空间、序列、顺序概念困难；

第三，语文阅读困难；

第四，记忆问题；

第五，缺乏数学学习策略；

第六，加工速度太慢；

第七，视知觉或视—动协调问题。

数学是极具系统性的科学。若在低年级时未能及时干预，到了中高年级时干预就会越发困难。家长应及早重视逻辑推理能力的开发，在空间想象力和数量关系方面进行培养，要利用孩子的语言优势，进行某种补偿。

三、学习障碍儿童的特点

学习障碍是高异质性的，很难有一致的特征足以代表这个团体，常被发现的特征也不一定出现在每一个学习障碍儿童身上，但是特征的研究仍受学者的重视，主要是因为特征的发现，不但有助于鉴定工作的进行，而且有利于教育干预重点的设计和执行。

根据文献资料分析可以把学习障碍儿童的特点分为认知发展、学业表现、语言发展、适应性行为以及个性等方面。

(一)认知发展的特点

1. 视知觉能力的特点

对于学习者来说，大部分信息是通过视觉来接受的，而且所有学习活动都需要视觉的参与，如阅读、书写、计算等。视知觉的发展对于个体的学习活动是至关重要的。

学习障碍儿童无法很快地确认字词或在心里形成视觉形象以协助他们确认事物，他们需要较长的时间以及在没有干扰的情况下才能确认视觉刺激。学生需要花太多时间去识别字词，前面存在工作记忆中的字和信息会因太久而容易失去，使得阅读无法连贯成有意义的信息。

林敏和毛荣建对听写困难儿童进行了一系列研究，结果发现：视觉辨别和视觉短时记忆等功能的损伤是听写困难儿童特异性认知缺陷，而语音、语义功能缺陷则是读写困难儿童的重要特征。

2. 听知觉能力的特点

多数学习障碍儿童能够区分、辨别声音，所以他们在模仿发声上并不存在问题，但他们在声音的分析与分辨(如正确找出音节或词的界限)，或再认声音(如区别熟悉和不熟悉的字音，或找出熟悉的字中所缺少的音)方面都比一般儿童表现差，也就是存在语音意识缺陷。

学习障碍儿童的听觉记忆量也会比一般儿童少，因为他们无法像一般儿童一样对声音进行适当的组合或以声音的组合为记忆单位等有效的方式记忆声音。学习障碍儿童必须将音一一记忆，导致其听觉记忆受限。此外，学习障碍儿童对声音的知觉速度也比一般儿童慢。

听觉记忆能力是指把听到的信息进行贮存与回忆加工的能力。一部分学习障碍儿童存在听觉记忆能力缺陷。例如，有的学习障碍儿童往往对于长于五六个词的句子不能重复，对于教师布置的作业只记得其中一部分，上课记的笔记不完整。

3. 注意力的特点

注意是心理活动对一定对象的指向与集中，是心理活动的调节机制。注意是顺利完成学习活动的前提和基础。

学习障碍儿童脑电波检查结果显示他们在觉醒状态下的脑电波频率和振幅都比正常人的低。学习障碍儿童容易分心，很难将注意力集中在相关的刺激上，且难以持续他们的注意力。学习障碍儿童无法很快地把学习建立到自动化水平，因此他们总是需要将较多的注意资源分配在当前的学习活动上。

4. 记忆力的特点

一般来说，记忆力在学习活动中起着重要作用。学习障碍儿童通常会表现出记忆障碍，这已得到大量研究证实。

学习障碍儿童的记忆力有缺陷，他们的记忆力和记忆策略的使用都较一般儿童差。

研究者发现视空间工作记忆与特定的数学障碍有关，视空间工作记忆特征可以分离数学障碍类型。

研究者还发现，学习困难儿童在言语工作记忆、视空间工作记忆和中央执行功能上均显著不如正常儿童，不同类型学习困难儿童均存在工作记忆缺陷。

5. 加工速度的特点

人类的信息加工过程就是人脑对输入信息的获取、编码、储存和提取等一系列操作过程。个体在这个操作过程中需要一定的时间，不同的个体对同一任务的操作有快慢的差异，这就是认知加工速度问题。认知加工速度不仅是衡量心理能力的重要指标，而且也是衡量个体心理发展水平的重要变量。认知加工速度的变化代表着认知活动的发展变化，实质上反映了认知过程的内部心理机制的变化过程。认知加工速度具体体现在三个层次上：首先是感觉运动速度，这反映了个体对刺激迅速做出简单反应的能力；其次是知觉速度，这反映了个体对刺激迅速做出简单的知觉判断等反应的能力，如判断两个数字串是否相同；最后是认知速度，这涉及高级的认知活动，如回忆、联想。认知加工速度的测量通常包括基本的比较、搜索和替换，测验得分就是规定时间内个体正确完成的项目的数量。

学习障碍儿童不仅感知结果存在异常，其认知加工速度也显著慢于正常儿童。不论以图形还是文字为刺激材料，在完成刺激辨别与认识任务时，学习障碍儿童所需时间都更长。这表明其认知加工速度比正常儿童慢得多。

王恩国发现，学习困难儿童的加工速度与正常儿童的存在显著差异，学习困难儿童的加工速度显著低于正常儿童。加工速度是影响学习成绩的一个重要变量；相对于语文成绩而言，加工速度与数学成绩的关系更为密切；语文困难儿童和数学困难儿童的加工速度没有显著性差异，但都显著高于语文、数学双困难儿童。

(二)学业表现的特点

根据学习障碍的鉴定标准，学习障碍儿童在一项或多项学业成就上的表现无法与其能力及年龄相符合。学业表现有困难是学习障碍的主要特征之一。学习障碍儿童可能在阅读、书写和数学等方面有困难，这些困难也可能出现在一个或多个方面。

1. 阅读的特点

阅读是一种复杂的心智活动，也是在这个社会中生存的必要条件。个体如果缺乏阅读能力，是非常难以适应现代生活的。对于具有读写能力的个体而言，阅读似乎是自动化的，无须费力；然而对于一些儿童而言，阅读是一种需要额外努力来学习的认知技能。

阅读困难是大部分学习障碍儿童会出现的问题。阅读问题包括认字、阅读速度、阅读流畅性、对字音的记忆、对字组合元素的类化能力、词界限的划分、默读以及阅读的理解等方面的问题。

2. 书写的特点

书写是一个非常复杂的过程，需要很多神经网络的共同作用。书写过程需要注意力、精细运动的协调、记忆、视觉加工、语言和高级思维等共同参与。个体在写字的时候，需要有视觉反馈机制不断地对输出内容进行检查，调整精细动作，监控手眼协调性。同时，肌肉运动监控系统需要监控手指在空中的位置与活动，握笔的姿势以及写字的速度。

书写问题容易被发现。学习障碍儿童常见的书写问题表现如下：书写潦草，笔画不清晰，字迹难以辨认；笔画不均匀，部件的结构不紧凑，字形大小不一；能认字但是不会写字；抄写或书写速度慢，总是出现错误；常颠倒偏旁部首位置，或缺笔少画；写的字不能对齐或成一行，歪歪扭扭；书写时自言自语；书写时看自己的手；书写时身体姿势、手腕或纸的位置不对。如果儿童的书写表现符合以上所列中的六条及以上，就可以初步判定他存在书写问题。

3. 数学学习

数学学习困难包括空间安排、数学符号辨识、运算、公式的记忆和运用以及问题解决等方面的问题。

阅读障碍的学生到后来也会出现数学学习的问题，因为数学学习活动和阅读活动一样需要注意、记忆等。另外，语文记忆和理解能力在后来的数学学习中也有相当重要的地位。

(三)语言发展的特点

很多学习障碍儿童在幼儿阶段就出现了语言发展迟缓的问题。语言活动分为接收、处理和表达三个方面。阅读障碍儿童在接收语言方面有困难，觉知语言的能力、声音的回忆、说话的理解等都比一般儿童差。在语言的处理和语用部分，学习障碍儿童听笑话能力比一般儿童差，此差异在小学阶段尚不明显，到中学阶段就会显现出来。

(四)适应性行为的特点

适应性行为是指人们习得的用于适应日常生活的概念性、社会性以及实用性技能。概念性技能包括接受性和表达性语言、读写、金钱概念和自我引导等技能；社会性技能包括人际关系、责任、自尊、遵循规则、避免危险等技能；实用性技能包括个人生活自理、使用日常工具、职业技能以及对环境的自我管理等技能。

学习障碍儿童的适应性行为(自理、沟通、社会、学业等方面)存在问题，其水平介于普通学生和智力障碍学生之间，而且学习障碍儿童的适应性行为的表现与普通学生的差距也会随着年龄而增加。学习障碍儿童的适应性行为的缺陷，影响了其学习的进步和良好社会关系的建立。

(五)个性的特点

1. 自我概念的特点

学习障碍儿童经历了更多学习困难，常常遭受挫败。这些会严重影响他们对自己能力的认识。他们自我效能感低，缺乏自我认同。许多学习障碍儿童的自我概念与一般儿童的相比存在差异，而且这种差异会延续到中学阶段。

学习障碍儿童把自己在学业自我、一般自我与非学业自我方面的表现都看得比正常同伴差，而尤以学业自我的差异最为明显。这种对自我的较低评估倾向于相对稳定。即使年龄增长，能力已有所提高，但他们仍将自我视为无能的、差的、糟糕的。

学习障碍儿童在智力、社交地位和外表方面的自我评估较低，但在社会适应方面的自我概念评估并未见显著差异。

2. 归因模式的特点

学习障碍儿童在归因上存在消极倾向。他们不相信自己会取得成功，很少将成功归因于自己的能力，而更多地归因于运气、他人帮助、任务容易等外在不可控的因素。对于失败，他们则归因于自己缺乏能力。这一消极的归因倾向还存在显著的性别差异。学习障碍女生更消极，且保持着稳定性；而男生则随年龄增长表现出一种变化趋势，失败的内部归因倾向减弱。

控制点是关于个人对自己成败归因的方向，内在归因者会将自己的成败归因于个人的能力或努力，外在归因者则将自己的成败归因于运气或命运。控制点往往会影响个人动机和学习习惯。研究发现，学习障碍儿童与一般儿童相比，外控分数较高，而内控分数较低；但是青少年阶段的研究并未发现学习障碍者有外控倾向。

除了重视学习障碍儿童的控制点外，还应重视归因策略训练对于学习障碍儿童控制点的改变。比较学习障碍儿童在不同学习情境下的成败归因时，研究者发现内控型的学习障碍儿童在低结构化的情境中表现较好，而外控型的学习障碍儿童在高结构化情境中表现较好，这个研究结果表明学习障碍儿童的学习效果受他们的控制点影响。

(六)情绪行为表现的特点

年龄较小的学习障碍儿童的注意力缺陷较为严重，但到了青少年阶段，学习障碍儿童存在更多的情绪行为问题，如违规行为、反抗、冲动或缺乏情绪控制等。这些情绪行为问题可能是由社交技能缺乏和学业失败造成的。

学习障碍儿童还存在内在问题行为，如退缩、不成熟和人格问题等。一些学习障碍儿童与其他学生相比，更加胆小、害怕、退缩。这些可能源于以前失败的人际交往经历，或者无法摆脱的学业失败。有的学习障碍儿童会把自己封闭起来，造成了孤独和退缩。

(七)同伴关系的特点

学习障碍儿童的同伴关系和正常儿童的有显著差异。学习障碍儿童得到的同伴拒绝比正常儿童多，受同伴接纳的程度比正常儿童的低。学习障碍儿童从幼儿园开始就受到同伴的排斥，这种人际关系的问题会随着年龄的增长而持续。

一些学习障碍儿童缺乏社交技能，如不会打招呼、无法接受他人的称赞、不能提出异议、不会做出积极回应、不能理解社交中的暗示以及无法和人正常沟通等。这导致他们在同龄人中的社会地位较低。

有研究发现，在社会关系的知觉上，学习障碍儿童倾向于低估，这反映出他们在社会关系体验上的不利处境。

（八）社会认知的特点

学习障碍儿童的社会认知包括观点采择、非语言沟通的理解、道德发展和社会问题解决等四个方面。在非自我取向的问题方面，学习障碍儿童的表现比正常儿童差；在理解非语言沟通的表现方面，学习障碍儿童比正常儿童差；在道德发展方面，学习障碍儿童和正常儿童的差异尚未得到一致结果；在社会问题解决方面，学习障碍儿童比正常儿童差，但是不一定比低成就儿童和智力障碍儿童差。

与正常儿童相比，学习障碍儿童在社会信息知觉上偏于消极、敌意，知觉准确性较差。在对特定社会情境的知觉上，一方面，学习障碍儿童更多地表现出社会性暗示误读，倾向于将情境解释为不友好、敌意等，进而可能做出不恰当的反应；另一方面，他们对社会情境、言语与非言语社会交往信息的理解能力较低，对他人意图与观点的意识与理解都更为困难。

学习障碍儿童在社会知识上不一定存在缺陷，但是在实际运用社会知识上有缺陷。例如，他们在语言表达上很少委婉地措辞，而倾向于不加选择地直陈事实，较少考虑他人的反应；在根据情境选择恰当社交策略方面，表现出较低水平；在人际交流中，难以主动地延续谈话。学习障碍儿童社会技能的缺陷无疑会影响其社会交往关系。从社交地位上看，学习障碍儿童往往处于被支配、被拒绝或被忽视的不利处境。他们也更多表现出不合群的特点。教师与家长在与学习障碍儿童的交往中也往往更多地采取消极的方式，如采用命令而非协商的方式。

四、学习障碍儿童的诊断

学习障碍的异质性造成了学习障碍诊断的复杂性。学习障碍的诊断在不断发展完善，早期运用较多的是差异模式，近年来，干预反应模式成为学者推崇的学习障碍诊断的方法。

（一）差异模式

学习障碍儿童的学习潜能和学业成就之间存在显著差距。学习潜能多由智力和认知能力的测试得出，学业成就多由一系列学科标准——学业成就测试成绩表明。美国多数州采用差距标准来评估和鉴定学习障碍儿童。但也有专家指出，智力和认知能力不能很好地预测儿童的学业成绩，因为大多数测验需要依赖儿童的阅读能力。此外，更为重要的是，在学龄前及学龄初期，差异模式实际上不能诊断。在学前和小学一二年级，儿童的学业要求并不多，在这一时期很难发现差异。有人把差异模式称作“等待失败”模式。

(二)干预反应模式

1. 干预反应模式的内涵

干预反应模式产生于20世纪80年代的特殊教育领域，最初用于对障碍个体获得相关服务资格的判定，后逐渐应用在普通教育领域，用来解决学生的行为和学业问题。美国规定学校在使用评估策略鉴定学生的学习障碍上应具有更多的灵活性，允许各州以及各学区采用干预反应模式来提供学生逐步增加的集中的标准化的学业支持。这种规定进一步推动了干预反应模式的研究和应用。目前在美国，干预反应模式已成为学习障碍鉴定领域的热点问题之一。

所谓干预反应模式，是指在普通学校中实施的、通过层级递进式的干预来鉴别和评估学生的教育需要的程序。

2. 干预反应模式的程序

干预反应模式为某些可能需要接受特殊教育和相关服务的学生提供了一个全新的鉴定程序。干预反应模式的普遍框架反复考虑到了多层面的。有学习进程监控的学习障碍的干预与解决方案。它是学生早期学业成绩下降或学习能力缺乏的诊断与干预的一个重要的关注点。这种干预反应模式框架大致包括三个层面上的教育支持与干预，每个层面因支持与干预强度的不同而各异。

(1)初级干预

初级干预是全范围的干预，属于预防干预层级，该层级面向普通班级里的所有儿童。在初级干预中，要向全体学生实施核心教学计划，并用课程本位测量进行筛查。一般情况下该计划对全体学生中的80%左右的学生是有效的，大约20%的学生未能达到制定的最低学业标准。如果测量数据表明某些学生的成绩明显低于常模化基准，他们就被认定为“高危学生”，要进入第二层级干预。

(2)二级干预

二级干预是目标小组的干预，属于补充干预层级，采取的是问题解决模式。这一层级面向的是“高危学生”。学校一旦发现有“高危学生”，会立即成立干预反应模式小组，小组成员包括特殊教育教师、行为干预专家、语言治疗师、认知行为科学专家、学校心理学家等。然后，干预反应模式小组要与普通教师一起对儿童进行评估，为其制定并实施更个别化的干预方案。家长也会参与到方案的制定和对孩子的监控中来。

在二级干预中，若干“高危学生”组成目标干预小组，普通教师常采取小组教学的形式开展干预，教师与学生的人数比一般为1∶5。教师将采用比第一个层级更加个别化的教学策略来促进学生的学习，但这种教学还不需要为学生制订个别化的教育计划。另外，教师也可以从干预反应模式小组以及更有经验的教师那里获得支持。干预反应模式小组的成员会从不同学科出发对学生进行更加详细的评估，以确定学生存在的问题的性质，进而对教师的教学提出建议。普通教师和干预反应模式小组将根据目标技能要求对学生进行每周的监测。一般来说，大约15%的学生能够获得较好的干预效果，回到第一层级水平；大约5%的学生的这种干预效果不明显，要进入第三层级干预。

(3)三级干预

三级干预为个别学生的干预，属于强化干预层级。学生需要在普通教室外接受特殊教育服务。在三级干预中，教师或学校心理咨询老师为学生提供更为密集的、个别化的教育计划。

第三层级中采用的评估主要是认知和神经心理学方面的评估，以解释儿童为什么没有对第一层级和第二层级做出反应。干预反应模式小组每周会根据设定的目标技能采用专业的评估工具对学生进行监测，有时也会搜集有关学生的多元化信息，以综合考查该学生是否有进一步提供特殊教育服务的需要。最终，评估的结果将成为特殊教育部门决策的依据。如果学生在这一层级中有明显的进步，则回到第二层级，再次回到普通班级中接受教育。如果学生在第三层级中仍没有充分的反应，即与常模相比，学生最终达到的水平仍低于10个百分点且进步缓慢，那么学校干预反应模式小组就要对该生实施综合性评估，以确定他是否有学习障碍。一旦确定该生有学习障碍，干预反应模式小组会建议学生正式转到特殊学校等。

干预反应模式的目的主要是对学生的学习问题实施早期干预，及早地鉴别出学习障碍。干预反应模式一方面通过筛查把存在学习失败风险的学生尽早地识别出来，给他们提供支持和帮助；另一方面通过持续的监测来鉴别学习障碍，为学习障碍学生提供特殊教育服务。

3. 干预反应模式的特点

与传统的学习障碍鉴别模式相比，干预反应模式具有以下几个比较突出的特点。

(1)干预反应模式具有早期预防的作用

干预反应模式对儿童特殊教育需要的反应更加迅速。在干预反应模式的第一层级中就实施测量和评估，其目的在于尽早地把学习处境危险的学生筛选出来，并实施干预。学生在学习上的一些轻微问题就能及早地得到解决。如果部分学生的干预效果不佳，可以在第二层级中获得更密集、强度更大的干预，学生一些较严重的问题也能得到解决。只有少数学生干预效果仍不佳。他们可以接受第三层级干预或在诊断为学习障碍后接受特殊教育。由此可见，这是一种干预在前鉴别诊断在后的模式(传统的做法正相反)，这种做法一方面可以防止学习问题变得越来越严重，另一方面可以避免给学生贴错标签。

(2)干预反应模式的层次递进和可逆结构

传统的鉴别模式只需实施若干个标准化测验(如标准化智力测验、标准化成就测验等)，就可以得出诊断结论，而干预反应模式则包含了三层结构，经过反复的评估和干预，才做出鉴别诊断。随着层级的上升，接受评估和干预的学生人数逐渐减少，而评估和干预的内容集中度及强度越来越大，频率也越来越高。

第一、第二层级都是在普通班级里进行，由普通教师开展初步的筛查，并监控学生的进步，同时负责把信息传递给家长。在第二、第三层级中，特殊教育专家加入对学生的干预中，他们运用更加专业化的工具协助普通教师开展评估工作，并向教师提供咨询服务。但在第二层级，特殊教育专家仍不是主导力量，他们需要保证学生有融入普通教育的机会。

层级之间也是可逆的。在第一层级教师教学上的调整没能使成绩落后的学生在接下来的标准化测试中取得进步，但在第二层级中，如果学生取得了明显的进步，他就又可回到第一层级。第三层级也是如此。虽然第三层级的干预完全由特殊教育专家进行，干预力度是最强的，但也可依据学生取得的进步大小，回到第二层级甚至第一层级。

(3)干预反应模式的评估、干预和教学紧密结合

干预反应模式实际上是一种评估、干预和教学相结合的多层服务传输模式。普通教师的教学过程是对学生开展评估和干预的过程。干预反应模式既根据学生对教育干预的反应来进行评估，又根据评估结果来制订教育干预计划，所以说该模式将评估、干预和教学紧密地联系在一起。在评估中教师发挥非常重要的作用。传统的评估模式将评估与干预割裂开来，心理学工作者负责评估，教师负责教育干预，双方往往缺乏有效沟通，没有建立相互合作的关系，评估对教育干预没有发挥直接的指导作用。

(4)干预反应模式的循证干预系统

干预反应模式既是评估模式，又是一个循证干预系统。所谓循证干预系统，就是以研究数据为基础的系统干预。在干预反应模式中需要定期采集数据，评估学生所到达的水平、进步率等，在此基础上评价干预方法的有效性，决定继续实施原来的干预方案，还是调整干预方案，以便取得更好的干预效果。由于总是以研究为依据，因此循证干预可以提高干预的有效性，降低盲目干预带来的风险。

(5)干预反应模式指向问题解决

在干预反应模式中最初的评估主要是发现教学中或学习中的问题，然后采取适用性干预方案。但对部分原因比较复杂或比较严重的问题，这种做法不一定能取得较好的效果。因此要做进一步的评估，分析问题产生的原因，形成多种假设，通过系统地操纵自变量来检验各种假设，寻找解决问题的办法，直到取得比较理想的干预效果。

五、学习障碍儿童的早期发现

由于难以进行学习障碍的早期鉴定，因此对于学龄前儿童来说，可以通过一些现

象和事件来预测今后是否有学习障碍的风险。家长和教师可以在学前阶段进行监控的重要里程碑事件如下。

第一，口语理解或表达迟缓。

- 接受性词汇有限。
- 表达性词汇减少。
- 难以理解简单的指令。
- 语音单调或言语有其他异常的韵律特征。
- 清晰性下降。
- 自发性沟通(发音、语言或非语言)不频繁或不适当。
- 语法不成熟。

第二，自然出现的读写机能发展迟缓。

- 命名物体与颜色的速度慢。
- 语音意识(如押韵和音节组合)有限。
- 对文字的兴趣有限(如不喜欢触摸书本)。
- 对文字的意识有限(如识别环境中的文字、认识名字)。

第三，知觉动作技能发展迟缓。

- 粗大动作存在障碍(如单脚跳、爬行等)，动作生硬、不灵活。
- 精细动作存在障碍(如穿衣服、切东西、穿珠子等)，动作笨拙、不灵巧。
- 握笔、用笔存在困难，涂色、临摹和画画常常出错。
- 平衡能力差，常常磕碰、跌倒(如走平衡木)。

需要注意的是学习障碍儿童早期特征主要表现是语言发育迟缓和行为问题。但也不是说所有的儿童症状都相同。有的儿童表现为多动、语言发育迟缓；有的儿童表现为多动，但语言发育不迟缓；也有的儿童表现为语言发育迟缓，但无多动表现；有的儿童运动功能落后，不能和其他儿童一样单脚跳、隔步跳，不能走平衡木。如果经过仔细观察，怀疑儿童有学习障碍的风险，必须及早采取措施。

第二节
学习障碍儿童的家庭教育

布朗芬布伦纳提出了生态系统理论，用生态学的观点来解释儿童的成长环境。该理论提出了四个系统(微观系统、中间系统、外层系统、宏观系统)，其中微观系统是个体直接接触并存在紧密联系的。家庭对于个体的学业发展的影响是必然的，教育研究越来越受到教育研究者和政策决策者的重视。

家庭是一个包裹变量，内涵非常丰富，如家庭经济水平、家庭环境、家庭教育资源、家长的教育理念、教养方式、家长保护程度、亲子关系等都属于家庭因素的内容。另外，家庭还会影响到与学校、教师的合作关系。

家庭是儿童的第一所学校，父母是儿童的第一任老师。家庭在儿童的成长中发挥着重要作用。家长通过亲子关系、家庭互动、家长的期望等影响孩子的行为和价值观，通过教育影响孩子学习成就感，通过教养过程让孩子习得良好的生活习惯。

一、学习障碍儿童家庭教育的方法

父母是儿童的第一任老师，家长的教育方法对儿童发展有直接影响。父母良好的教育方法有利于儿童的健康成长。在对学习障碍儿童实施教育干预时，家长有着重要的、甚至是不可替代的作用。

有研究者总结了学习障碍儿童家长的四种家庭教育方法及其产生的不同结果。

民主型教育方法。家长理解儿童，尊重儿童自主性，能够促进儿童产生积极性，使儿童情绪安定，保持友好的态度。在这种教养方式的影响下，孩子往往也更有主见，能够对自己负责，对事情做出判断和决定。这些孩子善于与人沟通，敢于表达自己的情绪和意见，并具有一定的自律能力。

溺爱型教育方法。家长对儿童的要求无条件服从。家长总是给予孩子支持和帮助，即使对儿童能够独立完成的事情也是这样。这会助长儿童产生依赖性，以自我为中心，不能适应集体生活。在这种教育养方式下，孩子往往不知道如何适时适度地控制自己的欲望，经常是要求永无止境、不遵守社会的行为规范，凡事总是站在自己的立场上思考，缺乏同情心。

专制型教育方法。家长往往不理解儿童，强迫儿童服从命令和指示。这会使儿童过分地服从，自罚，产生反抗态度，甚至导致强迫症。在这种家庭里，孩子没有表达意愿的机会，亲子之间严重缺乏沟通。

拒否型教育方法。家长常常觉得儿童讨厌，在儿童不服从时，给予儿童严厉指责，甚至惩罚。这会使儿童产生神经质、攻击性、冷淡、情绪不安定等问题。

从以上四种类型家长的教育方式及孩子的成长特点可以发现，民主型的教育方法是理想的。

二、学习障碍儿童家庭教育的原则

第一，父亲和母亲的教育要一致。

父母在孩子教育上很多时候存在着区别，虽然都是出于对孩子的关心，但由于知识、经验和性别等原因，在孩子教育上的想法和做法上都不一致。很多时候，夫妻在生孩子之前是很和谐和幸福的，可是生完孩子之后，就开始出现矛盾，主要原因就是在孩子的教育上存在分歧。

对于孩子的教育分歧，父母可以这么做。父母双方要互相尊重，在此基础上才能进行沟通、协调。双方都要认识到抚养、教育学习障碍的孩子不是一件容易的事情，需要父母双方合作。对于孩子教育的分歧、矛盾，不是谁对谁错的问题，很多是细节上的问题，所以要抓大放小。为了落实对孩子的教育，要明确父母中的一个来负责，否则容易出现两个人都管，结果经常发生矛盾，孩子无所适从的现象；或者两个人都不管，孩子处于放养状态的现象。

第二，要尊重儿童。

在现实中，很多父母喜欢把自己的想法肆无忌惮地强加给孩子，无所顾忌地剥夺孩子的权利。例如，“你的作业做不完，不能睡觉!”“别人能学会，你就能学会!”其实父母应该尊重孩子，孩子从来都不是父母的附庸，他们有自己的灵魂和思想，有属于自己作为一个“人”的权利。

尊重孩子，就要尊重孩子的基本权利，如孩子有玩耍和休息的权利。尊重孩子，就要遵循孩子成长发展的自然规律，如孩子在某个阶段就会出现自主性，有自己的判断和选择。尊重孩子，就要尊重孩子的独立人格和自我意识。总之，尊重孩子，就要注意保护孩子的自尊。心理学认为，自尊是一种精神需要，是人格的内核。维护自尊是人的本能与天性。孩子的自尊心是他们成长的动力。

第三，学会与学校老师沟通。

学习障碍儿童家长必须和学校、老师建立良好的沟通渠道。家校合作对家长、老师都是有利的，对于儿童在学校、在家的学习和生活更是至关重要的。家长务必与老师经常沟通，通报孩子的学习、生活情况，互相支持，共同提高孩子的教育质量。

第四，打造人际关系网络。

学习障碍儿童的家长除了在家中对孩子进行教育之外，还应该同其他学习障碍儿童家长联合起来，成立相关的团体，如学习障碍儿童家长协会。西方学习障碍儿童教育的发展在很大程度上离不开特殊儿童家长的推动。还可以团结一切可以团结的力量，如学习障碍研究者、医生、教育管理者、特殊儿童权益保护者、政策制定者等。大家一起为学习障碍儿童争取权利，学会利用各种社会资源，维护学习障碍儿童的权益。

三、学习障碍儿童家长的教育误区

每个家长都是爱自己的孩子的，都希望自己的孩子能开心健康地成长。但是，有些家长在教育学习障碍儿童时采取的方式不科学，有时甚至起到相反的作用，增加了学习障碍儿童的心理负担，造成亲子关系的恶化。以下是几种常见的错误方式。

第一，表扬和鼓励过多。

学习障碍儿童的家长觉得孩子学业受挫多，没有自信心，总是寻找表扬和鼓励孩子的机会。其实过多的表扬会给孩子造成许多束缚与负担。当达不到父母的期望时，孩子更容易产生挫败感和内疚感。还有的父母的表扬和鼓励不基于孩子的能力，如总夸孩子“太聪明了”。当考试成绩不理想时，孩子会产生深深的自责，自尊心与自信心会受到沉重的打击。因此，父母应该就某件具体的事情表扬和鼓励孩子，表扬和鼓励孩子因努力而取得好成绩的能力，如“你今天的作业写得很好，是下了功夫的”。

第二，主动询问过多。

由于迫切地希望更多地了解孩子，许多父母一看到孩子就问个不停：“今天老师有没有提问你?”“你语文考得怎么样?”“你怎么最后一个出来?”太多的问题只会引起孩子的反感与抵触。有效的做法是先跟随、后引导。也就是要进入孩子的世界，和他们做游戏、聊天，在不经意中，你就会发现孩子的许多秘密。

第三，强制性指令过多。有家长反映，孩子不听话，说多了，孩子还会发脾气。孩子为什么会这样，其实是和家长的指令有关。“时间不早了，快点吃!”“写作业去!”“把电视关了!”这些都是父母经常对孩子说的。父母要尊重孩子，就要从心里尊重孩子。如果父母换到孩子的位置上，听到这些指令，也会无动于衷的。

第四，否认孩子的感觉。

这是许多父母很容易犯的一个错误。当孩子说“妈妈，我怕，我睡不着，我要开灯”时，妈妈经常会说：“不怕的，我和爸爸就在对面的房间，没有人睡觉是开灯的。”这样说不会让孩子理解睡觉关灯的道理，也不能消除孩子恐惧的情绪，只会使孩子感到委屈与恐惧。较明智的做法应该是：“宝贝，妈妈知道的你的感受，你是否需要妈妈的帮助?”只有让孩子意识到自己得到了理解，他们感觉才会好些，行为才会出现灵活性，而不是一味偏执和对立。

第五，嘲笑和斥责。

当学习障碍儿童学习或考试成绩不理想时，某些家长会大声责骂孩子：“笨蛋!”“懒货!”这种做法会对孩子的自尊心、自信心造成严重的伤害。正确的做法是对事而不对人，对孩子的学习提出建议和批评。例如，先看看孩子的考卷中哪些题目做得是对的，和孩子讨论这些题目做对的原因，然后再分析做错的题目和做错的原因。

四、学习障碍儿童家长应该注意的事项

第一，接受孩子存在学习障碍的现实。

家长第一次听到自己的孩子有学习障碍时，大都会有疑惑，尤其孩子的平时表现可能和一般儿童无异，这更会加深家长的怀疑，甚至导致拒绝，否定诊断。面对自己的孩子的学习障碍，大部分家长可能会有较强的反应，此时家长应及时做心理调整。通常家长最初的反应有以下几个方面：震惊、拒绝；愤怒不平；悲伤、羞惭内疚，不愿提及；焦虑、害怕、困惑疑虑；绝望、无助；伪装、防卫、若无其事；自责、罪恶感。大部分家长在经过自我调整以后，能接受自己孩子患有学习障碍的事实，有的家长还会开始研究学习障碍。在国外，就有家长由于长期研究学习障碍而成了学习障碍领域的专家。

第二，应理解、关心和帮助孩子。

对于学习障碍儿童的生理、心理状况，家长都应该详加了解。家长应知道孩子并非丧失所有的学习能力，因此，如何开发他们的学习潜能是非常重要的。另外学习障碍儿童的人际关系、社会适应等情况，家长应协助了解。学习障碍儿童和一般儿童一样需要被爱和被关心，但也要避免做得太过，以免适得其反，变成放纵、代办和包办。

帮助学习障碍儿童的首要条件应该是完全地了解并接纳他们，并且能看到他们的优点。例如，非言语型的学习障碍儿童通常口语表达很好，听知觉不错，语言的注意力和记忆力很好；而阅读障碍儿童可能具有优越的人际交往能力、良好的运动能力。

学习障碍儿童有时会因学业失败而遭受反对、疏远，最终导致适应问题。比如，同学关系不好，受同学排挤；自我感觉不佳，对自己没信心；固执、冲动；听力与语言技巧薄弱造成沟通困难。这些问题常常让学习障碍儿童不受老师、家长或同辈朋友的喜爱，因而引发严重的情绪问题。

学习障碍儿童除需要家长了解他们，更需家长科学地帮助他们。学习障碍儿童的个体差异相当大，家长应建立对学习障碍的正确认知；接受学习障碍儿童并对其学习有信心；了解学习障碍儿童特殊的生理情况及需要；了解学习障碍儿童的心理需要及情绪变化；对学习障碍儿童日常行为进行仔细观察与矫正；给予学习障碍儿童课程学习的辅导；了解学习障碍儿童社交、人际关系并适时给予辅导；配合学校老师的教学，在家做好衔接的家庭教育；能寻求可用的社会资源及协助。

家长要认真倾听孩子的话。每个孩子无论年龄大小，都有自己的心理活动，有自己独特的感受，家长平时要多与他们多交流，多倾听他们说话，在倾听中观察孩子的变化，发现他们哪些方面存在问题。

进行积极有效的行为训练，如对学习障碍儿童进行听觉、视觉、书写能力、手眼协调能力、注意力、记忆力等方面的训练。儿童写字时看一笔写一笔，做作业的时间拖得太长，这是视觉动作统合协调能力落后。应该让儿童多做图形辨异、仿绘，训练儿童视觉对距离、长短及空间位置的把握。还可让儿童多进行手眼协调的运动，如剪纸、走迷宫等。对于年龄较小的儿童，进行拍球、抛接球或跳绳训练，也会有所帮助。

疏导孩子认识上的误区，给予解决问题的方法。儿童在学习过程中常因遇到种种挫折和困难而丧失信心，产生自卑和各种各样的错误认识。这时家长不应只是评价或责备，而应安慰和鼓励，并提出具体有效的解决方法。

作为家长，要让儿童做自己的事，锻炼其手、脑、眼、耳的协调能力。当然也要避免强制孩子参加那些能力上未能胜任的活动。这些不适当的活动和过高的要求只会对学习障碍儿童造成更多的伤害，使他们原本就不太快乐的学习活动变成痛苦不堪的经历，导致他们产生厌学情绪。

保持良好的家庭氛围，有益儿童的身心健康。家长在帮助孩子的过程中，应该想方设法为孩子提供一个安全而积极的环境。孩子由于学习困难而受指责时，他自己的内心是充满不安和愧疚的，不愿意别人询问他的学习，不愿意向别人倾吐学习上的困难。家长应该放宽自己的心，不把焦点集中在孩子的学习问题上，而是有选择地注意孩子的问题，真诚地与他交流。另外，一定要注意父母之间的关系，尽量不要争吵，即使遇到问题，也要心平气和地处理，给孩子提供一个安全的家庭氛围。

本章小结

本章首先介绍了学习障碍的概念，介绍了学习障碍的类型，探讨了学习障碍儿童的特点；其次介绍了学习障碍儿童的诊断和早期发现，特别介绍目前西方对学习障碍儿童的诊断模式；最后介绍了学习障碍儿童家庭教育方法的四种类型及其结果，探讨了学习障碍儿童父母的教育原则、教育误区以及应该注意的事项。

复习思考题

1. 什么是学习障碍?
2. 学习障碍的特征是什么?
3. 如何对学习障碍进行诊断?
4. 如何对学龄前儿童进行学习障碍的早期发现?
5. 学习障碍儿童家庭教育的原则是什么?
6. 作为学习障碍儿童的父母，应该怎样做才会对其发展有帮助?
7. 学习障碍儿童父母的教育误区有哪些?

本章阅读书目

(一)推荐拓展书目

1. 江琴娣．特殊儿童家庭教育．上海：华东师范大学出版社，2015.

2. 刘翔平，余雪．学校心理学．北京：开明出版社，2012.

3. 孟瑛如．激发特殊生的潜能：学习障碍儿童辅导手册．北京：首都师范大学出版社，2016.

4. 毛荣建．学习障碍儿童的教育．长春：东北师范大学出版社，2014.

5. 孟祥芝．走出迷宫：认识发展性阅读障碍．北京：北京大学出版社，2018.

(二)补充读物

1. 盛永进．特殊儿童教育导论．南京：南京师范大学出版社，2015.

2. 杨广学，张巧明，王芳．特殊儿童心理与教育．北京：北京大学出版社，2017.

3. [美]戴尔·H. 申克．学习理论：教育的视角．韦小满，等，译．南京：江苏教育出版社，2003.

4. 刘翔平，余雪．学校心理学．北京：开明出版社，2012.

5. 韦小满，蔡雅娟．特殊儿童心理评估(第 2 版)．北京：华夏出版社，2016.

6. 赵微．学习困难儿童的发展与教育．北京：北京大学出版社，2011.

主要参考文献

1. 毛荣建．特殊需要儿童的心理辅导[M]．长春：东北师范大学出版社，2012.

2. 毛荣建．学习障碍儿童的教育[M]．长春：东北师范大学出版社，2014.

3. 盛永进．特殊儿童教育导论[M]．南京：南京师范大学出版社，2015.

4. 杨广学，张巧明，王芳．特殊儿童心理与教育(第二版)[M]．北京：北京大学出版社，2017.

5. 杜晓新，黄昭鸣．教育康复学导论[M]．北京：北京大学出版社，2018.

6. 朱楠．特殊儿童发展与学习[M]．武汉：武汉大学出版社，2016.

7. 刘翔平. 儿童学习障碍100问[M]. 北京：北京师范大学出版社，2011.

8. 孟祥芝. 走出迷宫：认识发展性阅读障碍[M]. 北京：北京大学出版社，2018.

9. 毛荣建，顾新荣. 汉语发展性书写障碍研究的现状探析[J]. 北京联合大学学报(自然科学版)，2014(3)：89-92.

10. 林敏，刘翔平，张婧乔，等. 读写困难与听写困难儿童的言语和视知觉认知缺陷[J]. 中国心理卫生杂志，2009(1)：40-43.

11. 毛荣建，刘翔平，张旭. 汉字听写困难儿童字形整体表征的实验研究[J]. 中国特殊教育，2013(6)：87-91.

第八章

其他特殊需要儿童的家庭教育

导读

在现实中，智力超常儿童、轻微违法犯罪儿童、肢体障碍儿童、言语障碍儿童、多重残疾以及学业不良儿童并不少见。那么，这些儿童的家庭教育该如何开展？本章就是针对这六类儿童的家庭教育而展开的。

学习目标

1. 了解智力超常儿童家庭教育的途径与方法。
2. 了解轻微违法犯罪儿童家庭预防和家庭教育的途径与方法。
3. 了解肢体障碍儿童家庭教育的途径与方法。
4. 了解言语障碍儿童家庭教育的途径与方法。
5. 了解多重残疾儿童家庭教育的途径与方法。
6. 了解学业不良儿童家庭教育的途径与方法。

学习重点

1. 智力超常儿童的特征、家庭教育的方法。
2. 轻微违法犯罪儿童家庭预防和家庭教育的途径及方法。
3. 肢体障碍儿童的功能重建及家庭教育的方法。
4. 言语障碍儿童的评估及家庭教育的方法。
5. 多重残疾儿童的特点及家庭教育的方法。
6. 学业不良儿童的成因及家庭教育的方法。

学习难点

1. 智力超常儿童的特征、家庭教育的方法及其应用。
2. 轻微违法犯罪儿童家庭预防的途径、方法及其应用。
3. 肢体障碍儿童的功能重建、家庭教育的内容及其应用。
4. 言语障碍儿童的评估、家庭教育的方法及其应用。
5. 多重残疾儿童的特点、家庭教育的方法及其应用。
6. 学业不良儿童的成因、家庭教育的方法及其应用。

第一节
智力超常儿童的家庭教育

一、智力超常儿童的家庭教育概述

(一)智力超常儿童的概念

说起智力超常，人们脑子里可能会不由自主地想到“天才”“资优”“奇才”“英才”等与之相关的词语。古今中外，不同的研究者对智力超常的理解也各有不同。对于“智力超常儿童”这个概念至今没有统一的定义。

在人们的观念中，大家一般会把智力超常儿童仅仅理解为智商高的儿童，实际上智力超常儿童的“超常”表现在各个方面。例如，查子秀认为，超常儿童是指那些在智力，创造力或特殊领域中(数学、写作、音乐、美术、运动、领导或组织等)较同龄儿童具有高度发展能力和卓越表现的儿童(查子秀，2005)。程黎等人关于超常儿童的定义与查子秀的观点有些相似：超常儿童主要指智力显著高于同年龄常态儿童发展水平及在创造力或特殊领域中(数学、写作、音乐、美术、运动、领导或组织等)较同龄儿童具有高度发展能力和卓越表现的儿童(程黎、冯超、柯学等，2011)。综合以上有关超常儿童的定义，我们认为，智力超常儿童一般指具有高智商兼有特殊才能的儿童。

(二)智力超常儿童的特点

1. 智力超常儿童的身体特点

智力超常儿童的身体与普通儿童并没有什么区别，但有些具有特殊才能的超常儿童，在身体素质和形态上可能与普通儿童有所不同。例如，具有体操才能的儿童在身体的耐力、柔软性、协调度方面会优于普通儿童。

2. 智力超常儿童的心理特点

- 拥有超强的求知欲和认知兴趣。
- 思维敏捷，想象力丰富，具有独创性。
- 观察力强，注意力高度集中。
- 记忆力强。

(三)智力超常儿童家庭教育的概念

家庭教育的概念、构成、内容是经常联系在一起的，往往有广义与狭义之分。赵忠心在其《家庭教育学——教育子女的科学与艺术》一书中指出，狭义的家庭教育是指在家庭生活中，由家长，即由家庭里的长者，其中主要是父母对其子女及其他年幼者实施的教育和影响。广义的家庭教育，应当是家庭成员之间相互实施的一种教育。在家庭里，父母对子女、子女对父母、长者对幼者、幼者对长者的一切有目的地、有意识地施加的影响，都是家庭教育。

我们将智力超常儿童的家庭教育描述为拥有高智商兼有特殊才能的儿童在其家庭生活中所实施的教育。

(四)智力超常儿童家庭教育的重要性

智力超常儿童的发展与家庭教育有着密切的联系。在对智力超常儿童的教育中，家庭教育的成败与否，关系着智力超常儿童今后的发展方向。从许多的科学家、艺术家的成长中，我们可以发现他们大多从小接受过良好的家庭教育，而且父母的教育对其影响是持续一生的。

二、智力超常儿童家庭教育的方法

在家庭教育中，父母观念、教养方式、亲子关系、家庭氛围等因素对儿童的成长至关重要，对于智力超常儿童来说也不例外。

第一，树立正确的教育观念。

父母是儿童的第一任老师，是家庭教育成败的关键所在，对儿童成长有着重要作用。对于智力超常儿童来说，无论多“超常”，家长都不能因孩子多聪明而选择揠苗助长，也不能放任自由对其不管不问。相反，作为父母，一方面，要尽可能多途径、多方式地主动对智力超常儿童有全面的认识和了解；另一方面，要在教育过程中制定符合自家孩子的教育目标和方法，不能生搬硬套别的家长的教育方法。

第二，使用合适的教养方式。

说起教养方式，每个父母都会有自己的教养方式。有学者对此进行了研究，把家长的教养方式分为：专制型、民主型、放任型与溺爱型四种类型。家长的教养方式对孩子的行为和心理有直接的影响。不同的教养方式对儿童的人格形成和智力发展有不同的影响，民主型教养方式最利于孩子的发展，但这需要大量时间和资源的投入、父母和孩子之间相互的权利和责任感以及清晰的交流。有研究表明，权威型教养方式最为消极，民主型教养方式最为积极。民主型家庭是指按父母教养方式划分的一种家庭类型，是父母与子女在认识、情感、行为上协调一致性较高的家庭。在这种家庭中长大的儿童，独立意识强烈，创造性、主动性高，善于与人合作，社会责任感强，意志坚定而又不失灵活性。此类家庭属于较理想的家庭，有利于儿童心理的健康发展。

为了能够更好地发展超常儿童的人格，家长应给予儿童应有的尊重与支持，倾听他们的想法，促进智力超常儿童的发展。

第三，建立亲密的亲子关系。

良好的亲子关系是亲子教育的基础。只有在和谐的关系下，子女才会接受父母的教育，父母也才能更好地教育子女。良好关系的建立需要父母不断去摸索与学习，掌握有效的沟通方法，有相互尊重、平等相处的态度以及合理的教育期待等。亲子关系的好坏直接对儿童的成长产生重要影响。沐浴在良好的亲子关系中的儿童，会更加自信、勇敢、坚强。相反，不良的亲子关系，可能会造成儿童孤僻、懦弱、胆小。对于智力超常儿童来说，更是如此。

第四，营造良好的家庭氛围。

家庭氛围决定家庭环境的舒适度。由于智力超常儿童自身各方面的需求度较高，因此智力超常儿童的家长更要重视家庭氛围的营造。这样对智力超常儿童的成长很有利。例如，和谐的家庭气氛、优雅的文化熏陶，从小就深深地影响了爱因斯坦，使他不仅爱好科学，也喜欢小提琴。由此可以看出良好的家庭文化氛围可以促进孩子的智力发展。

第五，注重早期教育。

人在出生之后的 6 年中，可以获得一生中 60%左右的智力。因此，注重早期教育对于儿童的成长来说至关重要，智力超常儿童亦是如此。研究发现，超常儿童之所以智力超常并具有良好的个性品质，其中一个很重要的原因就是，他们中有不少人接受过良好的家庭早期教育。早期的智力开发教育能促使儿童大脑更好地发育。比如，有学者就指出孩子是语言天才，直到 7 岁之后，语言系统开始呈下降趋势。早期教育却不等同于早期的智力开发教育，早期教育还包括养成教育，是学习准备状态的培养。有学者就指出，在进行早期教育时，应该注意包括智力的开发、能力的培养和良好习惯的养成等。单纯偏重文化知识的传授，忽视社会生活经验的传递，只会使得超常儿童的社交能力低下、社会适应性差。

与此同时，早期教育存在于点点滴滴的生活中，存在于父母的一言一行中，存在于大自然中，因此在进行早期教育时，父母需要给予孩子更多的爱与关注，以及更多的欣赏与赞美，同时严格约束自己的言行举止，为孩子做好榜样。

第六，着重特殊才能的培养。

特殊才能是先天素质和后天培养的结合，有目的、有计划的教育训练，对智力超常儿童的特殊才能的发展有着重要意义。特殊才能的培养也不是一蹴而就的，更不是轻而易举就能培养的。家长首先需要多花时间与精力，对智力超常儿童多加了解，发现其兴趣爱好。其次，要挖掘其潜能，对其创造力、想象力要多支持与鼓励。最后，要根据儿童的年龄特点，创造条件，有计划地对其进行特殊才能的训练。

第七，注重良好性格的养成。

性格比较稳定地存在于个人的行为方式当中，性格也反映出一个人对其他人、事物以及社会现实的态度。这种态度会最终决定他的行为方式与习惯。在一定意义上能体现出一个人的社会道德，是一种与个人的社会生活密切相关的人格特征。

一方面，性格的养成受到来自社会、家庭各方面因素的影响，其中，受家庭方面的影响巨大，而且儿童期是塑造性格的关键时期。另一方面，性格也有天生的一面，不能改变但可以改善。因此父母在培养智力超常儿童的良好性格方面要依据孩子的性格特征“顺性而改”。这样，智力超常儿童才能得到更好的教育，也能更好地去接受教育。

第二节
轻微违法犯罪儿童的家庭预防与教育

一、轻微违法犯罪儿童的概述

(一)轻微违法犯罪儿童的定义

轻微违法犯罪儿童又叫轻微违法和犯罪儿童，有人也称之为严重行为不良儿童、问题儿童。他们通常有严重的违反社会规范的行为，有的甚至已经触犯到法律，处在犯罪的边缘。

有学者将轻微违法犯罪儿童定义为：12～17 周岁有违法和轻微犯罪行为，不适宜留在原学校学习，但又不够劳动教养、少年收容和刑事处罚条件的中学生，包括那些被学校开除或自动退学，在社会上流浪的 17 周岁以下的儿童。

(二)轻微违法犯罪儿童的特点

1. 情绪和行为存在问题

情绪和行为的偏常是轻微违法犯罪儿童最显著的特征。有研究显示，轻微违法犯罪儿童的愤怒、发泄水平高于普通学生，而恐惧、悲伤、情绪调节水平显著低于普通学生。他们热情、活泼、精力充沛、好交往，但往往情绪不稳定、易冲动、意志薄弱、固执、好强。应对事件的方式通常很消极，问题解决的方式、变通性和可行性与普通学生相比较差。这些儿童经常出现打架、偷盗、不良迷恋等行为，这些行为已经威胁到儿童自身、他人，甚至社会的利益。

2. 意志力差

意志力也就是我们平常说的控制力，是个体对自己行为的控制能力。意志力好的人，通常表现出自觉、自律、有耐心、有韧性等特点；意志力差的人，往往表现出急躁、冲动、耐挫力差等特点。轻微违法犯罪儿童易冲动、耐挫力差、容易受到诱惑，这些正是意志力薄弱的体现。

3. 思想道德水平低

轻微违法犯罪儿童有观念歪曲、道德水平低的特点。他们崇尚暴力，向往随心所欲的自由，追寻趣味低下的乐趣；人生观消极，价值观偏向以自我为中心，没有长远目标，以自己的利益为行为准则；道德意识薄弱、社会公德差，是非不明，言行不一；法律意识淡薄，缺乏基本的法律知识，不知道或者不考虑行为的后果和应当承担的责任。

4. 社会性差

许多研究报告，轻微违法犯罪儿童的社会性差。他们的人际交往不良，交往技能差；缺乏控制情绪的技巧，解决社会问题的能力差；缺乏同情心，对他人的关心和爱护少，对同伴表现出更多的冷漠。

5. 心理健康存在问题

轻微违法犯罪或者问题行为的成因和程度不同，儿童的心理健康水平和特点也就不同。总的来看，他们的心理健康水平低于普通儿童。有研究显示，工读学校学生的过敏倾向、身体症状、恐怖倾向、总体焦虑水平和抑郁水平显著高于普通学生，存在更多的心理健康问题。他们的人格发展也有明显的不良倾向。在对卡特尔人格问卷的数据比较中发现，工读生与普通学生在自律性、轻松性、敏感性和聪慧性方面存在差异，特别是后两项。普通学生要比工读生聪明，有更好的自我控制能力，对外界事物更敏感，但在轻松性方面的表现不如工读生。

二、轻微违法犯罪儿童的家庭教育

(一)家庭教育的重大作用

家庭是儿童接触最早和接触最多的社会环境，对儿童的影响全面、持续且深刻。

良好的家庭环境和家庭教育对儿童的智力、性格、品德及早期行为的塑造起着关键作用。有研究指出，80%以上的轻微违法犯罪儿童都有父母离异或关系不好、父母不在身边、家庭成员关系生疏等情况。他们的父母文化水平低，经济能力差，不仅不能提供良好的物质支持，也不能满足多样的精神需要。[①] 父母使用的教养方式大多不正确，也有教养方式不一致的情况。可能家庭环境恶劣，可能父母教育不当，也可能二者兼之，这些直接导致了儿童品德、行为等方面问题的出现。综上，对轻微违法犯罪儿童来说，家庭教育非常重要。

(二)家庭教育的基本内容

在教育儿童之前，家长一定要先做出改变。不管是单亲家庭还是重组家庭，与孩子的地理距离是远还是近，家长都一定要承担起教育孩子的责任，给孩子足够的爱和关注。同时，家长也要注重自身素质的提高，在必要的时候能够给孩子支持和指导，使用正确的方法管教孩子。

那么怎么教育孩子呢？首先要对症下药，也就是找出引起不良行为的最根本原因：是网络成瘾、学业不良、管教不当，还是有生理问题。其次将原因和结果统合分析，针对特点再进行教育。如果有生理问题，如注意缺陷多动障碍，就要先寻求医学治疗，再进行教育干预。

轻微违法犯罪儿童有严重的问题行为。在教育这类儿童时，要注重塑造得当行为、改变错误观念，并将严格管理贯穿始终。具体的内容包括以下几点。

第一，建立自信心。

自信心的建立非常重要，一个人要是没了自信心，就不能坚持做完事情。教育轻微违法犯罪儿童时，要注重自信心的培养。

在培养自信心时，要让孩子正确地认识自己，通过尝试或者体验，知道自己什么能行、什么不行，对自己的能力水平有大概的认知，能对自己的行为结果做出正确估计。

第二，思想道德教育。

人的思想观念转变了，行为自然会跟着改变。家长要重视轻微违法犯罪儿童的思想道德教育，利用一切可利用的资源，拓宽孩子的视野，改变孩子的认知。家长可以带孩子一起参加积极向上的社会活动，参与有关道德、法律、生命等主题的讲座或体验活动，让孩子接受正确的信息，形成深刻的体会。在日常生活中，家长可以借助聚会、做家务、买菜等活动告诉孩子什么是正确的，什么是社会不允许的。家长还要对孩子进行理想教育，从兴趣入手，帮助孩子找回好奇心，形成对未来的期望。

---

① 在轻微违法犯罪儿童中，也有一部分家庭条件优渥的儿童。他们不缺乏物质支持，但精神资源非常匮乏。家庭中不良的教养方式是导致这类儿童问题行为的重要原因。

第三，塑造社会需要的内容。

这包括人际交往、问题解决、情绪调节能力等内容。这些是一个人适应社会的必要基础，家长务必要引起重视。在教育孩子时，一定要严格管理，纠正不良行为，塑造正确的行为。家长可以通过亲身示范、言语指导等形式，告诉孩子在什么情况下应该做出什么样的反应。

第四，意志力培养。

意志力的培养对所有孩子都很重要，对轻微违法犯罪儿童更是如此。家长要带孩子经历挫折，让他们在困难中磨炼意志，形成坚毅的品格。但要注意的是，挫折不能远远超过孩子的解决能力，并且家长不能只看热闹，要帮助或者鼓励孩子，让孩子知道自己能行、父母就在身边。

第五，功课辅导。

在严重的问题行为面前，这一点很容易被忽视。轻微违法犯罪儿童学习成绩普遍很差。他们不是学不会，就是不想学。这一点可能是造成儿童出现严重不良行为的一大因素。家长要重视孩子的学习问题，帮助孩子找到学习的乐趣，帮助他们补上功课。

(三)家庭教育的基本原则

1. 严格管理原则

这一点是教育轻微违法犯罪儿童必须贯彻的基本要求。正是对他们的要求不严格或者根本没有要求，才导致了问题行为的出现。在教育这类儿童时，要明确提出要求，建立奖惩制度，逐渐建立起规则意识和自我约束能力。要注意的是，要求不是冰冷无情的桎梏，而是合情合理的、明确的行为标准。

2. 相机教学原则

教育时时有，教育处处有，家庭教育没有固定的模式，更没有条件的限制。家长可以遇物则诲、相机而教，利用一切资源，在各种场合教育子女。看到烈日下的保洁阿姨在扫地时，就可以教孩子尊重他人，教孩子懂得珍惜别人的付出；在上下楼时，就可以告诉孩子要轻声轻步，互相包容和体谅。各种场合、各种形式的教育，不仅真实有趣，还能让孩子体会更深、记得更牢。

3. 协调合作原则

在家庭教育中，教育者的教育理念、教育方法、教育措施要协调一致。在家庭中，教育者主要是家中的长辈，通常情况下都是儿童的父母，也可能是祖父母、外祖父母，但无论教育者和孩子是什么关系，都要持有相同的教育理念、教育方法和教育措施，不能爸爸教育孩子，妈妈却批评爸爸。即使爸爸做得确实不对，也要等爸爸教育完孩子，再去私下处理。在家庭教育中，家长还要和学校的老师协调合作，不能学校要求一套，家里要求另一套，要尽量做到家校一致。

4. 早期干预原则

这点最重要，越早教育轻微违法犯罪儿童越好。如果在出现不良倾向时就加以纠正，将会极大降低教育成本。偏常行为干预得越早，干预效果越明显，对孩子、他人和社会的影响越小。

三、轻微违法犯罪儿童的预防

2018年法院司法统计公报显示，我国有犯罪人数1 428 772人，其中作案时年龄不满18周岁的有34 365人。未成年犯罪人数接近3.5万人，这是个不小的数字。要注意的是，这些未成年不是生来就是罪犯，他们是一点一滴从没人注意的小偷小摸开始的，日积月累到了一定程度，最终触碰了法律底线，造成不可挽回的悲剧。这就提醒广大家长，预防非常重要，要将各种不良行为的苗头尽早扼杀在摇篮里。

导致孩子产生不良行为的因素有很多，家长做不到全面的控制。就现有能力讲，可以从家庭环境、家长素质、孩子素质和多方合作几个方面入手。

第一，家庭环境。

家长要着力营造一个良好的家庭环境，多和孩子沟通，随时掌握孩子的思想动向，正确引导，避免孩子出现问题行为。营造健康的家庭环境并不难，但需要所有家庭成员，特别是父母的付出。父母要回归教育孩子的职责，无论身在何处，都要利用可能的方式教育孩子。这也是孩子感受父母之爱的重要途径。家庭关系紧张、冷漠或者家庭有矛盾时，要尝试多沟通、多理解，尽量做到彼此和解。实在不能和解的，千万注意不要牵连孩子，要告诉孩子“家长的矛盾与你无关，无论怎样我们都是爱你的”。

第二，家长素质。

教师要有一桶水，才能倒出一滴水这句话对父母来说同样适用。父母要教育孩子，首先得有一定的知识。法律知识、道德知识、教育知识、文化知识都是教育孩子时需要用到的。如果家长自身还有欠缺，可以寻找社会上的资源，或者向学校求助。家长会、行为矫正技术的培训、心理讲座等都是可以利用的对象。同时，家长也要建立正确的教育观念，关注孩子，教育孩子，对孩子有恰当的要求。

第三，孩子素质。

学校、社会和家庭共同构成了孩子教育的大网，三方相互补充、相辅相成。家庭教育在这个大网中侧重孩子的思想道德、人格、意志等内容的培养，家长要从重视学科成绩的思想中转变过来。在家庭教育中，要利用可用资源带孩子增长见识。可以通过旅游、实践、讲座等方式让孩子多听、多看，从中增长知识、拓宽视野，形成自己的思想。要注重法律方面的教育，多给孩子讲法律小故事。购买法律杂志或者参加法律活动，让孩子知道自己的权利和义务，可以利用基本的法律知识保护自己。要对孩子进行道德教育，通过榜样模仿或者家庭感染等形式，让孩子知道什么是善良和丑恶、什么是高尚与庸俗、什么是公正与偏私等，培养高尚的道德情操。要增强孩子的心理素质，让他们能够独自面对挫折，正确地排解压力，用坚强的意志战胜遇到的困难。家长可以在孩子面对难题时对其鼓励或者指导，告诉孩子他可以、告诉孩子应该怎么做，久而久之孩子就会拥有坚毅的品格，并且能够出色地解决好问题。家长还要对孩子进行理想教育，让孩子有目标、有追求，并对未来充满期盼。家长不仅有指导和辅导的作用，还有管理的职能。这就要求家长对孩子的日常生活，如作息、饮食等活动做出管控。注意培养孩子良好的习惯，如按时起床、按时吃饭、做事不拖拉等。管控孩子的伙伴。近朱者赤、近墨者黑，让孩子与优秀的人做朋友，远离不良伙伴或者团体。还要限制孩子对外界信息的获取。如今的信息媒体数不胜数，信息的内容和质量也没有经过严格把控，这就需要家长充当信息的过滤器，将一些不适合的，如暴力、色情等信息过滤掉，给孩子塑造一个绿色的信息网。家长要知道，面对信息的庞杂，大多数人没有精力、也没有能力去控制，这就要给孩子做一些限定，如时间规定等。

第四，多方合作。

教育孩子不能靠家长单打独斗，还要借助社会、学校的力量。社会与家庭的合作主要是社会组织或者团体举办活动的形式，这需要家长主动去寻找资源。学校与家庭的合作有两个方面：一方面，是家长和教师的相互配合，家长通过教师指导获得教育孩子的策略和方法，教师通过家长了解孩子的生活情况；另一方面，是家长与教师教育观念和教育要求的一致，在这方面，家校一定要统一，不能教师教一样、家长教一样。

四、工读教育

工读教育是对有轻微违法犯罪或者严重不良行为、不适于在普通学校就读的未成年人展开的旨在满足其教育需要的活动，这些活动既包括一般的教育活动，也包括带有矫正、挽救性质的活动。工读教育在我国预防未成年人违法犯罪系统中占有举足轻重的位置。

(一)工读教育的特点

1. 教育对象范围大

近年来，工读教育在涵盖工读在校初中生和职教生的基础上，又扩大了教育对象的范围。向前延伸至面向普通学校已经出现问题行为暂不用进入工读学校就读的预备生，这是问题学生在原有学校的就地改造，由家长、普通学校教师、工读学校教师共同协调完成。向后延伸至面向工读学校的毕业生，这是对毕业生的就业指导和社会跟踪辅导，辅助学生架好联通社会的桥梁。

2. 教育内容多样

工读学校开设了义务教育阶段应该有的文化课程，如语文、数学、英语、生物、历史等，此外还有法制课程、行为教育课程、生活技能课程、思想教育课程、心理辅导课程等。

3. 管理严格

工读学校有严格的管理制度，每个学生都必须遵守，如果违反了规定，可能会受到批评，甚至严厉的惩罚。

4. 注重人格培养

良好的人格是个体一切活动的基石，工读教育者特别关注学生人格的培养。客观认识自己、积极面对生活、适应环境能力等都是工读教育中人格培养的内容。

(二)需要注意的点

工读教育的教育对象是轻微违法犯罪或者严重不良行为儿童。《中华人民共和国义务教育法》规定：凡具有中华人民共和国国籍的适龄儿童、少年，不分性别、民族、种族、家庭财产状况、宗教信仰等，依法享有平等接受义务教育的权利，并履行接受义务教育的义务。也就是说，轻微违法犯罪儿童也必须接受义务教育。普通学校不适合的话，可以选择工读学校继续接受教育。工读教育不是只重孩子思想、行为的改变，同时还关注文化课的学习。工读教育带有挽救性质，是预防未成年人违法犯罪的最后一道防线。

第三节 肢体障碍儿童的家庭教育

一、肢体障碍儿童的概述

(一)肢体障碍的定义

1987 年全国第一次残疾人抽样调查将肢体障碍定义为：因四肢残疾或四肢、躯干麻痹、畸形等，导致人体运动系统不同程度的功能丧失或功能障碍。2006 年第二次全国残疾人抽样调查将肢体障碍定义为：人体运动系统的结构功能损伤造成四肢残疾或四肢、躯干麻痹、畸形等而致人体运动功能不同程度的丧失以及活动受限或参与的局限。肢体残疾可以更通俗地表达为由于各种原因的以四肢为主的、包括感知和运动障碍在内的功能障碍。大多数肢体残疾患者都有明显的外部特征，其身体素质、身体机能和常人比可能也稍差。肢体残疾分为四类：上肢或下肢因外伤、病变而截除或先天性残缺；上肢或下肢因外伤、病变或发育异常所致的畸形或功能障碍；脊椎因外伤、病变或发育异常所致的畸形或功能障碍；中枢、周围神经因外伤、病变或发育异常造成躯干或四肢的功能障碍。

(二)肢体障碍儿童的分类

1. 脑瘫儿童

脑瘫儿童也称为脑麻痹儿童。大脑是神经中枢，神经中枢出了问题就可能带来一系列的外显症状。一般情况下，脑瘫部位的不同，外在表现也可能不一样。可能的外在表现为言语障碍、行走障碍、抓握障碍、身体不自主的刻板动作等。有时一个脑瘫的孩子也可能同时有上述几种症状。在很多情况下脑瘫儿童可能是多重障碍者。造成孩子脑瘫的原因很多，如母亲怀孕时的疾病感染、出生时的产钳损伤、窒息甚至出生后的物理化学损伤或煤气中毒等都可导致脑瘫的发生。

脑瘫儿童往往需要一些特殊的专门训练，如走路训练、吃饭训练、系鞋带训练等。用术语来讲，他们往往需要作业训练。训练的内容可以分为小肌肉群活动、大肌肉群活动、感知活动以及感知—肌肉协调活动等。

2. 脊柱裂或脊神经损伤

脊柱裂是一种先天性的疾病，在怀孕初期可能就已经形成了。它可以发生在脊椎骨的任何一个部位，可导致肢体麻痹、大小便失禁、不出汗的现象，最为严重的是导致缺陷部位以下的感觉丧失。

脊神经损伤则是中枢损伤的另一类型，脊柱裂本身就会导致脊神经损伤。许多脊神经损伤是后天形成的，往往和暴力冲撞有关，如车祸就常常导致脊神经损伤。这些损伤毫无疑问能引起肢体麻痹、大小便失禁、感觉丧失等。这要看损伤的部位和程度。许多损伤者是瘫痪的。

脊柱裂和脊神经损伤在早期医学干预下是有效的。脊柱裂在孩子出生后的 24～48 小时内手术，对于预防脊髓膜炎的发生非常有效。对于一些外力损伤脊髓的情况，在损伤早期立刻进行手术可能有效地缓解病情，甚至能使人康复。对于已成定向的这些人来讲，拐杖、支架、轮椅等是他们的重要工具。

3. 小儿麻痹

小儿麻痹是一种神经系统疾病，即脊髓灰质炎。它所引起的不仅仅是肌肉萎缩、无力，往往还引起肢体(主要是下肢)障碍，使人的外形、走路都受到影响。它发生的年龄范围比较广泛，随着我国卫生条件的改进和疾病预防的广泛开展，这种烈性传染病在我国的发病率已大大降低。一些患者需要借助拐杖、轮椅等器具。

4. 肢体缺失

通常所提及的“残疾人”就是肢体缺失或截断者，这些人往往是上肢或下肢缺失或截断，或者手指头、脚趾、脚掌缺失等。

肢体缺失既有先天的，也有后天因疾病、外伤等造成的。先天导致肢体缺失的原因并不十分清楚。不过在胎儿各种器官发育、形成的关键期母亲滥用药物或母体病毒感染等都能导致胎儿出生后肢体残缺，包括耳、鼻缺失、唇裂等。后天主要是由外伤、疾病等造成的，如交通事故、机器扎伤、暴力击打等。若未能很好地采取措施或事故太严重等都会导致肢体截断。没有手的患者生活会更困难些，无腿、无脚者则需要拐杖、轮椅等作为交通工具。

尽管不同类别的肢体残疾儿童的教育(包括家庭教育)有共同的特点，但是各类之间还是有区别的，并且与残疾的程度也有很大的关系。

二、肢体功能重建

(一)内涵

用工程的方法和手段使伤残者康复，其功能恢复、重建、代偿是康复工程在康复医学中的主要任务。对于很多后天肢残的儿童而言，顺利度过适应期之后最重要的任务就是身体功能的重建。这是肢体障碍儿童的生活所必需的。另外，对于那些先天残疾的患者而言，同样也存在功能代偿或重建的问题，必须进行相应的训练，并且训练越早，效果就越好。

(二)方法与使用

肢体功能重建与物质上的支持是分不开的，包括安装相关的代偿装置等，如假肢、轮椅、步行器和其他辅助用品等。本文重点介绍假肢、轮椅、步行器。

1. 假肢

假肢是为恢复原有四肢的形态或功能，以补偿截肢造成的肢体部分缺损而制作和装配的人工手、足。安装假肢可以恢复残缺肢体原有的形态或功能，减轻功能障碍，以便今后独立地生活、学习和工作。假肢是为恢复人体的形态和功能，以补偿截肢造成的缺损而制作和装配的人工肢体，安装假肢是截肢者康复、回归社会的重要手段。我国假肢技术已经从引进、消化吸收转变为科技创新，从生产低端产品到开始试制具有自主知识产权的智能型假肢。假肢按部位与功用可以分为上肢假肢、下肢假肢等四类。上肢假肢按发展的时间顺序可分为三级，分别是牵引式、电动式和肌电式，从本质上来说，它反映了力源和控制源的演变。

人体上肢假肢正朝着更加仿生化、智能化、精巧化等方向发展，从而使假肢的动作准确可靠、控制方式更加自然成为可能。

2. 轮椅

轮椅是常用的辅助移动工具之一，是步行功能减退或丧失者，为减少活动时能量消耗者的常用代步工具。对于各个使用轮椅的主体来说，要想通过轮椅完全实现生活自理，还是非常困难的。随着社会的进步与发展，各类新型智能轮椅就开始得到全方位的研发，智能轮椅逐渐进入人们的生活。通过完善全面的人机交互系统来提高轮椅使用的自动化与智能化，同时还能够增设集合越障、自动避障、辅助康复治疗等功能，以满足各个主体的使用需求。随着机器人控制技术的发展，大量的移动机器人技术被应用于轮椅上。智能轮椅在更现实的基础上具有更好的交互性、自主性和适应性。国外智能轮椅的发展是十分迅速且稳定的，国外智能轮椅产业有着独特的发展特点。我国对智能轮椅的研究起步较晚，可以借鉴国内外的相关研究，更新理念，以造福肢体障碍儿童。

3. 步行器

步行器也称为助行架，周围有金属框架，可将病人保护于其中。步行器可支持个体便于站立或步行，其支撑面大，稳定性好。步行器主要是指不带轮子的，有四个支撑点，亦可以调整高度。病理型肢体障碍患者应当在早期的手术治疗和必要的药物治疗后，根据个人情况运用科学、稳定的康复运动训练来提高和恢复肢体的运动功能。这种内外结合的方式可以更好地促进病情的治愈。由于各种原因导致有相当多的患者错过了最佳康复时期，或是患者由于采取了不当的自主训练，而达不到较好的恢复效果，从而导致患者步行功能逐渐丧失。

三、信心建立与重建教育

(一)度过困难适应期

对于所有后天致残的肢残人来说，家庭教育最困难、最主要或者最先碰到的问题还是如何教育孩子尽快度过致残后的困难适应期。对于出生就已经残疾的孩子来说，他们已在漫长的生活中从无知到有知地看到了自己的真实情况，也已适应了这种症状的残酷。可是，对于后天致残的儿童来说，心理上的难以适应是可以想象的。

家长为帮孩子渡过心理难关，要实事求是地告诉孩子病情，包括对生活、对未来、对整个一生的影响，帮孩子树立起生活的信念。这是最困难的，做到之后效果却是最明显的。许多人在致残的早期都有自杀的念头，其原因可能是怕给人添麻烦。

不管是先天肢体障碍还是后天肢体障碍，在发展的某一个阶段都会或多或少地出现以自卑甚至轻生为主要特征的心理适应期。先天肢残的儿童在他们有了意识，发现自己和其他人不同时，就会问为什么，这时就开始了艰难的心理适应期。那些后天残疾的儿童，在生命的危险消失后，马上就进入“我为什么这样”的心理适应期。这时建立心理自信、燃起生命之火是非常重要的。各种方法如心理咨询的方法和技术等都可以用。同时，那些优秀的残疾名人的事迹和其他可歌可泣的英雄人物的事迹都是帮助他们顺利度过心理适应期的好素材。

(二)培养孩子乐观的个性

孩子的个性培养往往是被家长忽略的问题，但对残疾孩子而言这又是非常重要的问题。个性的形成有多方面的原因，但父母的影响、指导具有很重要的作用。父母不要在孩子面前表现出对他的担忧，父母的表示哪怕是表情，都会对孩子个性的形成有作用；父母不要因为孩子的残疾争吵；不要减少孩子的户外活动。肢残后即使用轮椅推也要经常和孩子到户外散步，和小朋友交流游戏等，并恰当地解答孩子可能提出的有关残疾的问题。

肢体障碍儿童因为有明显的感官特征，所以容易缺乏自信，存在自卑心理。特别是截肢后的心理创伤是常人难以想象的，尤其是车祸或爆炸性矿难的截肢者，突然失去正常行走功能，由常人转变为患者，心理承受力不足，对未来生存质量顾虑较多。此类患者需进行心理康复，重点采取抚慰心理的干预手段，树立战胜困难的信心，鼓励患者装配假肢。在与其谈话中，要以热情真诚的态度、温柔的语言、适当的肢体动作取得患者和家属的信任，要倾听其诉求。若是肢体障碍儿童有悲观、消极等不良情绪，则要根据其性格、喜好等进行心理疏导，满足其精神、心理需求，帮助其建立信心。

四、婚姻教育

(一)树立正确的婚恋观

婚恋观是一个人的人生观、世界观、价值观在恋爱婚姻问题上的集中体现，是对恋爱和爱情所持的基本观点和态度。爱情和婚姻是大多数人都会经历的人生道路。得到真挚的爱情和幸福美满的家庭是促进人们身心健康、事业成功的重要因素，也是维系社会安定的基础。在爱情和婚姻的问题上，遭遇不幸会给人带来极大的心理创伤，也必然危及生理健康，甚至会涉及子女和父母。婚姻是一个家庭的根基，也是社会最重要的关系构成。未来肢体障碍儿童由单身走入婚姻殿堂，开始全新的家庭生活，做好充分的知识和心理的准备是十分必要的。婚姻是家庭的基础，家庭是社会的细胞。随着社会、经济的发展，婚姻和家庭在日趋完善、丰富多彩。但是，与幸福美满的家庭相比，我国有残疾人却处于婚姻和家庭的痛苦之中，帮助他们是政府和社会的责任。

然而对于肢体障碍来说，树立正确的婚姻观是尤为重要的。在两性关系中，如若男女地位不平等，即使建立了婚姻关系也不可能持久。近年来，不少肢体障碍的人和四肢健全的人步入了婚姻生活。大多都是由于健全女性或者男性钦佩肢体障碍人士不屈不挠的精神而产生了“同情”，从而萌发了想要照顾其一生一世的心理。但是众所周知同情不是爱情，也许肢体障碍者想要的并不是同情，也不是被照顾，而是真正意义上的平等与尊重。

(二)父母的榜样作用

虽然不同时代的婚姻观有差别，但儒家婚姻观几千年来渗透在人们婚姻生活的方方面面。婚恋观指对婚前恋爱、婚姻生活以及婚恋过程中性爱取向的基本看法，是对待婚姻和恋爱的内在标准和主观看法，它不但直接影响个体对配偶的选择，还会影响个体对未来婚姻、家庭责任和义务的承担。

婚姻家庭状况是人类社会生活的重要方面。父母的婚姻对孩子心理健康和社会的安定与发展都有很大的影响。对常人而言，婚姻更多地表达为生理、伦理与社会意义；但对于肢体障碍者而言，婚姻则含有生存的意义，家庭则是他们生活的主要载体，甚至是他们赖以生存的唯一依靠。父母关系的好坏影响了孩子对未来婚姻的态度。如果他们关系不好会导致孩子未来对婚姻丧失信心。因此，父母最好不要在孩子面前争吵，这容易给孩子造成不好的影响。肢体障碍者更需要婚姻、更需要家庭。婚姻教育泛指帮助人们认识婚姻的内涵和特点、提升解决婚姻问题的技能、增进夫妻亲密关系的教育、培训、辅导、咨询等活动。

婚姻教育的直接目的和功能是促进夫妻在婚姻中有效合作，体验婚姻幸福，间接的目的和功能是促进社会和谐稳定。从根本上来说，肢体障碍者要有幸福、长久、美满的婚姻，不仅要传承中华民族重视家庭的文化传统，也要通过自己的努力来获得自我的成长、性格的融合和关系的成长。

第四节
言语障碍儿童的家庭教育

2006 年全国残疾人口普查首次将言语障碍单独设为一项普查内容，结果显示，我国言语残疾(含多重残疾)总人口数约 700 万，其中 0～17 岁儿童言语残疾(含多重残疾)总人数约为148万，52.7%的言语残疾为一级残疾，并发多重残疾的言语残疾人数仅次于智力残疾人数，位于第二位。言语障碍儿童的家庭教育配合言语治疗对言语障碍儿童的言语康复起着重要作用。

一、言语障碍的概述

(一)言语的产生与感知

言语和语言关系密切，相互依存，有些人可能会把这两者混用，但是，这是两个不同的概念。语言是人类社会中约定俗成的符号及其规则系统，人们通过这些符号系统达到交流的目的，其表现包括符号的表达和理解，是人们言语的工具；而言语是言语运动器官固定的运动形式，是人们运用语言进行交流的过程，其表现即口语表达。语言是一种社会现象，而言语是一种心理现象。

言语产生和感知的过程极其复杂。言语的产生是一个需要多个系统和架构连续活动的过程，包括大脑皮层、喉和其他构音器官的协调活动，还要有知觉、听觉器官的参与。言语产生的过程包括说的过程和听的过程，即言语表达和言语理解的一系列过程，在这些过程中无论哪个环节出现问题都会造成言语障碍。

(二)言语障碍的概念

言语障碍又称为言语残疾、语言障碍、语言残疾、言语语言障碍、言语或者语言异常等，我国在2006年第二次残疾人抽样调查中用的是言语残疾。本书用言语障碍。严格来说，言语和语言是不同的概念，言语障碍与语言障碍也是两类不同的概念。但是从术语的使用上，我们可以看到，人们会把言语障碍和语言障碍混在一起使用。这里不再区分，将言语障碍与语言障碍看成含义相同的术语。

言语病理学家范里珀提出的言语障碍的定义是：和常人的言语偏离深远，以致引起了他人注意，干扰了信息交流，甚至使听话人或者说话人感到困扰的言语异常。这个定义在我国特殊教育界被普遍采用。

根据不同的标准和需要，可以将言语障碍进行不同的分级。2006年我国抽样调查小组根据语音清晰度和言语表达能力，将言语障碍分为4级，如表8-4-1所示。

表8-4-1　2006年中国言语障碍分级标准

分级	语音清晰度	言语表达能力
一级	≤10%	无任何言语功能，言语表达能力等级测试未达到一级测试水平，不能进行任何言语交流。

续表

分级	语音清晰度	言语表达能力
二级	11%～25%	具有一定的发声和言语能力，言语表达能力等级测试未达到二级测试水平。
三级	26%～45%	可以进行部分言语交流，言语表达能力等级测试未达到三级测试水平。
四级	46%～65%	能进行简单会话，但用较长句或者长篇表达困难，言语表达能力等级测试未达到四级测试水平。

分类标准不同，分类结果就不同。言语障碍有很多不同的分类，在分类前，国内学者一般采取两种模式，一是将言语障碍与语言障碍合并，统称为言语障碍，二是将言语障碍与语言障碍分开。这里采取第一种模式，再根据言语障碍者言语行为中表现出来的突出特点，将言语障碍分为 4 个基本类别。

· 构音障碍，又称为发音障碍，可以分为运动性构音障碍、器质性构音障碍以及功能性构音障碍，指的是在发音过程中参与构音的器官在发出某个或者某些语音时的发音失准，表现为说话时发生音位的替代、歪曲、省略或者增音等。

· 嗓音障碍，又称为发声障碍，是由于发声器官(呼吸器官、声带震动和共鸣器官)功能不协调或者存在声带器质性病变，致使嗓音的音量、音调、音质、声音持续时间以及共鸣等出现异常。

· 流畅性障碍，包括口吃和言语急促，如口吃的人会无意识地重复、拖长或中断声音而使说话人无法清楚表达想表达的内容。

· 语言障碍，是指存在表达性语言、感受性语言或应用性语言方面的困难。语言障碍又包括语音障碍、语义障碍、失语症和语言发育迟缓等。

需要特别说明的是，在理解本文中所指的言语障碍时要注意以下几点。任何儿童在学语期时还未掌握充分的语言能力，因此出现的发音不清、发音错误等，属于正常现象，不是言语障碍。言语障碍是相对于母语而言的。使用不同语言的人，或者同一语种地方口音差异较大的人，在交流时出现的异常是正常现象，不属于言语障碍。言语过程包括表达和理解的过程，也就是说的过程和听的过程，这里的言语障碍既有说的障碍，也有听的障碍。言语障碍的成因复杂，类型多样，既有以言语障碍为主要特征的单纯性言语障碍，也有由于智力落后、孤独症、脑瘫、听力障碍等导致的继发性言语障碍。这里谈及的言语障碍，是单纯性言语障碍。

二、言语障碍的医学干预

不同的言语障碍的致病原因是不同的，采取的干预措施也不相同。有一些器质性损害造成的言语障碍是可以通过医学手段治愈的，如唇裂等器质性损伤造成的言语障碍。检索近年来我国有关言语障碍的相关研究发现，我国言语障碍的研究者多来自医院，研究内容也比较集中于医学康复。由此可见，言语障碍的干预与医学的联系很密切。从家长发现孩子言语发展异常时，应立刻带孩子去医院或者专业的言语治疗机构进行评估和干预。

(一)言语障碍的评估

1. 言语障碍的评估指标

不同类别的言语障碍有不同的评估指标，言语的产生需要构音系统、发声(嗓音)系统、呼吸系统的协调活动，本文将从言语这三大系统进行分析。

构音系统是言语产生的调音区，主要由口腔、鼻腔、咽腔及其附属器官组成，其中最主要的构音器官是下颌、唇、舌、软腭，如果这些构音器官的运动功能异常，则会引起替代、歪曲、遗漏等现象。构音障碍的评估主要是针对舌、唇、软腭、咽腔、鼻腔等构音器官结构以及构音功能进行评估的。

构音障碍的最主要的几个评估指标为下颌距、舌距、舌域距、口腔轮替运动、构音清晰度、清浊音比率等。

发声(嗓音)系统是言语的声源区，其主要结构是喉，包括喉关节、喉腔、喉部肌群以及声带等，声带震动、呼吸气流量、声门开合等方面的异常导致了发声障碍，可以从响度、音质、音调等方面进行描述。发声障碍的评估指标除了响度、音质、音调，还包括发音紧张程度、发音力度、气息声等。

呼吸系统是言语产生的动力区，主要由胸腹壁和肺部系统组成，包括胸廓、肺、膈肌、肋间外肌等。呼吸方式异常、呼气量过高或者过低、呼吸系统与发声系统运动不协调等都会造成言语呼吸方面的障碍，主要的评估指标包括呼吸方式、呼吸程度、最长声时、最大数数能力、起音斜率等。

2. 言语障碍的主要评估方法

对于言语能力和语言能力的评估一般会采取主观评估和客观评估相结合的方法。首先，可以通过主观评估初步观察孩子的言语情况，进行初步诊断；其次对孩子进行进一步确切的客观评估。

主观评估言语障碍的常用方法包括听觉感知法、描记法、标准化测验检测法等。

听觉感知法。这是最简单，也是最基本的一种方法，主要由评估者通过细听言语障碍儿童的言语，判断言语障碍儿童的言语情况。

描记法。这一方法首先要将言语障碍儿童的言语样本用录音设备记录下来，然后由评估者检查和描述，判断言语障碍者的语音情况，然后按照言语障碍的严重程度将某些特征进行概括描述和分级。

标准化测验检测法。这主要是使用国内外常用的标准化有关言语障碍的评估表、筛查表对言语障碍儿童进行评估，如皮博迪图片词汇测验。此外，不同类型的言语障碍有相应的评估量表，如失语症汉语评测法。

此外，还有一些非标准化的量表、观察提纲，家长也可以使用。下面提供一个鉴别言语障碍的观察提纲，供参考。

①语言发展迟缓。

• 儿童在说话上的发展程度比同龄儿童迟缓吗？
• 就儿童的年龄而言，他所拥有的词汇是否有限？
• 他说话的语音是否比同龄儿童有更多的省略与替代？
• 他所使用的语句是否比同龄儿童更为简短？
• 就他的年龄而言，他在语句词汇的排列顺序方面是否有很多错？
• 就他的年龄而言，他对大部分代词、名词的使用是否正确？
• 就他的年龄而言，他所使用的语句是否合乎语法？

②构音缺陷。

• 儿童的语音有替代的情形吗？
• 儿童的语音有省略的情形吗？
• 儿童的语音有歪曲的情形吗？
• 儿童说话的语音是否很难理解？

③口吃。

• 儿童是否为说话结巴而烦恼？
• 儿童说话时是否比同龄儿童有更多词汇、字音重复的情形？
• 儿童说话是否明显的缺乏顺畅的节律？
• 儿童说话时是否经常有语句顿塞的情形？
• 儿童在说话时对有些语句的吐露是否深感为难？

④发声异常。

• 儿童说话的音质是否明显地令听者感到不快？
• 儿童说话的音调是否比大部分的儿童更高或更低？
• 儿童说话的语音是否缺乏抑扬顿挫的变化？
• 儿童说话的音量是否相当微弱？
• 儿童说话的语音是否充满嘶哑声？
• 儿童说话的音量是否过大？
• 儿童说话的语音是否显得尖锐？

⑤腭裂。

• 在口腔腭部或齿龈部是否有明显裂开的现象？
• 儿童说话时是否显得鼻音过重？

• 儿童是否不容易将一些字母发准确？
• 儿童在发某些声母时是否有歪曲的情形？
• 儿童是否不容易将 b、p、d、t、k 与 g 音发正确？

⑥脑麻痹说话症状。

• 儿童说话时是否有明显的语言震颤情形？
• 儿童说话是否显得慢吞吞、吃力？
• 儿童说话的节律是否失常？

⑦因听觉障碍而致说话异常的症状。

• 儿童是否经常感冒及觉得耳朵刺痛？
• 儿童的耳朵是否有分泌物流出？
• 儿童是否有语言省略或替代的情形？
• 儿童是否有语言歪曲的情形？
• 儿童说话的音量是否过大？
• 儿童说话的音量是否太小？
• 儿童是否经常请求别人再说一遍？
• 当听话时，儿童是否非常注意看着说话者？
• 当听话时，儿童是否常侧头倾听？
• 儿童是否经常听错话？
• 儿童是否在书面指示的情况下要比口头指示表现得更好？
• 儿童看起来是否比其所表现的更为聪慧？

言语障碍的客观评估需要借助言语测量仪、声学软件等相应的测量设备，需要专业人员用专业的设备进行评估，本文不再一一叙述。

(二)言语障碍的训练方法

不同的言语障碍需要采取的干预措施也不相同，要根据发病原因采取干预的方法，有一些明显的器质障碍是可以通过手术配合术后言语训练达到康复的，如唇裂、腭裂引起的言语障碍，而一些继发性言语障碍或者无明显器质性损伤的单纯性言语障碍则很难通过手术康复，但通过言语训练可以改善，以下是一些言语训练方法。

1. 构音障碍的矫正与训练

第一，呼吸训练，包括呼吸方式训练、肺活量训练、停顿换气训练等。

呼吸方式训练，即通过训练让儿童建立正确的、舒适的呼吸方式，使其能够更好地完成发音活动。训练儿童用鼻子呼气、吸气，全身放松，最大限度地呼气和吸气，同时腹部相应的收缩或者胀大，可以将手放在腹部感受变化，多次练习将腹式呼吸变为习惯。

肺活量训练，即增加肺活量，使儿童说话时呼气有力而均匀。可以通过吹口琴、吹泡泡、吹气球等活动进行训练。在家庭训练中，可以结合竞赛的方式进行。

停顿换气训练，主要是通过停顿和换气训练使儿童的言语更流畅、自然，为言语活动提供长久的呼吸支持。可以在读句子或者是故事时，让儿童注意停顿和换气，并多次练习。

第二，口腔运动训练，主要包括下颌运动训练、舌的运动训练和口部运动训练等。

下颌运动训练，即下颌的开合运动。可以让儿童进行张口、闭口的反复训练，也可以采取咀嚼法，让儿童在嘴里咬着咀嚼器进行咀嚼，然后尝试进行发音。发音时从易到难进行训练，先字母再词汇最后句子。

舌的运动训练，即训练舌头的感受性、灵活性。可以用按摩牙刷、口腔训练器等刷舌头、按压舌头，增强舌头的感受性；让儿童尽量伸舌、缩舌、卷舌以增强灵活性；也可以把糖水抹在嘴边，让儿童用舌头舔。

口部运动训练，即唇部的运动，增强唇肌的感受性，增加正常的唇运动。可以通过做出噘嘴、咧嘴、嘟嘴、撇嘴、笑、鼓腮等动作进行训练。

第三，发音训练，主要是让儿童分辨出正确与错误的构音，包括声母、韵母和音调三个要素，并让他在仔细观察口部、舌位的变化后模仿发出正确的音，可以让儿童跟读拼音的教学视频。

2. 发声障碍的矫正与训练

发声训练主要是让儿童学会正确的发音，包括发声器官的放松训练、听音反馈训练和舌位训练。

第一，发声器官的放松训练，即对颈喉部和声带进行放松训练。可以让儿童张大嘴巴，慢慢转动头部，想象一些放松的舒服的场景；也可以结合咀嚼法或优美的音乐进行，以缓解声带的紧张；还可以让儿童面对镜子张大嘴，想象嘴里有满口食物进行练习。

第二，听音反馈训练，让儿童通过听觉反馈来逐步改正自己声音的一种简便易行的训练。可以由父母把儿童的异常发音用录音机录下来，然后放给儿童听，让儿童分辨其发声与正常发声的差别，从而认识到自己发音时存在的问题，然后让儿童模仿正确发音加以练习，并把模仿的发音录下来，对比辨听，反复练习。

第三，舌位训练法，改善发音时舌头过分前倾或过分后倾而导致的口咽腔共鸣失调。可让儿童用不同的声母、韵母或者两者的组合来调整舌头的位置。如让儿童练习 b、p、d、t 等声母或与 i、u、ie 等韵母组合在一起进行练习，可以使后倾的舌头前移；让儿童大声练习 a、o、e、u 等长音，再将这些音连发若干秒钟，并用 g、k、h 等与上述韵母结合练习，可使前倾的舌头后移。

3. 口吃的矫正与训练

口吃等流畅性障碍的矫正与训练是必要且重要的，要根据儿童异常情况有针对性地进行治疗，训练的方法如下。

第一，语速与节律训练。可以设计一种慢慢说单词或短语的游戏，要求儿童慢慢地说话并示范如何缓慢说话，如装机器人玩说话游戏、唱歌(节律缓慢的简单的歌)游戏等，唱歌时还可以用拍手或用木敲击塑料碗以获得缓慢的节奏。

第二，音量训练，即一种让口吃儿童说话柔和的训练。可以要求儿童轻轻地说话，或者说悄悄话(声带不震动而用呼吸声说话)，但不能大声低语，放松喉部。

第三，语音训练。国外临床经验发现，当起始词为浊辅音时，儿童语言更加流畅，因此，可以选择让儿童说一些起始词为 b、d、g、v、z 等浊辅音的词语或者句子。

第四，呼吸和气流的控制训练，即让儿童可以放松呼吸，回到正常呼吸模式的训练。可以让儿童极轻松地吸气、呼气，不改变正常的呼吸模式，放松后，再以极小量轻柔地呼出气体，然后以“气息音”的方式发 o、u 音，如果儿童较为配合，也可以用同样的方式说一些数字或词，再让儿童模仿，每次呼气从发一个单词，到说出短语和短句，保持气流和发音的连续性。

此外，一定要注意使儿童正确认识口吃，建立起自信心，减轻儿童开口说话的心理负担。

4. 语言障碍训练

语言障碍训练包括语言训练和对话训练，主要是增加儿童的词汇量和理解词义的能力，增强儿童社会沟通能力。

第一，语言训练，包括语音、语义、流畅性的训练，可以让儿童帮忙把话转述给另一人。训练时最好结合实物和动画训练，增强儿童对词汇和句子的理解。

第二，对话训练，是训练儿童与他人交流的能力，可以通过绘本教学、角色扮演、情景演练、社交故事法等进行训练。在进行沟通训练时，家长应注意选择儿童感兴趣的话题和活动，并根据儿童的语言能力设置不同的问话。

三、言语障碍儿童的家庭教育

(一)言语障碍儿童家庭教育的原则

1. 早期干预原则

儿童的语言发展有一个关键期，越早对儿童进行康复训练，其言语能力恢复得越好。言语障碍儿童尤其需要早期干预。19～36 个月是儿童言语和语言发育的关键期，5 岁以下是言语障碍临床矫治的最佳时期。由于对言语障碍的认识的不足，有将近 30% 的言语障碍儿童就诊年龄偏大，错过了矫正的最佳时期。父母是最早也是最容易发现孩子异常的人。家长早发现、早干预，孩子也就会较好地开始接受康复治疗，能更顺利地融入社会。

2. 全面教育原则

在言语障碍儿童的家庭教育中，家庭教育的内容不仅包括言语训练和知识技能教育，还应该包括思想品德教育和生活教育，如生活自理能力的掌握和良好生活习惯的养成。言语障碍儿童家长也要对孩子进行全面教育，既要促进孩子身体功能的正常发育和发展，也要注意孩子品德和审美的培养和提高，使其成长为一个德、智、体、美、劳全面发展的人。

3. 循序渐进原则

尽管言语障碍儿童有不同程度的言语、语言障碍，但是他们的言语、语言发展也遵循正常儿童言语、语言获得和发展的模式和规律，也如正常儿童语言发展一样依次经历口语前期(0～1 岁)、口语期(1～3 岁)、语言精熟期(3～5 岁)，只是言语的速度、清晰度等方面有差异。此外，言语障碍儿童的身心发展特点有正常儿童的特点和自身的特点。这就要求家长在家庭教育时要按照儿童身心发展的规律制订相应的训练计划，要由浅入深、由易到难，根据实际情况、循序渐进地进行言语训练，切勿急于求成。

4. 实践性原则

言语障碍儿童家庭教育中可以结合实际，结合家庭生活的需要，在日常生活中取材、创设语言环境。家庭教育是灵活的，不是刻板的、墨守成规的，它也可以随时随地进行。尤其是对于言语障碍儿童而言，日常生活中处处都有言语训练的机会。在进行固定的言语康复训练的同时，家长可以注意把握住让儿童说话的机会，与儿童多交流、多互动，增加言语障碍儿童言语实践的机会。即使儿童还不能说话，声音的刺激也能有一定的影响。

(二)言语障碍儿童家庭教育的内容

言语障碍儿童的家庭教育应当遵循全面性原则，把儿童培养成具有社会主义核心价值观的德、智、体、美、劳全面发展的人。因此，言语障碍家庭教育包括以下几方面的内容。

1. 言语训练

家长在发现孩子言语有异常时应及时带孩子去医院或者言语康复机构进行评估，然后在言语治疗师指导下制订科学合理的言语训练目标和计划，并着手实施。家长首先要认识孩子言语障碍的表现、特点、病因等，然后结合家庭情况制订合理的言语训练计划。不同的言语障碍的干预内容有所不同。例如，对于运动性构音障碍的儿童而言，其言语康复训练应该包括言语运动器官的训练、正确构音练习等。有些儿童是继发性言语障碍，此时还要考虑儿童其他障碍的特点。例如，针对听力障碍引起的言语障碍，还要考虑到听力障碍，对其进行看话训练。

在言语障碍儿童的家庭教育中，家长要注意提供标准的家庭语言环境，给孩子正确的言语语言示范，并及时对孩子的言语进行反馈，遵循实践性原则，鼓励孩子多说话、多练习。

2. 早期素质教育

在言语障碍儿童的家庭教育中，最基础的教育就是对儿童的素质教育，包括身心素质教育、道德教育等。家长不应该过于关注孩子的言语障碍而忽视了孩子早期素质教育。一方面，孩子要有计划地锻炼，增强体质，拥有一个健康的身体，这是康复的保障；另一方面，家长要注意孩子的情绪状态，可以告诉孩子他的言语情况，鼓励孩子积极进行言语康复训练，避免孩子因自己的言语问题而产生自卑和压力。另外，家长还要对孩子进行道德教育，使孩子形成正确的道德观和社会观，自尊、自立、自强，形成健康的人格和良好的品德。

3. 科学文化知识教育

一般来说，科学文化知识教育主要在学校中进行，家庭起着辅助作用。对于言语障碍儿童来说，在学校中科学文化知识的学习会存在一些困难。例如，孩子因发音不准而不能流利朗读，学校无法全方面照顾到孩子，孩子会因此跟不上学校的教学。从这一方面来说，在家庭教育中进行科学文化知识教育就很有必要。在孩子入学之前，家长就要注意对孩子进行早期科学文化知识教育，从拼音的发音、声调的训练开始，随后开始拼读、认读等，由易到难，结合日常生活进行基本的词汇、句子的训练。要注意不要给孩子提较高的要求或者布置较难的任务，要结合孩子的兴趣进行。在孩子入学后，家长则要注意加强与学校的联系，配合学校的教学和言语训练，及时与教师进行沟通。

4. 社会适应性训练

对于言语障碍儿童来说，他们的主要障碍便是社会沟通困难，针对性地社会适应性训练是很有必要的。但有些家庭因存在认识误区，采取了消极的做法，认为家庭教育主要是在家庭中进行，因而较少让孩子走出家门。家长应该鼓励孩子多参加社会活动、多进行社会沟通，对孩子进行适当的社会适应性训练。一方面，通过参加社会活动，孩子可以接触到更多的语言刺激，学到更多的社会知识，得到更多的语言学习；另一方面，孩子可以获得更多的言语实践机会，提高社会沟通能力，更好地融入社会生活。

(三)言语障碍儿童家庭教育的注意事项

1. 态度端正，尊重和欣赏儿童

言语障碍儿童的言语康复并不是一蹴而就的事，每个孩子的康复情况也有所不同。有的家长可能过于关注孩子的康复进度，容易因康复过程慢而失落；有的家长则心态过于平和，对孩子放任不管；有的家长因为孩子的缺陷，对孩子过于溺爱和迁就；有的家长则严格要求孩子，对孩子非打即骂；有的家长把言语康复全部交给言语治疗师和特殊教育老师；有的家长只根据自己看的书对孩子进行言语训练……这些态度都存在不足。家长的态度在很大程度上会影响孩子的言语康复，也会对孩子的心理造成影响，让孩子过于紧张或者过于放松。

在言语障碍儿童的家庭教育中，家长首先要端正态度，正确认识言语障碍，了解孩子的言语障碍情况，看到孩子身上的闪光点，明确自己在家庭教育和训练中的作用，用欣赏的眼光看待孩子，尊重孩子，平等对待孩子，不因孩子的缺陷而有求必应，也不因孩子的障碍而暴躁易怒。

2. 寓教于乐，激发儿童内在动机

言语障碍儿童的内在学习动机、自身的努力程度会影响言语训练的效果。有些家庭成员比较溺爱孩子、心疼孩子，让孩子衣来伸手饭来张口，不需要孩子主动开口就满足孩子的要求，这大大减少了孩子开口的机会，孩子的言语语言能力必然会下降；有的家长对孩子开口提的要求、说的话不予理睬，或者总是拒绝，这样会使孩子越来越不敢开口。

家长应该尽量引导孩子自己开口说话，体会说话的乐趣。当孩子有要求的时候，要耐心听孩子表达并及时给予积极回应，鼓励孩子说话。在言语障碍儿童的家庭教育中，应该寓教于乐，从孩子感兴趣的游戏、玩具入手，言语训练也可以采用游戏的形式。

3. 多方合作，加强学校、家庭和社会的联系

言语障碍儿童的康复训练是复杂的，在家庭教育中仅靠家长努力是无法做到的，儿童需要走出家门，融入社会，家长也需要来自社会各方面的支持。言语障碍儿童的教育需要医学、教育学、心理学、社会学等多方面的合作，需要加强学校教育、家庭教育和机构教育的联系。学校教育和机构教育具有丰富的专业知识和实践经验，有齐全的设备。家长是最了解自己孩子个性、特长的人，而且家长也会产生许多压力，需要多方面的支持。家长要加强与学校和其他家庭的交流，积极参加学校的培训会、家长会、交流会等，使孩子在科学有效的教育中不断成长。

第五节
多重残疾儿童的家庭教育

一、多重残疾儿童的家庭教育概述

多重残疾这一术语出现得比较晚，但是多重残疾儿童与其他残疾儿童一样早就存

在。美国和我国对该类儿童使用的是“多重障碍”这一术语。

(一)多重残疾的概念

多重残疾又称为多重障碍，目前，关于多重残疾的概念还没有统一的界定。我国教育界一般把多重障碍定义为：生理、心理或感官上两种或两种以上障碍合并出现的状况(如盲聋、智力落后兼肢体障碍等)。一般把具有两种或两种以上障碍的儿童称为多重障碍儿童。台湾学者许天威、徐享良等于1999年将多重障碍解释为：具有两种以上不具连带关系并且不是同一原因造成的障碍。2011年5月颁布的《残疾人残疾分类和分级标准》对多重残疾的界定是：同时存在视力残疾、听力残疾、言语残疾、肢体残疾、智力残疾、精神残疾的两种或两种以上的残疾。该分类标准并未对重叠相伴的障碍之间关系进行厘清。例如，这一文件把听力障碍导致的言语障碍等问题也看成是言语残疾，这意味着可以把因听力障碍导致言语障碍的儿童归入多重障碍儿童之列。美国《残疾人教育法》对多重障碍做如下界定：有伴随障碍(如智力障碍—盲、智力障碍—畸形等)导致严重的教育问题，以至于不能依照某单一的障碍类别实施特殊教育计划。由于“聋—盲”障碍的独特性及美国“聋—盲”儿童教育的历史，此法中的多重障碍不包括“聋—盲”障碍，而是把“聋—盲”作为单独的障碍类别独立于多重障碍之外。美国的定义更加强调障碍为儿童的教育带来的影响及由此带来的教育支持和相关服务问题。

如果仅仅从数量上来定义多重残疾，可能会混淆了多重残疾与其他典型的残疾儿童，如盲童往往伴随生活适应的障碍。另外，听觉障碍往往引发言语和语言障碍，智力障碍也往往会引发学习困难、运动障碍或情绪行为障碍等。综合以上有关多重障碍的定义，我们认为，多重残疾一般指个体兼有两种或两种以上的残疾，且障碍之间没有因果或连带关系，这些残疾体现在生理、感官、心理或行为等方面，会影响个体的正常发展和教育。

(二)多重残疾儿童的特点

无论哪一类特殊需要儿童，他们之间的差异性都比较大。多重残疾儿童之间的异质性更大。多重残疾儿童的特征并不是某两种或几种残疾特征的简单相加，往往表现出更为复杂的情况。为了方便了解多重残疾儿童以及为他们提供更好的服务，我们概括出一些常见的特点，主要表现在运动、认知、语言交流、社会适应等方面。

1. 运动方面的特点

动作发展缓慢或者严重运动障碍是多重残疾儿童常见的特征之一。许多多重障碍儿童的身体运动能力有限。有些儿童不能独立行走、站立或坐起。他们需要他人的帮助和辅助器具的支持。有些儿童运动能力有限与身体疾病状况有关，他们还需要持续的治疗，才能防止残疾进一步恶化。身体肌肉张力障碍是常见的现象，一些多重障碍儿童要么身体张力减退(疏松)，要么张力亢进(僵硬)，或者兼有张力减退和亢进。身体的弹性往往与个体的情绪和行为状态相关。如果处于焦急状态，个体的动作就会变得更僵硬。肌体疲劳时，僵硬的动作就会更多。多重障碍儿童也会如此。当他们累了或焦急的时候，他们的动作就会变得更难控制。

2. 认知方面的特点

大部分多重残疾儿童都存在比较严重的认知方面的问题。因为现有的智力测验还没办法测出他们的智商，所以多重残疾儿童的档案上智力的部分大多标明的是“无法施测”的字样。鉴于此，施测技术的更新以及施测人员能力的提升对于人们更清楚地了解多重残疾儿童的智力至关重要。

3. 语言交流方面的特点

多重残疾儿童中枢神经和发音器官方面的缺陷，导致了他们在与人交流时存在困难，不能清楚表达自己的需要，同时也不能明白对方真正想要表达的意思，缺乏与人交往的能力。他们在语言发展方面存在较大问题，主要有以下三个方面。

语音方面不清楚。有些多重残疾儿童口齿不清，发音不准确，让人听不懂。

语义方面不明确。有些多重残疾儿童发音方面没有什么问题，但是由于他们不懂语法规则，用词不恰当，从而让别人不能清楚了解他们表达的意思。

语言发展迟缓。多重残疾儿童在语言学习方面很难学会复杂抽象的语句，他们会的只是一些简短的字词。

4. 社会适应方面的特点

由于语言交流方面的困难，因此多重残疾儿童不能清楚地表达自己的情感和物质需求，缺乏社会互动的经验，难以融入正常的社交生活，社会交往能力欠缺。在社会适应上，他们会有刻板行为、生活自理能力差以及不能与他人进行良好的互动。

另外，关于多重残疾儿童的特征，盛永进教授认为多重残疾儿童存在感觉技能缺乏、运动困难和沟通交流能力有限等特征。

(三)多重残疾儿童的鉴定

多重残疾儿童的表现大多为显性的，其残疾很容易被识别。根据上述描述的多重残疾儿童的特征，只要我们在生活中仔细观察就会发现其与其他孩子的区别。多重残疾儿童一般可从观察得知，筛查形式的评估也会被用到。多重障碍儿童的鉴定还需要进一步进行医学检查，心理测评，询问有关遗传病家族史等方式。

(四)多重残疾儿童家庭教育的概念

家庭是社会发展到一定阶段的产物，它承担着许多职能，其中教育是家庭的职能之一。家庭教育是父母对子女、年长者对年幼者所实施的教育。家庭教育对于儿童的成长来说至关重要。多重残疾儿童首先是儿童，其次才是特殊需要儿童和多重残疾儿童。良好的家庭教育可以促进他们的健康成长。然而，在家庭教育中父母扮演着重要角色，他们的教育方式以及由他们营造的家庭氛围无时无刻不在影响着儿童。

鉴于上述对多重残疾概念的描述，可以将多重残疾儿童的家庭教育描述为拥有两种或两种以上残疾的儿童的父母对他们实施的教育。

(五)多重残疾儿童家庭教育的重要性

苏霍姆林斯基指出：社会教育是从家庭开始的。具体来说就是家庭教育好比树木的根须，供养着教育的树干、枝叶和花朵。家庭是多重残疾儿童成长的第一个场所，是特殊教育系统里的重要一环，良好的家庭教育对多重残疾儿童会产生重要的影响。家庭教育以其长期性、即时性、生活化、灵活性、天然性、亲情性、潜移默化等特点在教育生态系统中有着不可替代的作用。

《第二期特殊教育提升计划(2017—2020年)》中提道：要加强家校合作，充分发挥家庭在残疾儿童教育和康复中的作用。国家提出要重视残疾儿童的家校共育。由于多重残疾儿童本身的复杂性，家长应更重视多重残疾儿童的家庭教育。但是目前，家庭教育的质量和家长参与的程度还有待提高，很多家长只是单纯地将孩子送进特殊教育学校，对其教育缺乏一定的了解和参与。在此种情况下，我们需要积极探求多重残疾儿童家庭教育的途径和方法，为多重残疾儿童的全面健康成长提供更好的方法。

二、多重残疾儿童家庭教育的方法

第一，树立正确的家庭教育理念。

父母对待孩子的态度以及教育孩子的方法，对于孩子的全面发展有着根深蒂固的联系。掌握正确教育孩子的特殊教育方面的理论知识和技能，将有助于学校的教育的实施与落实，更有助于孩子健康的成长。作为多重残疾儿童的家长，应从心里接受孩子存在的缺陷，树立正确的特殊需要儿童观念。

第二，营造良好家庭教育氛围。

在社会化过程中，心理机制之一就是认同感受。父母的言传身教则会影响儿童这种认同感的形成。家庭的心理氛围体现着家庭内部的精神面貌，也体现着家庭内部的一种稳定的、典型的、占优势的情绪状态。对于多重残疾儿童的家长来说，最初心理可能处于绝望的状态，之后才会慢慢接受。家长主动营造良好的家庭教育环境并且拥有良好的心理氛围，可以使多重残疾儿童接受良好的家庭教育。

第三，增强家庭与家庭之间的互动。

家庭与家庭的交流与互动可以扩大多重残疾儿童的交往范围，提高其社会适应能力。多重残疾儿童的活动场所除了特殊教育学校和家庭本身之外，还应该更多地参与到家庭与家庭的互动中。家庭与家庭的交流与沟通，对多重残疾儿童来说，可以使多重残疾儿童接触到除学校父母之外的人或物，增强交往能力；对于多重残疾儿童的父母来说，可以学到更多的教育孩子的方法、技能以及新的教育理念。无论是与正常儿童的家庭交往还是与特殊需要儿童的家庭交往，都可为多重残疾儿童的身心健康发展提供更多、更好的途径。

第四，家庭教育与学校教育相结合。

虽然多重残疾儿童的入学率不高，但是一部分多重残疾儿童的家长会送他们去学校接受学校教育。单纯依赖学校教育并不能更好地促进多重残疾儿童的成长。只有家庭教育和学校教育更好地结合，家庭教育才能最大限度地发挥作用。家庭教育应当借鉴学校的素质教育，家长应当支持并参与学校和家庭教育。另外，家庭教育应当和学校教育保持一致，家长和学校共同协作才能有助于学生的全面发展。

三、多重残疾儿童家庭教育的途径

(一)家长会

家长会多半是半学年一次，每个学期由班主任和任课教师向家长展示学生本学期取得的各项成绩，以及汇报教师教育教学计划、班级参与学校各项活动情况，鼓励并且表扬表现优异的学生以及进步较快的学生。这样可以提供一个家长交流平台，讨论彼此的家庭教育经验，深入探讨并且交流学生接下来的发展。通过家长会，家长之间可以交流教育多重残疾儿童的经验以及一些特殊的技巧，班主任和任课教师可以利用家长会向家长传授一些行为改变的专业知识。充分利用好家长会这个平台首先调动起家长参与家校合作的积极性，使学校、家庭信息畅通。

(二)家长学校

一般认为，家长学校就是专门为学生家长或监护人提供的学习教育理论或技能的场所，在家长学校中，一些经过专业训练的人员为家长讲授各类特殊需要儿童的教育和干预方法。家长应当定期到家长学校接受培训，认真学习相关的专业知识和技能技巧，为做好家庭教育奠定基础。家长学校是实现学校教育和家庭教育结合的重要形式，是指导多重残疾儿童家长树立科学教育观、人才观、成才观，学习掌握家庭教育策略、方法，提高多重残疾儿童家长教育素质的重要课堂。

(三)家长委员会

《国家中长期教育改革和发展规划纲要(2010—2020)》明确提出要建立中小学家长委员会，以完善中小学学校管理制度。家长是学校教育的重要资源，学生家长从事不同的职业，经验各不相同，家长委员会能够与班主任共同研究解决班级管理中出现的各种问题，促进班级管理的优化和减轻班主任的工作负担。家长参与决策关系到学生在学校学习和生活的种种事项，同时可为学校发展提供建设性意见。

(四)家访

家访是一种常见的家校联系方式，也是班主任开展工作的有效手段。家访一般半学年一次，分为随访和定期访。家访是教师对学生的家庭进行访问。在访问的过程中，教师可以更全面了解学生以及学生在校学习情况，更加准确地把握学生出现的问题。家访更大的作用在于能改变家长在教育子女问题上的依赖心理。除此之外，家访可以让教师和家长进行更深入的交谈，了解学生在家的情况。每次家访，教师要花费大量的时间和精力。然而部分家长工作比较繁忙，不接受或很少接受家访，这样就使得家访失去了原本的意义。

第六节 学业不良儿童的家庭教育

一、学业不良的概述

(一)学业不良的含义

本书所指的学业不良是指从学习结果的角度看，达不到学习要求。学习结果既包括文化知识的学习，也包括行为的获得。

需要注意的是，本书的学业不良和学习障碍是两个完全不同的概念。学习障碍是指学习的过程有障碍，学业不良则是指学习的结果没达到要求。学习障碍者可能学业不良，也可能学业优良；学业不良者的学习过程可能有障碍，也可能没障碍。这两个概念是完全不同的，不应该混为一谈。

(二)学业不良的类别

根据刘全礼的研究，学业不良可以分成 12 种类型。

- 视力、听力障碍型文化成绩不良；
- 身体病弱型文化成绩不良；
- 智力障碍型文化成绩不良；
- 特殊学习障碍型文化成绩不良；
- 学习方法不当型文化成绩不良；
- 主观不努力型文化成绩不良；
- 家庭影响不良型文化成绩不良；
- 教学方法不当型文化成绩不良；
- 伙伴及社会影响不当型文化成绩不良；
- 不良行为习惯型文化成绩不良；
- 品行障碍型文化成绩不良；
- 心理障碍型文化成绩不良。

很明显，类型确定了，干预就可以事半功倍了。

(三)学业不良的流行率

学业正常与否与评价密切相关，而评价又是一个管理问题。因此，在操作上，学业不良的流行率就和管理有关系。也就是说，学业正常的量不好确定，学业不良与否也就不好确定。

但是，刘全礼的研究发现，无论是教师，还是同学，甚至家长，都很容易把文化学习不好的学生和情绪、行为有问题的学生区别开来。

刘全礼早年对小学生的观察、访谈和统计发现：北京一些普通小学中，文化成绩不良、情绪行为存在问题以及两者都具备的学生，约占学生总数的 10%。也就是说，刘全礼课题组对参加实验的普通小学的估计是，大约 10%的学生属于学业不良。这是一个很高的比例。

在初中阶段，还可能高于这个比例。学校越平常化①，这个比例越高。这就是说，一个 40 人的班级中就可能有 4 个是学习成绩不好，或者情绪、行为有问题，或者两者都具备的学生。

① 此处的平常化，是指基础薄弱的学校和一般的非重点学校。

(四)学业不良的成因

从逻辑上看，学业不良的成因可以分成三个方面。一是主体原因，包括主体不努力和主体有客观的生理心理异常两个方面，如视力、听力原因导致的学业不良、智力原因导致的学业不良、学习方法不当导致的学业不良。二是客体原因，包括家庭环境不良、学校教育环境不良、社会环境不良三个方面，如父母的不良影响、教师不良的教学态度、小伙伴的不良影响等导致的学业不良。三是综合原因，包括主客体相互作用导致的学业不良。具体而言，学不良的成因主要有两个方面。

1. 学业不良的家庭成因

对三所学校的136个学业不良学生和822个普通学生(合计958个家庭)的38个问题(这38个问题，又归为下述7个方面)的调查结果如下。

(1)家庭经济条件

在家庭经济条件方面，主要选取了家庭居住面积和家庭收入两个直接的要素，统计检验显示，两类学生的家庭居住面积和家庭收入差异不显著。这也就是说，在北京这样的地方，这两个要素和文化成绩不良没有关系。

(2)家庭的学习条件

选择了两个看似是经济条件的要素进行了检验：一是孩子是否在家中拥有自己专门的学习空间；二是家中的藏书。结果发现，学业不良学生和普通学生在是否拥有专门的学习场所上差异不显著，而在家庭藏书上差异显著。学业不良学生的家庭藏书显著少于普通学生。

(3)父母的生活方式

父母的生活方式应该是对孩子影响很大的一个要素，但这也是一个难以研究的要素。吃住的偏好、交友、休息的时间、休闲的方式等都属于生活方式。研究挑选了其中最为大家关注的“孩子与谁一起居住”作为研究点。统计检验表明，学业不良学生和普通学生在与谁一起居住上差异非常显著。两类学生和父母同住、和父亲同住的比率大致相当，但是学业不良学生和母亲同住的比率却大大高于普通学生。11.1%的学业不良学生和母亲同住，而普通学生中只有3.9%的人和母亲同住。这不得不让我们思考母亲教育孩子的能力和措施。

(4)教育方法

两类学生的父亲在孩子把贵重物品丢失和孩子拿了自己钱包里的钱的反应上，差异显著。学业不良者的父亲更易采取粗暴的教育子女的方法，而普通学生的父亲则不是如此。也就是说，粗暴的教育方法①可能与学业不良有关系。

---

① 行为粗暴有其生理基础，且具有家族性。

两类学生的母亲在心情不好时对与孩子已经定下的看电影的要求以及孩子的什么事情使自己难过上差异显著。这反映出两类学生的母亲的情绪控制有差异。普通学生的母亲的情绪控制更好一些，更易使孩子从中获得教益。这种情绪控制实际上和生理有关，这会影响到学生的学业。或者说，情绪激动且不易控制的母亲，往往会使自己的孩子有这个特征，从而更多地导致学业不良①。

(5)家庭的学习环境

为了探讨家庭的学习环境对学业不良的影响，研究从家长是否积极督促孩子学习、放学后父母的做法和家庭教育环境三个角度探讨了它们和学业不良的关系。结果发现：对于父母是否每天督促孩子，两类学生的父母差异不显著；对于放学后父母的做法，两类学生的父母的做法差异也不显著；然而，两类学生的家庭教育环境对学习的影响差异显著。学业不良学生的家庭环境优良的比例(91.2%)比普通学生家庭教育环境优良的比例(97.1%)低，而学业不良学生的家庭教育环境一般的比例(8.8%)反而比普通学生的(2.3%)高。

(6)父母的教育程度和知识水平

父亲学历和学业不良的关系不明显。也就是说，学业不良学生和普通学生在父亲学历上的差异不显著。但是，母亲的学历和学业不良的关系密切。这种差异可能主要有两个方面的原因。一是和在我国传统中教育辅导孩子的主要是妈妈有关系。妈妈的知识水平、学历高就更可能有正确的教育方法；同时，高学历的妈妈可能更看重知识在个人发展中的作用，从而更加注重孩子的学习。二是高学历的妈妈智力可能更高，而更高的智力又可能遗传给子代，使子代的智力更高，从而使学业更优良。当然，这个结论还有待进一步检验。

(7)父母的子女观和对子女的期望

在父母对子女品行的判断，即在文化学习之外，认为自己的孩子是否是好孩子上，两类学生母亲的判断差异不显著，但是，父亲的判断差异显著。学业不良学生的父亲中有67.5%的人认为自己的孩子是好孩子，低于普通学生的家长在本项目上的判断；但是，认为孩子一般的比例(31.0%)却大大高于普通学生的家长的比例(17.9%)。其原因可能是，一方面，学业不良学生本身就具有行为不良或一般的特点；另一方面，也有可能是家长的子女观导致了学生的学业不良和行为问题。

在父母认为教师对自己孩子的评价，即家长认为在学习之外教师对自己孩子的评价是否是好学生上，两类学生的父母的差异很显著。学业不良学生的家长更多地认为，在教师眼里，自己的孩子是一般孩子，不是好孩子。这一方面可能显示了教师对学生的把握是正确的，另一方面也显示出家长有可能把自己的判断投射到了教师身上。

---

① 情绪易激动与粗暴一样，也有生理基础和家族性。

两类学生的父母在对孩子是否满意上存在很显著的差异。在学业不良学生的父亲中，对子女满意的比例是73.6%，低于普通学生父亲的比例是86.0%；相反，在学业不良学生的父亲中，选择说不清(14.0%)和不满意(12.4%)的比例却比普通学生的父亲比例高。这反映了这些父亲对孩子不关心，或者孩子没有达到自己的期望值。实际上，对子女的满意与否，与对孩子的关心可能互成因果。

在对孩子学习名次的要求上，两类学生的父亲之间差异显著，而母亲不显著。学业不良学生的父亲比普通的父亲更少要求名次越高越好，更多地认为与大多人一样就行，同时，更多的学业不良学生的父亲比普通学生的父亲对孩子的名次没有要求。

在对孩子未来的期望上，两类学生的父母之间均显示显著的差异。普通学生的父母在要求孩子未来读高学历的要求上的比例比学业不良学生的父母要高。但是，对于对孩子的要求是否恰当上，两类学生的父母之间没有显著差异。这就说明，父母的要求是孩子的成绩如何的重要源泉，不管恰当与否。

2. 学业不良的自身成因

(1)主体的努力

主体努力与否，是文化成绩好与坏的重要影响因素，尤其是对那些智力正常的学生而言。

有研究者分析了4所小学的49名学业不良学生的学业不良的成因，结果发现，有22%的学业不良和主观不努力有关系。同时，对上述三所小学的家长的调查发现，两类学生在是否在家中自动完成作业上有显著的差异。学业不良学生中有更多人不能自动在家中完成作业。无论是主观不努力，还是不能自动完成作业，实际上都仅仅是一种表象。学生不在家中自动完成作业的行为反映出他们的学习习惯没有形成。这透视出家庭教育的缺失——主要是规则教育的缺失。

此外，调查还显示，学业不良学生的父母中约有10%的人对孩子是否在家中自动完成作业不清楚，比例要高于普通父母。

(2)视力状况

视力障碍的学生在文化学习上一定存在困难，甚至学业不良，这是已经有的结论。但是，在普通班级中，那些视力处于“正常”范围之内，但又确实有视力损伤的学生的文化成绩和情绪行为是否异常？学业不良是否和视力损伤有关系？

钟莉以某小学为样本，选取三四年级的全部学生(229名)作为被试，进行了研究。其中，视力损伤界定为：远视力为0.1～1.0(不包括1.0)、近视力为0.1～1.0(不包括1.0)。

学业不良的标准为统考成绩的标准分的负两个标准差以下的学生，为排除智力的影响，又通过瑞文测验，把其中智力落后的学生排除在外，共得到48个视力损伤被试。结果发现，普通儿童的视力损伤和文化成绩的关系密切。

(3)听力状况

听力障碍和学生学业成绩的关系也是密切的。但是，在普通班级中，听力损伤没有达到41分贝以上的学生的学习状况如何?

韦小满、刘艳红等对某小学的369名五六年级学生进行了相关研究。用测听仪在设定的频率(125 Hz、250 Hz、500 Hz、1000 Hz、2000 Hz、4000 Hz、6000 Hz和8000Hz)上，对所有的学生进行测听，并把听力损失界定为在上述频率中至少有一个频率的听力损失在30分贝以上。共测出听力损伤者71人，把他们和没有听力损伤的学生的各科成绩及总成绩进行显著性检验。结果发现，听力损伤学生的各科成绩及总成绩皆低于普通学生，且以语文成绩差别最大。这就是说，听力损失和普通儿童的学业成绩的关系也密切。

(4)智力状况

智力和学业不良的关系密切。研究者对7所学校确定的103个学业不良学生进行了瑞文推理测验。结果发现，智力中下的学生有24个，占到样本的23%；智力落后的有5个，占5%。这说明，在日常情况下，在学校认为的学业不良学生中，智力较差的接近1/3。

不同类型的学业不良学生的智力分布不同。当把学业不良学生分成三个基本类型，即单纯文化成绩不良型、单纯情绪行为异常型和混合型三种类型时，分析了3所学校提供的55个三种类型的学业不良学生的智力分布情况。结果发现，单纯文化成绩不良的学生智力落后和智力中下的比例最低，两者合计仅为15%，其中，智力中下的比例是11%，智力落后的比例是4%。混合型的学业不良学生中，智力中下的占19%。单纯情绪行为问题学生智力中下的比例最高，为29%。这说明，智力不仅是导致文化课不良的重要因素，而且是导致情绪行为异常的重要因素。

(5)身体虚弱

身体虚弱实际上既是学业不良的一个重要的成因，也是学业不良的一个类型。但是，过去并没有受到应该有的重视。刘全礼的研究发现，身体虚弱在学业不良的成因中占有重要的地位。从文化成绩的角度，对136名语文、数学单科文化成绩低于1.5个标准差的学生家庭调查发现，58.8%的学生(约80人)属于体质虚弱型。

实际上，体质过敏和特殊体质也可以归于身体虚弱。此次调查发现，在136名学业不良学生中，分别有22.8%和23.5%的学生也同时属于体质过敏和特殊体质。

(6)学习障碍

学习障碍[①]既是学业不良的成因，也是学业不良的一个类型。但是，由于认知过程

① 本研究的学习障碍是指认知过程异常的儿童，包括认知本身和动力过程异常两种基本情况和三个基本类别，即认知过程异常、动力异常和两者皆异常。

异常确定的困难性，研究者只对动力过程异常的学习障碍进行了调查。结果发现，在上述按照文化成绩的标准确定的136个文化成绩不良的学生中，有58个(42.6%)属于轻微脑损伤型。这就显示出，在文化成绩不良的学生中，有相当一部分是和身体症状有关的。

(7)情绪障碍

在学业不良儿童的成因中，情绪障碍也是一个重要的主体客观因素，或者说，情绪问题有时也是学生自己难以控制的。当然，情绪和行为是难以决然分开的。情绪问题可表现在行为上，行为也可以透露出情绪问题。调查发现，在上述136个文化成绩不良的学生中，属于情绪障碍型的有65个，占47.1%。这就是说，情绪障碍是一个重要的成因。

(8)主体的其他成因

在导致学业不良的其他成因中，学习方法不当和学习习惯未养成是重要的因素。这就说明，使儿童学会学习和形成好的学习习惯在矫正学业不良中有重要作用。研究发现，在4所学校提供的49个各种类型的学业不良学生中，没有掌握学习方法导致的学业不良的学生占33%。在136个文化成绩不良的学生中，学习习惯未形成的学生占51.5%，超过了一半。

3. 学业不良的其他成因

(1)营养物质

一般营养物质和有害物质都对学业不良有作用。一般营养物质的摄入是否均衡合理，不仅影响到人的身体(如导致肥胖和性早熟)，还影响到儿童的学习，甚者导致学业不良。这应该引起人们的注意。有害物质对学习的影响是明显的。如果儿童摄入过多重金属铅，就会导致多动行为，从而影响学习，构成文化和行为双重学业不良。研究发现，多动的学前儿童的血铅含量高；学业不良的小学生的血钙浓度低于普通儿童。

(2)教师因素

访谈发现，在学校中，教师的教学态度、教师的情绪和教师的教育水平都会影响儿童的学业，并且是通过氛围来影响的。尽管我们强调教师要按照职业道德工作，但是，教师工作的人性特点，使得教师不可避免地会在某些情况下(如待遇低、情绪不好时)影响工作，从而导致学生的学习问题。

(3)学校因素

许多人认为，学生的学业不良和学校的教学管理、学校制度有关系。但是，本书作者认为，学业不良和现在的学校制度没有必然的联系。

倒是学校管理者的水平在一定程度上影响着教师的工作和情绪，从而间接影响学生的学习；同时，管理者对学业不良学生的矫正态度直接影响着矫正效果。

(4)社区特点

对教师的访谈发现，社区特点对学生学业的影响很大。文化氛围浓厚、文明的社区对学生的影响是好的，反之，对学生的学习和行为就有不良的影响。

(5)其他因素

此外，伙伴因素、社会传媒等对学业不良有一定的影响。

二、学业不良儿童家庭教育的途径

学业不良儿童的家庭教育的途径比较单一，针对其成因和类型采取对症下药的途径。

一般情况下，如果文化成绩不良，其教育的途径就主要是补救教学。补救教学要求家长不仅要掌握学习内容，还要懂得查漏补缺。如果学生的学业不良主要表现在行为举止没有达到要求上，那家长就主要带孩子在相关的真实情境中锻炼。通过锻炼使孩子知道该如何表现。如果孩子的学业不良是由生理的客观条件决定的，如由视力、听力、智力等的异常导致的，那家长就要采取措施，使其视力、听力被矫正，如戴助听器、调整座位及戴助视器等。需要注意的是，如果是智力导致的学业不良，那家长先要调整心态，接受事实，然后再在此基础上采取力所能及的措施，使儿童的成绩获得最佳发展。

三、学业不良儿童家庭教育的内容与方法

学业不良儿童的家庭教育的内容除了有与普通儿童相同的内容外，还包括如何提升他们的学业成绩。提升学业成绩，一定要因材施教，即根据其类型和成因进行教育。本书只讲三个方面。

第一，培养孩子的习惯。

习惯对于孩子的学业提升极为重要。这里的习惯不仅仅是学习习惯，如上课注意听教师的讲解、课后及时复习、及时完成作业等，还包括重要的一般的生活习惯。如有规律地生活、不受外界的干扰等。

第二，激发孩子的学习动力。

孩子如果没有学习动力，哪里能学习好呢？孩子的学习动力哪里来？家长一年四季都不看书，还能指望孩子天天看书吗？家里连本书都没有，还能指望孩子不模仿家长吗？家长也不能完全相信“兴趣是最好的老师”。兴趣从哪里来？家长的榜样作用极为重要。

儿童的兴趣是可以培养的，有了兴趣自然就会有动力。有了动力，孩子的自我控制能力也往往会随之而来。在激发孩子的学习动力、培养自控力时，家长的示范很

重要。

第三，教给孩子正确的学习方法。

对于那些非智力原因导致的学业不良，尤其是文化成绩不良的孩子，只要方法得当，提高成绩是不难的。其中，让孩子掌握正确的学习方法很重要。例如，要读懂课本上的文字；要记住必要的知识点；要听懂老师的课，不懂时就问老师；学过的内容要及时练习；要背诵需要背诵的课文；书写习惯要正确，包括按照笔画书写、用力均匀、速度适中等。

本章小结

本章共六节。第一节主要介绍智力超常儿童的特征及家庭教育的方法；第二节主要介绍轻微违法犯罪儿童的家庭预防及家庭教育；第三节介绍肢体障碍儿童的类型、功能重建与家庭教育；第四节介绍言语障碍儿童的特点、评估与家庭教育；第五节介绍多重残疾儿童的特点及家庭教育；第六节介绍学业不良儿童的成因及家庭教育的途径与方法。

复习思考题

1. 智力超常儿童的特征是什么以及如何应用于家庭教育的实践?
2. 轻微违法犯罪的儿童家庭预防如何开展?
3. 肢体障碍儿童的功能重建如何在家庭教育中兑现?
4. 言语障碍儿童的言语障碍如何评估? 如何使用评估结果?
5. 如何开展多重残疾儿童的家庭教育?
6. 家庭教育中如何利用学业不良儿童的成因和类型?

本章阅读书目

(一)推荐拓展书目

1. 苏雪云，张旭．超常儿童的发展与教育(第二版)．北京：北京大学出版社，2016.

2. 刘全礼．特殊教育导论．北京：教育科学出版社，2003.

3. 刘全礼．特殊儿童的家庭教育．天津：天津教育出版社，2007.

4. 刘全礼．残障儿童的早期干预概论．天津：天津教育出版社，2007.

5. 刘全礼．学业不良儿童教育学——儿童学业不良的成因及对策研究．

天津：天津教育出版社，2007.

(二)补充读物

1. 刘全礼．改变和塑造孩子的行为．北京：中国妇女出版社，2001.

2. 刘全礼．发现和培养孩子的才能．北京：中国妇女出版社，2001.

3. 刘全礼．有效提升孩子的学习能力．北京：中国妇女出版社，2001.

4. 刘全礼．临床家庭教育学导论．天津：新蕾出版社，2008.

5. 刘全礼．特殊教育专业概论——我国特殊教育教师职前培养的问题与对策研究．北京：中国轻工业出版社，2016.

本章主要参考文献

1. 刘全礼．特殊教育导论[M]. 北京：教育科学出版社，2003.

2. 刘全礼．特殊儿童的家庭教育[M]. 天津：天津教育出版社，2007.

3. 刘全礼．残障儿童的早期干预概论[M]. 天津：天津教育出版社，2007.

4. 刘全礼．儿童行为塑造及行为问题矫治[M]. 北京：中国妇女出版社，2009.

5. 朴永馨．特殊教育学[M]. 福州：福建教育出版社，1995.

6. 刘全礼．学业不良儿童教育学——儿童学业不良的成因及对策研究[M]. 天津：天津教育出版社，2007.

7. 王恩国，赵国祥，刘昌，等．不同类型学习困难青少年存在不同类型的工作记忆缺陷[J]. 科学通报，2008(14)：1673-1679.

8. 钟启泉．差生心理与教育[M]. 上海：上海教育出版社，2003.

9. 李梅．初中生的学业归因倾向与问题行为——问题行为产生的心理动因初探[J]. 华东师范大学学报(教育科学版)，1992(3)：81-88.

10. 雷雳．学习障碍学生的社会认知特点[J]. 高等师范教育研究．1997(4)：64-68.

11. 查子秀．超常儿童心理学(第二版)[M]. 北京：人民教育出版社，2005.

12. 程黎，冯超，柯学，等．超常儿童发展中的积极心理健康教育[J]. 中国特殊教育，2011(3)：67-70.

13. 王鸿俊．家庭教育[M]. 教育部社会教育，1940.

14. 林崇德，杨治良，黄希庭．心理学大辞典(上)[M]. 上海：上海教育出版社，2003.

15. 刘雨．我国超常儿童的培养研究[J]. 林区教学，2018(7)：123-124.

16. 汪华锋．体育舞蹈对儿童性格塑造的影响研究[J]. 淮海工学院学报(人文社会科学版)，2019(5)：109-112.

17. 顾定倩．特殊教育导论[M]. 大连：辽宁师范大学出版社，2001.

18. 王振宏．青少年情感风格与攻击行为[J]. 北京：首都师范大学，2005.

19. 张福娟，谢立波．工读生人格特征研究[J]. 中国特殊教育，2003(2)：88-91.

20. 李闻戈．工读学生攻击性行为社会认知特点的研究[D]. 上海：华东师范大学，2004.

21. 鞠青．中国工读教育研究报告[M]. 北京：中国人民大学出版社，2007.

22. 张福娟，刘新学．工读学校学生心理健康问题分析及其教育对策研究[J]. 心理科学，2008(2)：401-403.

23. 李闻戈．工读学生攻击性行为与社会问题解决特点的研究[J]. 中国特殊教育，2006(2)：81-86.

24. 高原．工读学生的情绪智力和内隐社会认知特点研究[D]. 上海：华东师范大学，2009.

25. 江琴娣，杨福义．工读学校学生的心理健康状况及其影响因素研究[J]. 心理科学，2005(3)：622-625.

26. 谢立波．工读学校学生的人格特点及其辅导研究[D]. 上海：华东师范大学，2001.

27. 周正怀，刘哲明，付丽，等．工读学校学生社会人格与家庭环境的相关研究[J]. 青少年犯罪问题，2010(5)：50-52.

28. 卢莉，李建平，张敏，等．少年犯父母教养方式及个性特征研究[J]. 中国学校卫生，2001(1)：54-55.

29. 罗艳红，蔡太生，张玉宇．罪犯家庭教养方式特点[J]. 中国临床心理学杂志，2012(5)：708-710.

30. 赵忠心．家庭教育学——教育子女的科学与艺术[M]. 北京：人民教育出版社，2001.

31. 杨宝忠．家庭教育学[M]. 太原：山西高校联合出版社，1995.

32. 刘全礼．临床家庭教育学导论[M]. 天津：新蕾出版社，2008.

33. 金德闻，申永胜，项海筹，等．肢体功能代偿装置和环境控制系统的现状与发展(一)[J]. 中国康复医学杂志，1993(5)：215-217.

34. 张自华．假肢与矫形器的特点及在外伤患者康复中的应用[J]. 山西医药杂志(下半月刊)，2012(5)：467-468.

35. 王人成．我国假肢技术的研究与进展[J]. 中国康复医学杂志，2012，27(11)：1058-1060.

36. 金德闻，申永胜，项海筹，等．肢体功能代偿装置和环境控制系统的现状与发展(二)[J]. 中国康复医学杂志，1993(6)：264-266.

37. 孙为．实用上肢假肢功能及控制技术[J]. 科技与企业，2014(11)：370＋372.

38. 黄方超．轮椅体验课的设计与实施[J]. 中国康复医学杂志，2019(11)：1357-1360.

39. 张强．基于人机交互的智能轮椅设计研究[J]. 中国设备工程，2019(19)：159-161.

40. 张志浩，张鹏，李丹丹，等．一种智能轮椅的结构设计与研究[J]. 信息记录材料，2019(10)：54-56.

41. 谢扬．步行训练中助行器的选择和使用问题[J]. 现代康复，2000(7)：974-975.

42. 高文钣，张陆．肢体残障人员移动(步行)助理[J]. 社会福利，2012(8)：39-40.

43. 孙平，周晓舟．具有控制力约束的全方向步行器可靠跟踪控制[J]. 沈阳工业大学学报，2015(4)：446-450.

44. 田万成，朱大成，潘风雨，等．炸伤及创伤下肢残肢的假肢装配及功能康复训练[J]. 实用医药杂志，2008(4)：396-397.

45. 张晓亚．正面激励护理干预在颅脑损伤后肢体功能障碍患者康复中的应用[J]. 临床研究，2019(11)：183-184.

46. 肖婕婷．高中生婚恋观问卷的编制[J]. 中小学心理健康教育，2019(3)：9-13.

47. 谢华．谈家庭健康与婚姻教育[J]. 中国健康教育，1999(8)：57-59.

48. 范彦丽，阎晓军．三十多年来我国婚前教育的研究概况[J]. 法制与社会，2015(6)：238-240.

49. 李荣时．简析中国残疾人口的婚姻状况[J]. 人口研究，1990(4)：15-20.

50. 张瑜．多元化时代儒家婚恋观的传承与发展研究[J]. 吕梁教育学院学报，2019(3)：26-27，32.

51. 苏红．大学生婚恋观结构、特点及影响因素研究[D]. 重庆：西南大学，2006.

52. 解韬．我国成年残疾人口的婚姻状况及其影响因素研究[J]．人口学刊，2014，36(1)：54-63.

53. 李宝明．中国婚姻教育的基本原则和推广措施[J]．经济研究导刊，2011(32)：203-205.

54. 王晓萍．突围、断裂与再造——中国现代婚姻变革的问题与反思[J]．江苏社会科学，2016(5)：106-111.

55. 王贞，李胜利．不同儿童语言障碍特点及主要相关因素[J]．中国康复理论与实践，2013(6)：536-540.

56. 甘昭良．论学前特殊儿童的语言障碍及矫治[J]．福建论坛(社科教育版)，2008(s2)：134-137.

57. 于萍．儿童言语语言障碍(一)[J]．中国听力语言康复科学杂志，2016(4)：303-307.

58. 章依文．语言与言语障碍的发病机理、诊断与防治[J]．中国儿童保健杂志，2011(10)：878-880.

59. 黄昭鸣，杜晓新．言语障碍的评估与矫治[M]．上海：华东师范大学出版社，2006.

60. 赵琳芳，黄伟新．构音评估与训练系统在早期干预中的运用[J]．现代特殊教育，2013(2)：48-50.

61. 李欢．构音障碍评估研究述评[J]．中国特殊教育，2010(6)：59-64.

62. 陈卓铭．特殊儿童的语言康复[M]．北京：人民卫生出版社，2015.

63. 张洁．儿童言语和语言障碍的临床分析[J]．中国误诊学杂志，2006(1)：79-80.

64. 盛永进，秦奕，陈琳．多重障碍：概念、内涵及其特征[J]．现代特殊教育，2017(9)：7-10.

65. 高文娜．多重障碍儿童个别化教育的个案研究[J]．辽宁教育，2018(10)：38-43.

66. 尹耀金．浅谈多重障碍儿童家庭教育指导[J]．宁夏大学学报(人文社会科学版)，2019(4)：187-189。

67. 江琴娣．特殊儿童家庭教育[M]．上海：华东师范大学出版社，2015.

68. 朱慧洁．从抚养者到教养者的智慧——促进家长教育能力进阶的必要性及策略研究[J]．科教导刊(中旬刊)，2018(3)：128-130.

69. 尹耀金．浅谈多重障碍儿童家庭教育指导[J]．宁夏大学学报(人文社会科学版)，2019(4)：187-189.